कबीर का लोकतात्त्विक चिन्तन

कबीर का लोकतात्त्विक चिन्तन

सुखविन्दर कौर बाठ

वाणी
प्रकाशन

प्रकाशन के उत्कृष्टतम 63 वर्ष

सजिल्द पहला संस्करण : 2007
सजिल्द दूसरा संस्करण : 2026

vaniprakashan.com

वाणी प्रकाशन

4695, 21-ए, दरियागंज, नयी दिल्ली-110 002

फ़ोन : + 91 11 23273167, 23275710

शाखाएँ

अशोक राजपथ, पटना-800 004, बिहार

कॉफ़ी हाउस कैम्पस, महात्मा गांधी मार्ग, प्रयागराज-211 001, उत्तर प्रदेश

महात्मा गांधी अन्तरराष्ट्रीय हिन्दी विश्वविद्यालय, वर्धा-442 001, महाराष्ट्र

sales@vaniprakashan.in
vaniprakashan@gmail.com

Kabir Ka Loktatvik Chintan
by Sukhvinder Kaur Bath

ISBN : 978-93-5229-476-3
Criticism

मूल्य : ₹ 450

जी.एस. ऑफ़सेट, दिल्ली-110 095 में मुद्रित

वाणी प्रकाशन का लोगो मक़बूल फ़िदा हुसैन की कूची से

मेरी रचनात्मकता को
फिर-फिर उद्वेलित करने वाली
'वर्जित बाग की गाथा' की अमर कथाकार
अमृता प्रीतम के लिए

विषय-सूची

विषय-प्रवेश

सन्त काव्यधारा मध्यकालीन भक्ति साहित्य के अन्तर्गत एक सशक्त भक्तिधारा है जिसने अपने आवेग से मध्यकालीन भारतीय समाज के जितने पाखंड और आडम्बर थे उनको धो डाला था। इसके सन्त कवियों की सपाटबयानी, अक्खड़ प्रवृत्ति, शास्त्रीय विचारधारा के आडम्बरों के प्रति तीक्ष्ण दृष्टिकोण और इन सबके साथ-साथ सरल, सहज साधना पर ज़ोर आदि विशेषताओं ने एक बार समूची भारतीय धार्मिक व दार्शनिक परम्परा को स्वयं को परिष्कृत व परिवर्तित करने के लिए विवश कर दिया था। इतना ही नहीं, इस धारा के कवियों की वाणी में शताब्दियों से तिरस्कृत निम्न जातियों का आन्तरिक आक्रोश प्रस्फुटित हुआ था, जिसने एक ओर तो तथाकथित उच्च जातीय समाज का मोहभंग किया था, दूसरी ओर भक्ति, दर्शन और साधनात्मक क्षेत्र में शास्त्रवाद के एकाधिकार सम्मत रूढ़ सिद्धान्तों की जड़ें हिलाकर रख दी थीं। क्योंकि यह सन्त शास्त्रज्ञ नहीं थे, बल्कि जीवन की सहज पाठशाला में ही इन्होंने अपना ज्ञान अर्जित किया था, इसलिए इनकी भाषा भी 'बहते नीर' की भाँति अलग-अलग क्षेत्रों से शब्दों को ग्रहण करते हुए बनी थी, जिसमें यदि एक शब्द वैष्णव साधना का था, तो दूसरा तान्त्रिक साधना का, एक शब्द बौद्ध सम्प्रदाय का था तो दूसरा नाथ सम्प्रदाय का, एक विदेशी जाति से गृहीत था तो दूसरा ठेठ आंचलिक बोली से। इसीलिए इनकी भाषा ने जहाँ सही मायनों में लोक-धारा का प्रतिनिधित्व किया है, सर्वाधिक निकट होते हुए भी जनता के लिए अगम्य बनी रही। दूसरे, सन्तों की यह वाणी दीर्घकाल तक केवल मौखिक प्रचार-प्रसार द्वारा ही जीवित रही और रमते-विचरते सन्त साधुओं ने अपनी मौज में आकर इनको खूब गाया। इससे इनकी वाणियों को प्रसिद्धि तो भले ही प्राप्त हुई परन्तु उच्चारण भेद से या सुविधावश या अज्ञानवश इनके शब्दों का रूप परिवर्तन भी होता गया, जिससे इनके शब्दों की सही पहचान और भी कठिन हो गई।

कबीर इसी निर्गुण सन्त काव्यधारा का प्रतिनिधित्व करते हैं। उनकी शब्दावली किसी न किसी सम्प्रदाय अथवा उसकी साधनात्मक प्रक्रिया या दर्शन से जुड़ी हुई है। इसी प्रकार बहुत से आंचलिक शब्द विशेष मन्तव्य से काव्य

में प्रयुक्त किए गए हैं, जो अपने सामान्य अर्थों से पाठकों के समक्ष अपने वास्तविक महत्त्व को स्पष्ट नहीं कर पाते। यही कारण है कि एक लम्बे अर्से तक कबीर हिन्दी साहित्य के भक्तिकाल में अपना उचित स्थान नहीं ले पाए। स्वर्गीय आचार्य हजारीप्रसाद द्विवेदी ने सर्वप्रथम उनके काव्य का वास्तविक मर्म हमारे समक्ष लाने का सफल प्रयास किया था। इससे कबीर-साहित्य को हिन्दी जगत् ने स्वीकार तो कर लिया, परन्तु आचार्य द्विवेदी ने कबीर-काव्य की जिस सांस्कृतिक पृष्ठभूमि की ओर संकेत किया था, उसे विद्वत् समाज ने उतना महत्त्व नहीं दिया। परिणामस्वरूप कबीर लोकप्रिय होकर भी अपने पारिभाषिक शब्दों के कारण अगम्य बने रहे।

सन्त साहित्य के माध्यम से भारतीय संस्कृति का एक विशिष्ट स्तर पर संचरण हुआ। यह धारा यद्यपि दर्शन, धर्म तथा साधना तत्त्वों को लेकर अधिकांश में प्रगतिशील हुई है पर संस्कृति के अन्य तत्त्वों का समाहार इसके अन्तर्गत पूर्णतः परिलक्षित होता है। कबीर ने इस नवीन सांस्कृतिक चेतना का गत्यात्मक प्रवर्तन किया है। लोकजीवन सांस्कृतिक परम्परा तथा रूढ़ियों से अपेक्षाकृत बहुत कम प्रभावित होता है। यह लोक संस्कार तथा परम्परा के प्रवाह में बहता रहता है। इसी कारण सन्तों के काव्य में जिन सामाजिक रीतियों तथा व्यवहारों के सन्दर्भ मिलते हैं, उनका सीधा सम्बन्ध तत्कालीन लोक जीवन की मान्यताओं से है। जहाँ तक धर्म-आचरण तथा विश्वास सम्बन्धी मान्यताओं का प्रश्न है, कबीर ने शास्त्र और लोक, दोनों ही परम्पराओं को स्वीकार किया है। इस क्षेत्र में कबीर ने सहज तर्कसंगत मानवीय दृष्टि को महत्त्व दिया है। कबीर ने जीवन को सहज रूप में स्वीकार किया है। वे संसार को छोड़ने के पक्ष में नहीं हैं। संसार में रहकर ही उनकी आध्यात्मिक साधना सम्पन्न हो सकती है, इसका उन्हें विश्वास है। इस सांसारिक जीवन में उन्होंने लोक की व्यापक भावना से अनेक प्रेरणाएँ प्राप्त कीं। उनके काव्य में रीति रिवाज़ों का जो भी रूप मिलता है, वह लोक प्रवाह से ग्रहण किया गया है। वस्तुतः कबीर लोक जीवन में रमे हैं और उनकी प्रेरणा का मूल स्रोत लोक ही है।

मध्ययुगीन सन्त-साहित्य जहाँ भक्ति के क्षेत्र में अपनी भिन्न सोच के कारण अद्भुत पहचान स्थापित कर पाया है, वहीं 'लोक' की भूमि में भीतर तक उतरी हुई अपनी वैचारिक पैठ के कारण अपने कलेवर में भी अन्य शास्त्रीय मतों से भिन्न बन पाया है। दूसरे शब्दों में यदि यह कहा जाए कि वह अपनी 'लोक' की पृष्ठभूमि के कारण ही कहीं भिन्न पहचान स्थापित करने में सफल हुआ है, तो अनुचित न होगा। उसकी इसी विशेषता ने हमें प्रस्तुत विषय को शोध-दृष्टि से विश्लेषित करने के लिए प्रेरित किया, जिसकी प्रक्रिया में हम अनेक महत्त्वपूर्ण तथ्यों को पहचान पाये हैं। विभिन्न अध्यायों के अन्तर्गत उन्हीं तथ्यों

को हमने अपने शोधकार्य में स्थापित करने का प्रयास किया है। प्रस्तुत शोधकार्य का संक्षिप्त परिचय इस प्रकार है—

'लोक' (फोक़) शब्द का उल्लेख वैदिक वाङ्मय में मिलता है। ऋग्वेद में भी 'लोक' शब्द का उल्लेख हुआ है। इससे पता चलता है कि वैदिक काल तक 'लोक' शब्द का प्रचलन हो गया था। वहाँ 'लोक' का उल्लेख कई अर्थों में हुआ है, किन्तु उसका एक अर्थ जनसाधारण भी लिया गया है। कतिपय विद्वानों ने तो लोक को 'ग्राम' और 'जन' का समानार्थी मानकर इसका खूब प्रयोग किया है, किन्तु प्रस्तुत शोध में हमने 'लोक' से 'ग्राम' और 'जन' शब्दों की अर्थ-सीमाओं को पृथक कर दिया है। इसी आधार पर लोक-साहित्य, ग्राम-साहित्य और जन-साहित्य के विभेद की चर्चा हुई है। कुछ विद्वानों ने लोक-साहित्य के लिए लोक-संस्कृति शब्द का भी प्रयोग किया है, जबकि दोनों एक-दूसरे से अलग हैं। इस अध्याय में चिन्तन की मुख्य प्रवृत्ति यह रही है कि 'लोक' की परम्परा वैदिककाल से ही जुड़ी हुई नहीं है, वरन् उसके सुदूर पूर्व सृष्टि के उदयकाल से ही इसका प्रारम्भ माना जा सकता है, जो हमेशा से चली आ रही है।

इस शोधकार्य में यह भली प्रकार सिद्ध किया गया है कि लोक-साहित्य ही शिष्ट साहित्य के उद्भव का मूल स्रोत है और उसमें निहित तत्त्व उस काल विशेष के साहित्य को द्योतित करते हैं। हिन्दी साहित्य के सन्त-साहित्य में लोकतत्त्व प्रबल रहे हैं। प्रस्तुत विवेचन से यह पूर्णतः सिद्ध हो जाता है और मध्ययुगीन साहित्य को समझने के लिए यह एक नया तत्त्व उद्घाटित हुआ है कि 'लोक' में ही सन्त-साहित्य के वास्तविक अर्थ छिपे हो सकते हैं। क्योंकि लोकसंस्कृति मध्यकालीन भारतीय संस्कृति का उद्घाटन करती है।

लोक-विश्वास एवं अन्ध-परम्पराओं की प्राचीनता नितान्त असंदिग्ध है। यह 'लोक-ज्ञान' अथवा 'लोक-विद्या' का अन्य प्रधान विषय है। कबीरदास के समय में लोक-विश्वास एवं अन्ध परम्पराओं का प्रभाव तत्कालीन समाज पर काफी जमा हुआ था। कबीरदास ने अपने साहित्य में लोक-विश्वासों एवं मूढ़ाग्रहों का निरूपण किया है, चाहे वह वर्णन इन लोक-विश्वासों इत्यादि के विरोध रूप में ही क्यों नहीं हुआ।

भक्ति-आन्दोलन यदि पहली बार अपने मूर्त रूप में मध्यकाल में सामने आया तो निस्सन्देह उसका प्रतिनिधित्व निर्गुणिया सन्तों ने किया, जिसके पीछे कतिपय तत्कालीन कारण तो दिखलाई दे ही रहे थे, साथ ही अनेक सांस्कृतिक पहलुओं का उसमें महत्त्वपूर्ण योगदान था। हमने इसकी छानबीन करते हुए पाया कि लगभग सहस्राब्दी पूर्व ही जब भक्ति के अधिकार को लेकर शास्त्र और लोक के बीच द्वन्द्व-स्वरूप वैदिक धर्म की प्रतिक्रिया में बौद्ध और जैन धर्मों का उदय हुआ, तभी से ईश्वर के भी सगुण के साथ-साथ निर्गुण स्वरूप को महत्त्व देने

के यथोचित कारण दिखलाई देने लगे थे। वस्तुतः शास्त्रकारों ने जिस प्रकार स्पृश्य-अस्पृश्य की धारणा द्वारा समाज के एक वर्ग को भक्ति के अधिकार से पूर्णतः वंचित कर रखा था, उसने लोक के उन वास्तविक प्रतिनिधियों के सम्मुख ईश्वर के ऐसे स्वरूप के विकल्प खोल दिये, जिसमें परमात्मा निर्गुण रूप में सभी के लिए (स्पृश्यता-अस्पृश्यता से परे हटकर) प्राप्य था। कालान्तर में बौद्ध धर्म की महायान शाखा का विकास इसी आधार पर हुआ। निस्सन्देह महायान शाखा को तन्त्रों ने अपने ढंग से प्रभावित किया, परन्तु आगे चलकर इसकी वज्रयान और सहजयान शाखाओं ने यह पुनः सिद्ध कर दिया कि धर्म अथवा भक्ति पर 'लोक' का भी अधिकार है। ऐतिहासिक क्रम में नाथ-सम्प्रदाय का उदय और विकास भक्ति के क्षेत्र में लोक के न केवल हस्तक्षेप अपितु पैठ भी सुनिश्चित करता है। जिन नव नाथों ने नाथ-सम्प्रदाय के विकास में अपना अमूल्य सहयोग दिया, वे लगभग सभी निम्न जातियों से सम्बन्ध रखते थे। भक्ति के क्षेत्र में उन्होंने समूचे ब्रह्माण्ड को पिण्ड में ही स्थापित करके परोक्षतः यह सिद्ध कर दिया कि प्रत्येक मनुष्य स्पृश्यता-अस्पृश्यता से ऊपर उठकर मूलतः उस परमात्मा का ही अंश है और इस प्रकार स्वयं परमात्मा ही जीव के भीतर विद्यमान रहता है। इसे पाने के लिए किसी बाह्य आडंबर अथवा दिखावे की ज़रूरत नहीं अपितु इसे मन की शुद्धि तथा इन्द्रियों के संयम से सहज ही पाया जा सकता है। इस प्रयास में गुरु निश्चित रूप से शिष्य के लिए सहायी बनता है। निर्गुण-काव्य भक्ति के इस लोक-पक्ष की विकसित कड़ी के रूप में हमारे सामने आया। इतना होने पर भी ऐसा नहीं कहा जा सकता कि निर्गुण-काव्य मात्र बौद्धों अथवा नाथों के ही चिन्तन की विकसित कड़ी है। निस्सन्देह इसमें वैष्णव सम्प्रदाय का भी सहयोग था। जिस समय वैदिक धर्म की प्रतिक्रिया में बौद्ध, जैन धर्मों का उदय हुआ था, तब ब्राह्मणों ने समय की आवश्यकता को समझते हुए पुराणों की रचना की। पुराणकारों ने वेदों के गम्भीर मर्म को, ब्राह्मण ग्रन्थों की जटिल यज्ञ-विधियों को और उपनिषदों के तत्त्व-चिन्तन को आख्यान-उपाख्यान शैली में सरलीकृत करके लोक को प्रभावित करने का सफल प्रयास किया। परन्तु शंकराचार्य के अद्वैत चिन्तन ने इसे पुनः दार्शनिक तर्क-वितर्क में उलझा दिया, जिसकी प्रतिक्रिया स्वरूप दक्षिण में चार वैष्णव सम्प्रदाय स्थापित हुए—रामानुजाचार्य का *श्री सम्प्रदाय,* मध्वाचार्य का *ब्रह्म सम्प्रदाय,* विष्णु गोस्वामी का *रुद्र सम्प्रदाय* और निम्बार्क का *सनकादि सम्प्रदाय*। इनमें से भी आगे चल कर आचार्य रामानुज की चौथी या पाँचवीं शिष्य-परम्परा में स्वामी रामानंद जी हुए, जिन्होंने मध्ययुग की लगभग समस्त स्वाधीन चिन्तन परम्पराओं का प्रतिनिधित्व किया। इतना ही नहीं, उन्होंने शास्त्रकारों के विपरीत भक्ति के मार्ग में उदारवादी सोच को प्रश्रय देकर कहीं निर्गुण काव्य-धारा को भी प्रभावित किया। इस प्रकार यहाँ इतना

स्पष्ट है कि निर्गुण-भक्ति-साहित्य की सांस्कृतिक पृष्ठभूमि खोजने के लिए हमें सुदूर अतीत में उतरना पड़ा। वहाँ परम्परा के अतिरिक्त अनेक तथ्यों ने भी इसकी सांस्कृतिक पृष्ठभूमि की सार्थकता की पुष्टि की। जब हम निर्गुण-साहित्य के स्वरूप का विश्लेषण करते हैं तो वहाँ हम उक्त तथ्यों, तत्त्वों को अपनी सांस्कृतिक पृष्ठभूमि से जुड़ा पाते हैं। अतः इसीलिए इन समस्त तथ्यों, तत्त्वों के अतिरिक्त परम्परा में प्राप्त उनके विभिन्न रूपों को भी उद्घाटित व विश्लेषित करने का प्रयास किया है, ताकि मध्यकालीन निर्गुण-साहित्य अपनी सांस्कृतिक प्रासंगिकता को स्थापित कर सके।

किसी भी साहित्यकार के व्यक्तित्व को आँकने के लिए उसके जन्म तथा जीवन सम्बन्धी सामान्य परिचय का इतना महत्त्व नहीं होता, जितना कि उसके व्यक्तित्व-निर्माण के विभिन्न आयामों का तथा उस निर्माण की पृष्ठभूमि में कार्य करने वाले विभिन्न तत्त्वों का। निर्माण की इस प्रक्रिया में उसके कौन से *पैतृक संस्कार* विकसित होते हैं, कौन से *सुप्त संस्कार* जाग्रत होते हैं और उन्हें जाग्रत करने वाले व्यक्ति अथवा *कारणभूत तत्त्व* किस प्रकार उनमें अपने दृष्टिकोण को भी समाहित कर देते हैं—यही वे महत्त्वपूर्ण पहलू हैं, जो साहित्यकार को अन्य सामाजिक प्राणियों से विशिष्ट बना देते हैं। इतना ही नहीं, इन्हीं तथ्यों के आलोक में साहित्यकार-विशेष के विचारों को समझना भी आसान हो जाता है। इसी धारणा के फलस्वरूप हमने कबीर के व्यक्तित्व निर्माण के सांस्कृतिक पहलुओं को पुनः विश्लेषित करने का प्रयास किया है।

वस्तुतः कबीर के बारे में आचार्य हज़ारीप्रसाद द्विवेदी लिखते हैं कि उनका व्यक्तित्व मध्यकालीन परिवेश में *नृसिंह* की तरह विपरीत परिस्थितियों से घिरा था और फिर भी वह अपनी आत्म-शक्ति द्वारा कहीं उनका समाधान करते हुए चलता है, वह भगवान् के नृसिंह अवतार का अनायास स्मरण करवा देता है, उसी कबीर के व्यक्तित्व को जानने के लिए हमें *बौद्ध, नाथ, वेदान्त* आदि की ऐतिहासिक यात्रा अपेक्षित है। इनके साथ-साथ कबीर स्वयं जिस जाति से सम्बन्ध रखते थे, वह भी कोई एक-आध पुश्त पहले के योगी जैसी किसी आश्रम-भ्रष्ट जाति से मुसलमान हुई थी या अभी होने की राह में थी। इस 'जोगी जाति' का सम्बन्ध निश्चित ही नाथों से था। कदाचित् इसीलिए कबीर की वाणी में *नाथपन्थी शब्दावली, इस्लाम की धार्मिक क्रियाएँ,* मान्यताएँ तथा उधर रामानन्द की *भक्ति-पद्धति* का प्रभाव स्पष्ट परिलक्षित होता है।

कबीर के व्यक्तित्व-निर्माण के परम्परागत *ऐतिहासिक सर्वेक्षण* के साथ-साथ हमें भारतीय समाज की उस महत्त्वपूर्ण वर्ण-व्यवस्था की गली-सड़ी रूढ़ियों को भी ध्यान में रखना पड़ता है, जिन्होंने ब्राह्मणों को *श्रेष्ठत्वाभिमान* से इस कदर ग्रस्त कर दिया था कि उन्होंने निम्न वर्ण के लोगों को अस्पृश्यता

के श्राप से कुंठित बना दिया था, जिससे पीढ़ी-दर-पीढ़ी उनका आत्म-विश्वास क्षीण होता चला गया तथा यहाँ तक कि स्वयं को मनुष्य समझने की सोच से भी वे कतराने लगे थे। ऐसे ही कुंठित सामाजिक परिवेश में उन्हें मुसलमान जाति का परिचय प्राप्त हुआ, जिसमें इस्लाम को स्वीकार करने वाले सभी खुदा के बन्दे थे और उनमें किसी प्रकार का भी भेद-शेष नहीं रहता था। इस महत्त्वपूर्ण विकल्प को देखकर निम्नजाति वालों का मुसलमान बनने की प्रक्रिया में पड़ना स्वाभाविक था। कबीर की जाति भी उसी प्रभाव से युक्त रही। परन्तु इस प्रक्रिया में भले ही वे मुसलमान तो बन गए और अछूत होने के श्राप से भी मुक्त हुए, परन्तु भारतीय सनातन संस्कारों को वे पूर्णतः समाप्त न कर सके। इसीलिए कबीर का काव्य उन सभी प्रभावों का समन्वित रूप प्रस्तुत करता है।

निर्गुण-सन्त-साहित्य की पृष्ठभूमि पर विचार करते हुए हमने यह अनुभव किया कि *निर्गुण-सन्त-साहित्य* मूल रूप से भारतीय धार्मिक परम्परा के *लोक-पक्ष* से पूर्णतः जुड़ा हुआ है। इस दृष्टि से आचार्य रामचन्द्र शुक्ल की यह मान्यता कि मध्यकाल में भक्ति का उदय मुसलमानों से पराजित होने के बाद हिन्दुओं का ईश्वर की शरण में जाने का परिणाम है—यह स्वयमेव निर्मूल हो गई। वस्तुतः इस भक्ति-भावना अथवा आन्दोलन की तैयारी तो हज़ार वर्ष पूर्व से ही शुरू हो चुकी थी, जिसकी ओर निस्सन्देह आचार्य हजारीप्रसाद द्विवेदी ने पहली बार संकेत किया। उन्होंने 'हिन्दी-साहित्य की भूमिका' नामक पुस्तक में यह सिद्ध किया कि भक्तिकाल का उदय अचानक नहीं, अपितु शताब्दियों से इसके लिए परिस्थितियों तथा परिवेश का निर्माण होना शुरू हो गया था। इसीलिए जो विद्वान सन्तों या इस्लाम के प्रभाव को देखते थे, उनकी मान्यता को निर्मूल सिद्ध करते हुए उन्होंने लिखा कि *'उपस्थापन पद्धति, भाव, भाषा, अलंकार, छन्द, पद* आदि में ये सन्त शत-प्रतिशत भारतीय परम्परा में पड़ते हैं।' कबीर की एकेश्वर-भावना, निराकार-उपासना, समान-व्यवहार, खंडन-मंडन प्रवृत्ति सब में इस्लामी प्रभाव की गन्ध पाने वाली मान्यताएँ अब स्वयं झूठी सिद्ध हो गई हैं। वस्तुतः कबीर को सांस्कृतिक परम्परा के क्रम में रखकर जब हम देखते हैं तो वहाँ उन पर विभिन्न दार्शनिक मतवादों के प्रभाव-स्वरूप तीन प्रकार के प्रभाव स्पष्ट परिलक्षित होते हैं—वैदिक परम्परा के प्रभावस्वरूप वेदों-उपनिषदों का *ज्ञान मार्ग*, बौद्ध परम्परा के अन्तर्गत नाथों-सिद्धों के माध्यम से *योग-मार्ग* तथा वैष्णव भक्ति-धारा के माध्यम से *भक्ति-मार्ग* व उसमें *प्रेम तत्त्व* का महत्त्व। निस्सन्देह इन पारम्परिक प्रभावों से इतर इस्लाम की सूफी शाखा ने भी कहीं कबीर पर अपना प्रभाव छोड़ा है। इन्हीं दार्शनिक मतवादों के प्रभाव को जब हम व्यापक फलक पर समझने का प्रयास करते हैं, तो हम पाते हैं कि कबीर आदि सन्तों की वाणी में ब्रह्म का जो निराकार, निरंजन, सर्वव्यापक, निर्गुण स्वरूप है, वह कहीं

उपनिषदों की मान्यता से स्पष्टतः प्रभावित हैं। उपनिषद् यह मानकर चलते हैं कि इस शरीर के भीतर आत्मा रूपी स्वामी को मन रूपी सारथि इन्द्रियों रूपी घोड़ों से जुते शरीर रूपी रथ में बिठाकर पथ-भ्रष्ट करने का कारण बनता है, अतः मन की चंचलता को बाँधना अति आवश्यक है। सन्तों की सोच भी इस धारणा को स्वीकार करके चलती है। उपनिषदों के ही ज्ञान-मार्ग के अन्तर्गत नाम-स्मरण द्वारा परमात्मा की अनुभूति व प्राप्ति सम्भव है—इस मान्यता को महत्त्व दिया गया है। सन्तों ने इसी को स्वीकार करते हुए नाम-स्मरण की यात्रा में अजपाजप तक की स्थिति की कल्पना करके आत्मा को पूर्णतः ईश्वरमय बना दिया। वैदिक धारा से इतना प्रभाव ग्रहण करने के बावजूद भी सन्तों ने बौद्धों की कर्मकांड विहीन साधना को ही महत्त्व दिया। इसी प्रकार बौद्धों की महायान शाखा की इस सोच को कि भक्ति के मार्ग पर हर किसी को बढ़ने का अधिकार है—सन्तों ने सर्वाधिक महत्त्व देकर मनुष्य-मनुष्य के बीच किसी भी प्रकार के भेद-भाव का दृढ़ता से खंडन किया। बौद्धों की ही विकसित शाखा के रूप में सहजयान के 'सहज' तत्त्व को सन्तों ने विशेष महत्त्व दिया, जिसे उन्होंने *'मध्यम मार्ग'* के नाम से अलग पहचान दी। वज्रयान का *'वज्रतत्त्व'* सन्तों में पहुँचकर *'शून्यमंडल'* में परिवर्तित हो गया तथा बौद्धों की जीते जी निर्वाण अथवा मोक्ष की कल्पना सन्तों के *'मन की माया से मुक्त स्थिति'* के रूप में मोक्ष का ही एक पर्याय बन गया। नाथों का प्रभाव सन्तों में स्पष्टतः देखा जा सकता है। नाथों की योग-साधना को भले ही कबीर आदि सन्तों ने प्रतीक के रूप में ही ग्रहण किया, परन्तु उनकी मन को बाँध कर स्थिर करने की कल्पना की पृष्ठभूमि में नाथों की योग-साधना का ही प्रभाव है। नाथ योगियों ने समूचे ब्रह्माण्ड की इस काया में ही कल्पना करके समस्त बाह्य कर्मकांडों का विरोध किया, कबीर को इस धारणा ने पर्याप्त रूप से प्रभावित किया। कबीर आदि सन्तों की अधिकतर शब्दावली इन नाथ योगियों की पारिभाषिक शब्दावली से ही अँटी पड़ी है। नाथों की नारी सम्बन्धी धारणा ने भी कहीं कबीर पर अपनी छाप छोड़ी है। कबीर की उलटवासियाँ तथा सन्ध्या भाषा भी कहीं नाथों की परम्परा का ही विकसित रूप है।

कबीर पर तत्कालीन साधनाओं के प्रभावस्वरूप सूफ़ियों की रहस्यसाधना ने भी अपना स्पष्ट प्रभाव डाला। कबीर जहाँ अनेक लौकिक प्रतीकों के माध्यम से आत्मा-परमात्मा के सम्बन्धों का संकेत करते हैं, वहीं सूफ़ी साधना का प्रभाव परिलक्षित किया जा सकता है। इस प्रकार हम देखते हैं कि कबीर आदि सन्त वैचारिक धरातल पर पूर्णतः अपनी सांस्कृतिक विरासत से जुड़े हुए हैं, जिसे उन्होंने निस्संकोच भाव से ग्रहण किया है।

सन्त-साहित्य की पृष्ठभूमि क्योंकि लोक से ही अधिकांशतः सम्बद्ध है,

अतः इसके अन्तर्गत लोक के ही तत्त्व प्रचुर मात्रा में उनकी भक्ति सम्बन्धी धारणा के आधार बने हैं। जब हम कबीर-साहित्य का अध्ययन करते हैं, तो पाते हैं कि कबीर के समूचे साहित्य का आधार लोक का धरातल ही बना है। कबीर यदि भक्ति के मार्ग में प्रचलित आडम्बरों की आलोचना करते हैं, कबीर यदि भक्ति-पद्धति की व्याख्या करते हैं, कबीर यदि अपने मत की स्थापना में तर्क देते हैं, कबीर यदि परमात्मा के स्वरूप की व्याख्या करते हैं अथवा कबीर समाज के विभिन्न क्षेत्रों से अपने सरोकारों को वाणी देते हैं, तो सर्वत्र लोक के ही तत्त्वों को, लोक की आस्था को तथा लोक की शैली को आधार बनाते हैं। लोक के सम्बन्ध में जैसा कि हमने अपने अध्ययन के प्रथम सोपान में ही संकेत किया, कि आभिजात्य संस्कार, शास्त्रीयता और पांडित्य की चेतना और अहंकार से शून्य जो एक परम्परा के प्रवाह में सामान्य मनुष्य से जुड़कर जीवित रहता है, उसी को हम 'लोक' शब्द के पारिभाषिक अर्थ में ग्रहण करते हैं। हमने यह अनुभव किया कि इसके तत्त्वों के अन्तर्गत हमें सर्वप्रथम उन रीति रिवाज़ों को महत्त्व देना चाहिए, जो कहीं लोक की अलग पहचान का आधार बनते हैं। इसके अन्तर्गत भी *संस्कारगत रीति-रिवाज़, पर्व, उत्सव से जुड़े रीति-रिवाज़* तथा *अनेक सामाजिक प्रथाओं, परम्पराओं, जातियों से जुड़े रीति-रिवाज़* हमारे अध्ययन के विषय को बराबर प्रभावित करते रहे हैं। हमने अपने अध्ययन में स्पष्टतः अनुभव किया कि कबीर-साहित्य का लौकिक पक्ष आध्यात्मिकता की चर्चा करते हुए अथवा समाज के आडम्बरों की आलोचना करते हुए निरन्तर संस्कारगत रीति-रिवाज़ों के अन्तर्गत हमारी संस्कृति के मुख्य सोलह संस्कारों में से जन्म, विवाह तथा मृत्यु से जुड़े रीति-रिवाज़ों से अनेक प्रकार से जुड़ता तथा प्रभावित होता है। भले ही कबीर जन्म से जुड़े जाति-भेद का खंडन करते हुए अथवा मुसलमानों के धार्मिक कर्म 'ख़तना' की आलोचना करते हुए अपनी स्पष्टवादिता का परिचय दें, उनमें कहीं न कहीं हमारे जन्म से जुड़े रीति-रिवाज़ों का संकेत स्वयमेव आ गया है। इसी प्रकार उनके *'दुलहनी गावहु मंगलचार'* आदि के प्रतीकों से जुड़े अनेक पदों में हमारे विवाह से जुड़े रीति-रिवाजों की व्याख्या है, तो दूसरी ओर मनुष्य शरीर की नश्वरता का परिचय देने वाले उनके पद मृत्यु सम्बन्धी रिवाज़ों का बराबर परिचय देते हैं। इसी प्रकार विभिन्न धार्मिक कर्मकांडों के अन्तर्गत *पूजा-पाठ, व्रत, तीर्थ* आदि से जुड़े अनेक रीति-रिवाज़ों का इनकी वाणी में अनायास चित्रण हुआ है, जिसमें हमने उसके लोकपक्ष को उद्‌घाटित करने का सर्वत्र प्रयास किया है। सामाजिक प्रथाओं, परम्पराओं तथा जातियों के रीति-रिवाज़ों के अन्तर्गत सती होने की प्रथा या स्त्री से जुड़े अनेक प्रकार के रिवाज़ों अथवा उसके चरित्र से जुड़ी प्रथाओं/मान्यताओं का संकेत या विभिन्न जातियों में प्रचलित रीति-रिवाज़ उनके उद्योग धन्धों के संकेत भी कबीर-वाणी

के लोकपक्ष का मुख्य आधार बने।

रीति-रिवाज़ों का ही एक रूढ़ पक्ष अन्धविश्वासों में परिवर्तित हो जाता है, जिन्हें कबीर जैसा चेतनशील कवि अकसर आड़े हाथों लेता रहा है। भारतीय संस्कृति में अन्धविश्वासों का यदि एक पक्ष उसकी धार्मिक क्रियाओं में जीवित है, तो दूसरा उसकी सामाजिक परम्परा में भी चला आ रहा है। कबीर का कवि इन दोनों ही पक्षों से अपना सरोकार स्थापित किये हुए है। कबीर जो *'मसि कागद छुओ नहीं'* का दावा करते हैं और मात्र *जीवन की पाठशाला* में शिक्षा अर्जित करने का प्रमाण देते हैं, उसका शुभ परिणाम यह हुआ है कि उन्होंने परम्परा से प्राप्त अनेक कथानक रूढ़ियों को, उनमें भी विशेष रूप से संख्या वाचक शब्दों को अपने काव्य में पर्याप्त मात्रा में प्रयुक्त किया है। *रत्नाकर, दस दिशाएँ, अट्ठयासी हजार सिद्ध, पाँच चोर* आदि अनगिनत शब्दों का प्रयोग उनकी लोक-परम्परा के प्रति जागरूकता और ज्ञान-क्षेत्र के विस्तार का परिचायक है।

'लोक' का विस्तारक्षेत्र सम्पूर्ण विश्व है और सम्पूर्ण विश्व में विभिन्न प्रकार के गीत-रूप प्रचलित हैं—बच्चों के *जन्म के गीत, विवाह-गीत, मृत्यु-गीत* इत्यादि प्रत्येक सभ्य-असभ्य समाज की परम्परागत सम्पत्ति हैं, तथा विभिन्न अवसरों पर अनायास इन गीतों का प्रयोग होता रहता है। यह सभी विभिन्न प्रकार के गीत किसी न किसी *लौकिक काव्य-रूप* से सम्बन्धित हैं। प्रत्येक देश के साहित्य में इन लोक प्रचलित काव्य रूपों को बहुधा समाज के विभिन्न वर्गों से जुड़े सामान्य कवियों ने तथा सन्त या भक्त कवियों ने प्रयोग किया है। इन कवियों ने धर्म, सम्प्रदाय या मत विशेष के प्रचार-प्रसार के लिए लोक-कथाओं, लोकोक्तियों और 'लोक' में प्रचलित गीत-शैलियाँ को भी अपनाया, जिससे 'लोक' में जितने प्रकार की गीति शैलियों हो सकती हैं, साहित्य में उतने ही प्रकार के लौकिक काव्य-रूपों की कल्पना की जा सकती है।

भक्ति-साहित्य के अन्तर्गत कबीर आदि निर्गुण सन्तों ने काव्य-रूपों का खुलकर अपनी वाणियों में प्रयोग किया है। आचार्य हजारीप्रसाद द्विवेदी तो सम्पूर्ण मध्यकालीन हिन्दी साहित्य को ही 'लोक-साहित्य' मानते हैं। अतः उसके यथार्थ अध्ययन के लिए 'लोक' में प्रचलित काव्य-रूपों का अध्ययन अत्यन्त ज़रूरी है। जब तक मध्यकाल के लौकिक रूप को नहीं समझा जाता, तब तक इस पूरी साहित्यिक साधना को ठीक से नहीं समझा जा सकता।

सन्तों की वाणियाँ भाषा एवं भावाभिव्यक्ति की दृष्टि से ही नहीं वरन् काव्य-प्रकारों की दृष्टि से भी लोक में प्रचलित नाना प्रकार की गीति-शैलियों का अनुकरण करती जान पड़ती हैं। सन्त-साहित्य भारतीय साहित्य की अभिजात परम्परा से भिन्न है। समाज के निम्न समझे जाने वाले स्तर के बीच से उत्पन्न सन्त कवियों ने उसी तथाकथित निम्नस्तरीय समाज को अपने काव्य की प्रेरणा

का मूल आधार बनाया और शायद वे ऐसा करने को मज़बूर भी थे, उन्होंने न तो संस्कृत के आलंकारिक काव्य-शास्त्रों का अध्ययन किया था और न ही इस देश की अभिजात साहित्यिक परम्परा से वे परिचित थे। साहित्य-रचना के लिए उन्होंने सामान्य जनता में प्रचलित काव्यरूपों और अन्य प्रकारे की लोक-वार्ताओं को ग्रहण किया। कदाचित् इसीलिए कबीर की वाणी में विभिन्न काव्यरूपों के प्रयोग मिलते हैं।

अपने शोध को वैज्ञानिक आधार देने के लिए हमने इन्हें विभिन्न कोटियों में रखकर विश्लेषित किया है यथा—*गीतिपरक काव्य-रूप* (शब्द), *रामायण-शैली* से प्रभावित काव्य-रूप (रमैणी), *वर्णमालापरक काव्य-रूप* (चौंतीसा), *संख्यापरक काव्य-रूप* (विप्रभतीसी) *आचारपरक काव्य-रूप* (अठपहरा), *विश्वासपरक काव्य-रूप* (विराहुली), *संस्कारपरक* काव्य-रूप (मंगल), *ऋतुपरक गीतों पर आश्रित काव्य-रूप* (बसन्त, बारहमासा, और हिंडोला) *लोकोत्सवपरक काव्य-रूप* (चांचर)।

कबीर के काव्य-रूपों को उक्त आबंटन में रख कर जब हमने इनका विश्लेषण किया, तो देखा कबीर का समूचा काव्य कहीं लोक शैलियों का ही मूर्त रूप बन गया है। कबीर ने अपने समय में प्रचलित विभिन्न काव्य-रूपों का जिस सहजता से तथा जिस सक्षमता से प्रयोग किया है, वह अद्‌भुत तो है ही, साथ ही इस बात का प्रमाण है कि जहाँ अक्खड़ कबीर का हृदय कहीं 'लोक' की गेय शैली से भीगता था वहीं उसका यायावर रूप उसे बार-बार उनमें रमने और उन्हें आत्मसात् करके आत्मप्रेषित करने के लिए तड़पता था, उसका साहित्य इसका प्रमाण है।

लोकभाषा से तात्पर्य जनसाधारण की भाषा है। पहले भी जैसा कि हमने स्पष्ट किया कि 'लोक' मानव समाज का वह वर्ग है, जो अशिक्षित है तथा परम्परा के प्रवाह में जीता है। उसका ज्ञान शास्त्रीय अथवा पांडित्य की चेतना से अछूता होता है। ऐसे लोगों की भावाभिव्यक्ति के लिए जिस भाषा का प्रयोग होता है, उसे ही *लोकभाषा* कहा जा सकता है। लोकभाषा शिक्षितों की परिनिष्ठित भाषा से भिन्न तथा सामान्य जन के लिए सहज और सर्वग्राह्य होती है। यह भाषा आभिजात्य कृत्रिमता, शास्त्रीय और पांडित्य की चेतना से शून्य होती है। सामान्य लोग अपनी सपाटबयानी से ही गूढ़ से गूढ़ समस्याओं का समाधान कर लेते हैं। तभी तो कबीरदास—*'संस्कृत है कूप जल भाखा बहता नीर'*—पंडित लोगों की भाषा संस्कृत को कूपजल और लोकभाषा को बहता नीर कह कर सिद्ध करते हैं कि किसी एक वर्ग तक सीमित भाषा सर्वश्रेष्ठ नहीं हो सकती, जबकि लोकभाषा में एक प्रवाह रहता है और वह जातीय बंधनों से ऊपर उठी होती है यहाँ *'भाखा'* से कबीर का अभिप्राय *'लोकभाषा'* से ही है। कबीर आदि सन्तों की दृष्टि में वस्तुतः संस्कृत अथवा तत्सम हिन्दी का कठिन रूप सामान्य जन

की भाषा नहीं हो सकता। यही कारण है कि मध्ययुग में भाषा के क्षेत्र में इतनी बड़ी क्रान्ति हुई कि लगभग सभी सन्तों ने लोक के बीच, लोक में जीते हुए, लोक को भोगते हुए, लोक के भीतर प्रवेश करके अपने विचारों के प्रचार-प्रसार के लिए 'लोक' की ही भाषा अथवा लोक-भाषा का प्रयोग किया। वस्तुतः सन्त साहित्य का मुख्य उद्देश्य *वर्ग-भेद, वर्ण-भेद, बाह्याडम्बरों* इत्यादि से ऊपर उठ कर केवल भक्ति का प्रचार करना था, जिसके लिए उन्हें भाषा के कृत्रिम रूप अथवा शृंगारिक रूप की आवश्यकता नहीं थी। उन्हें विश्वास था कि *किसी भी मत को, धर्म को, भाव को* लोक प्रचलित करने के लिए केवल वही भाषा समर्थ हो सकती है, जिसका सम्बन्धित समाज में आदर हो क्योंकि 'लोक' में अपनी बोल-चाल की भाषा के प्रति स्वभावतः ही तीव्र आकर्षण एवं सम्मान की भावना रहती है तथा वह परिनिष्ठित भाषा की अपेक्षा अपनी भाषा में वर्णित उद्भावनाओं को सहज ही समझने में समर्थ भी होता है।

कबीर-साहित्य का विवेचन करते हुए हमने पाया कि कबीर की भाषा उन समस्त स्रोतों का समन्वित रूप है, जिनसे कबीर कहीं प्रभावित थे अथवा जिन्होंने कबीर को कहीं प्रभावित किया था। उदाहरण के लिए कबीर जब योग-साधना के प्रतीकों द्वारा अपनी बात कहते हैं, तो योगियों की भाषा का तथा उनकी पारिभाषिक शब्दावली का वह इस प्रवाह में प्रयोग करते हैं कि पाठक को कहीं भी यह अनुभव नहीं होता कि कबीर योगियों से भिन्न थे। इसी प्रकार कबीर वैदिक भक्ति के उदाहरण देते हुए या इस्लाम साधना की चर्चा करते हुए भी उन्हीं की भाषा को अभिव्यक्ति का माध्यम बनाते हैं। परन्तु इन सभी से अलग हट कर जहाँ कबीर अपने स्वभाववश लोक को प्रताड़ित करते हैं या कर्म कांडों की निन्दा करते हैं या भक्त के स्वरूप, भक्ति के रहस्य अथवा ईश्वर के स्मरण में रमते हैं, तो कबीर अपनी उस भाषा का प्रयोग करते हैं जिसे हम खिचड़ी भाषा कह सकते हैं। रमते जोगी वाला उनका यायावरी व्यक्तित्व कम से कम भाषा के लिए अपने भावों को घुटने नहीं देता। जब कबीर *'मूठ मार कर भी'* जैसे वाक्यों का प्रयोग करते हैं, तो उनका ठेठ लोक रूप ही हमारे सामने व्यक्त होता है। एक अन्य विशेषता कबीर की भाषा की यह स्पष्ट झलकती है कि वहाँ शब्द वही अर्थ देने को तत्पर हैं, जो कबीर उनसे ध्वनित करवाना चाहता है। *'निरति'* शब्द यदि एक स्थान पर माया-मोह से निवृत्त होने का भाव देता है, तो वहीं अगली ही पंक्ति में वह निर्गुण ईश्वर का बोधक बन गया है, क्योंकि कबीर उससे यह अर्थ ध्वनित करवाना चाहते हैं।

कबीर ने नाथों की परम्परा के माध्यम से बौद्धों व तांत्रिकों की शैली को भी ग्रहण किया था। फलतः उसी का परिणाम है कि उनके साहित्य में 'उलटबांसी' की शैली ने अपना विशेष प्रभाव अंकित किया है। अनेक शब्दों के रूढ़ अर्थों

को प्रतीकात्मक स्वरूप देते हुए वह उस रहस्यमयी शैली का प्रयोग करते हैं, जो अक्सर दार्शनिकों की शब्दावली तथा अभिव्यक्ति का माध्यम बन जाती है। परन्तु यहाँ भी कबीर लोक को नहीं त्यागते। शायद यही कारण है कि आचार्य हजारीप्रसाद द्विवेदी ने कबीर को 'वाणी का डिक्टेटर' कहा है। इस प्रकार हमने अपने अध्ययन में उनकी भाषा का वैज्ञानिक विश्लेषण करते हुए पाया कि कबीर की भाषा में अवधी, ब्रज, खड़ी बोली, राजस्थानी, भोजपुरी तथा कहीं-कहीं पंजाबी शब्द अनायास प्रयुक्त हुए हैं। इसका एक कारण जहाँ उनकी यायावरी प्रवृत्ति रही, वहीं दूसरी ओर लिपिबद्ध होने तक क्योंकि उनके पद अनेक पीढ़ियों तक श्रवण-प्रक्रिया द्वारा ही हस्तांतरित होते रहे, अतः उनमें अन्य भाषाओं और बोलियों के विभिन्न रूप भी आ जुड़े। इन्हीं सभी से युक्त होने के कारण ही कबीर-वाणी कहीं विद्वानों को सन्ध्या भाषा का भ्रम देती है, तो कहीं सधुक्कड़ी कहने के लिए विवश करती है। परन्तु सत्य इतना आवश्यक रहा कि उनकी भाषा मूलतः और अन्ततः शुद्ध लोक की ही भाषा है, जिस पर किसी प्रकार के व्याकरण का, आभिजात्य अहं का अथवा किसी विवशता का कोई अंकुश नहीं था।

जब हम यह स्वीकार करते हैं कि कबीर 'लोक' का कवि था और उसने लोकभाषा को ही अपने भावों की अभिव्यक्ति के लिए ग्रहण किया था, तो यह भी स्वयंसिद्ध है कि ऐसा करते हुए भाषा के साथ-साथ उसकी शैली में लोक प्रचलित मुहावरों और लोकोक्तियों का प्रयोग भी हो गया है। मुहावरे और लोकोक्तियाँ भाषा के प्रभावी अंग होते हैं, जिनसे भाषा में प्रवाह और सुबोधता का संचार होता है। सामान्य जन अपनी भावाभिव्यक्ति को सहज, बोधगम्य और स्पष्ट बनाने के लिए इनका प्रयोग करते हैं। इनके प्रयोग से उक्ति-चमत्कार बढ़ जाता है और सुनने वालों पर इसकी सीधी चोट पड़ती है। इनसे भाषा में मिठास आ जाती है।

जहाँ तक कबीर का प्रश्न है, उस जैसे कवि को समाज की गलत रूढ़ियों के लिए, धर्म के ठेकेदारों को उनके आडम्बरों के लिए तथा सामान्य लोगों को उनके मिथ्याचारों के लिए प्रताड़ित करने के लिए मुहावरों और लोकोक्तियों की आवश्यकता सहज ही पड़ती है। इसलिए कबीर उनका निस्संकोच प्रयोग करते हैं। हमने अपने अध्ययन में इनकी लम्बी सूची देते हुए यथा—गल में परियाँ फंद, अंक भरे भरि भेंटिये, गल परि गई फासि, कछु न आवै हाथ, अब पछतावै होत क्या जब चिड़िया चुग्ग गई खेत, अम्रित में विख घोलै, झखमारि, नील रंगाऊँ दंत, मुख फाकै छारा, सब देखी ढांकि बजाई, सीस उतारै हाथ सौ, हाथ मले तिनकौ पछिताई इत्यादि मुहावरों का प्रयोग तथा अंधे को अंधा मिला राह बतावै कौन, खीर नीर का करै निबेरा, कौड़ी-कौड़ी जोरता जौरै लाख करोरि, टेसू फूले दिवस दोइ खंखर भए पलास, लोहा माटि मिलि गया तब पारस कौने काम, लूण

बिलंगा पानियाँ पानी लूण बिलंगि, राई तैं परबत करै परबत राई माहिं, राई घटै न तिलबढ़ै ज़ौं सिर कूरै कोई, मरणै थैं क्या डरपना जब हाथि सिंधोरा लीन, पाँव कुहाड़ी मारिआ गाफिल अपनै हाथि इत्यादि लोकोक्तियों के माध्यम से कबीर के लोक पक्ष को सुदृढ़ करने का भी प्रयास किया है।

किसी भी भाषा को छन्द और अलंकार शृंगारित करके रचनाकार की अभिव्यक्ति शैली को और भी निखार देते हैं। कबीर भले ही शास्त्रीय ज्ञान से अनभिज्ञ थे तथा काव्य के शास्त्रीय पक्ष से अपरिचित थे, परन्तु फिर भी उनकी शैली छन्दों और अलंकारों को सहज रूप से ओढ़ कर चली है, जिनमें निस्सन्देह शास्त्रीय नियम तो नहीं हैं, परन्तु वे अपने सहज प्रवाह में उतने ही सौन्दर्यवर्धक बन गए हैं। इतना होने पर भी अनायास रूप में आए हुए छन्दों और अलंकारों के कहीं-कहीं शास्त्रीय रूप भी हमें निस्सन्देह मिल जाते हैं। जब सामान्य व्यक्ति के मन की भावनाएँ घनीभूत हो उठती हैं, तो वे अपनी अभिव्यक्ति स्वयमेव खोज लेती हैं। उस तेज़ प्रवाह में लय-राग आदि अपने आप बनने लगते हैं, शब्दों की होड़ और अलंकारों की छटा स्वयमेव अपना मार्ग खोज लेती है। यह सब कुछ चुपचाप सिमट जाता है—छन्द में, जो अपने बन्ध में भी काव्य को एक मधुर गति प्रदान करता है। कबीर वाणी के तीन भाग मिलते हैं—साखी, सबद और रमैणी। साखी का अर्थ है—'गवाह', जिसने किसी बात को प्रत्यक्ष देखा हो। साखियों का प्रयोग वैचारिक उलझनों को सुलझाने के लिए किया जाता है, जिस प्रकार हम किसी विवादग्रस्त घटना के वास्तविक रूप को जानने और सुलझाने के लिए प्रत्यक्षदर्शी गवाह की खोज करते हैं, ठीक उसी प्रकार इसे भी समझना चाहिए। वैसे तो ये बहुधा 'दोहा' छन्द में लिखी गई है, किन्तु कबीर की साखियों में इसे अधिकतर सत्य नहीं कहा जा सकता। क्योंकि उनकी साखियों में दोहा के अतिरिक्त सोरठा, चौपाई, श्याम, उल्लास, हरिपद, गीतसार तथा छप्पय आदि छन्द भी प्रयुक्त हुए हैं। हमने अपने अध्ययन में देखा कि ये छन्द सर्वत्र शुद्ध रूप में नहीं आए हैं। कबीर-काव्य में छन्द का एक अन्य रूप है—'पद', यह उनके अन्य छन्दों से अधिक चर्चित है। इसे कहीं-कहीं 'सबद' और 'बानी' भी कहा गया है। इसका छन्द के रूप में सर्वप्रथम प्रयोग कबीर ने नहीं किया, अपितु यह उनसे पूर्व भी प्रचलित था। इसके प्रचुर उदाहरण बौद्ध सिद्धों के चर्यागीतों में मिलते हैं। जहाँ तक कबीर के पदों की विशेषताओं का प्रश्न है, ये अपनी गेयता के कारण अतिशय प्रेषणीय हैं, अपनी संगीतात्मकता तथा पाखंड व रूढ़ियों के प्रति प्रहार करने के कारण तथा चरम आध्यात्मिक अनुभूतियों की प्रतिष्ठा के कारण प्रायः समस्त भारतीयों के कंठहार बन गए। इन पदों की छन्द-योजना की दृष्टि से समीक्षा करने पर ज्ञात होता है कि एक ही पद के अन्तर्गत अनेक छन्दों का समावेश हो गया है। इनमें दोहा प्रमुख रूप से तथा

सरसी, शुभगीता और रूपमाला आदि छन्द गौण रूप से प्रयुक्त हुए हैं। कहीं-कहीं किसी छन्द का पूर्ण रूप न हो कर उसका विकृत रूप भी दिखाई देता है। कबीर वाणी में 'रमैनी' का भी विशिष्ट स्थान है। 'रमैनी' में मुख्य रूप से सृष्टि और जीव तथा जगत् की स्थिति पर विचार किया गया है। कबीर ने मूलतः मन के रमने की ही स्थिति को अभिव्यक्त करने के लिए रमैनियों का प्रयोग किया है। इसी प्रकार कबीर ने अपनी लोकभाषा के प्रवाह में तथा अपने भावों की अभिव्यक्ति की तीव्रता में अनायास शब्दों का इस प्रकार प्रयोग किया है कि उन्होंने स्वयमेव अलंकारों का रूप प्राप्त कर लिया है। प्रस्तुत अध्ययन में हमने उन अर्थालंकारों को भी देखा, जिनमें रूप या वाक्य सम्बन्धी किसी प्रकार का भाषा से प्रत्यक्ष सम्बन्धित सौन्दर्य भी विद्यमान है। अतः अनुप्रास, यमक, पुनरुक्ति, वीप्सा, पुनरुक्तवदाभास और श्लेष शब्दालंकार तथा दीपक, कारणमाला आदि अलंकार कबीर की भाषा के सौन्दर्य को प्रस्तुत करते हैं।

अतः निष्कर्षतः हमें मानना पड़ेगा कि कबीर की भाषा-शक्ति अद्वितीय है। कबीर अभिव्यक्ति में समर्थ ऐसे कवि थे, जिनका भाषा पर जबरदस्त अधिकार था। आधुनिक भाषाओं के ऐतिहासिक अध्ययन की दृष्टि से तथा तत्कालीन भाषा के स्वरूप-निर्धारण की दृष्टि से उनकी भाषा विशेष रूप से सहायक सिद्ध हो सकती है।

27 मार्च, 2007 **(डॉ.) सुखविन्दर बाठ**

पटियाला

1

कबीर के आध्यात्मिक चिन्तन व भक्ति-पद्धति का लौकिक पक्ष

कबीर की आध्यात्मिक सोच और उसकी अभिव्यक्ति भी लोक-परम्परा व लोक तत्त्वों के माध्यम से सम्पन्न हुई है। यह ठीक है कि हम कबीर की आध्यात्मिक और दार्शनिक विचारधारा की चर्चा करते हुए उसमें औपनिषदिक दर्शन और शास्त्रीय भक्ति-पद्धति को खोजने का प्रयास करते हैं और लगभग विभिन्न तर्कों के माध्यम से इनके प्रभाव व अंश कबीर-वाणी में स्थापित भी कर देते हैं, परन्तु हमें यह नहीं भूलना चाहिए कि कबीर ने कहीं शास्त्रीय शिक्षा अर्जित नहीं की थी। हाँ, कबीर लोक का आँचल थामे हुए, लोक से प्राप्त ज्ञान और भक्ति को अपने रंग में रंग कर प्रस्तुत करते हैं। वस्तुतः कबीर आदि निर्गुणिया सन्तों ने रमते जोगियों की सी जीवन-शैली में विचरण करते हुए अपने अनुभव एकत्रित किए और उन्हें बिना किसी शास्त्रीय अपेक्षा के लोगों तक प्रेषित किया। 'मसि कागद' को छुए बिना मनुष्यं-जीवन के सूक्ष्म तत्त्वों तथा भक्ति सम्बन्धी भावों को व्यक्त करने के लिए इनके तर्क भी अपने थे और भाषा भी अपनी। कबीर की इस विशेषता को स्वीकार करते हुए डॉ. सरनाम सिंह शर्मा लिखते हैं, 'कबीर ने आध्यात्मिक भूमिका पर जिन सिद्धान्तों को स्वीकार किया वे किसी एक वाद का न्यास नहीं थे। उन्होंने अनेक मतों का सार संगृहीत करके जो संयोजन किया, उसी में उनकी मेधा की ज्योति झलकती है। कुछ विद्वानों की ऐसी धारणा है कि कबीर का दार्शनिक ज्ञान बहुत छिछला था। यह धारणा इस सीमा तक ठीक है कि कबीर ने किसी दार्शनिक परम्परा के गंभीर-सूक्ष्म तंतुओं का किसी पुस्तक-पाठी अथवा पुस्तक अध्येता की भाँति विवेचन नहीं किया, इसलिए उनको हम शंकर और रामानुज की कोटि में तो नहीं रख सकते, किन्तु स्वतन्त्र द्रष्टा और चिन्तक की पूर्ण दृष्टि और गरिमा कबीर को मिली थी, इसमें भी कोई सन्देह नहीं है।'[1]

भारतीय समाज में लगभग वैदिक युग के बाद ही लोक अपनी सशक्त भूमिका में उतर आया था। साधना के क्षेत्र में शास्त्रीय श्रेष्ठत्वाभिमान तथा

दुरूहता की प्रतिक्रिया में लोक ने भक्ति को सहजता के धरातल पर विकसित करना शुरू किया और निश्चित रूप से सांस्कृतिक परिवेश में व्याप्त दार्शनिक व आध्यात्मिक विचारों को अपने ढंग से व्याख्यायित करते हुए उन्हें एक नया रूप दिया। कबीर से पूर्व बौद्ध, सिद्ध, नाथ आदि इसी परम्परा का प्रतिनिधित्व करते दिखलाई देते हैं और संयोग से कबीर स्वयं जिस परिवार में रहकर बड़े हुए, उस परिवार के पूर्वजों ने किसी समय नाथ योगियों का स्वरूप धारण कर लिया था। अतः कबीर को पारिवारिक संस्कारों के रूप में लोक की वह धरोहर प्राप्त हुई जिसमें जीवन के अपार अनुभवों के साथ-साथ दार्शनिक व आध्यात्मिक विचारों का भी लौकिक रूप विद्यमान था। इसमें औपनिषदिक दर्शन के साथ-साथ शैव, शाक्त, तन्त्र, योग, शंकर का मायावाद, इस्लाम का प्रभाव न जाने क्या कुछ मिश्रित था। लेकिन एक बात निश्चित थी कि इसमें उक्त सम्प्रदायों के वही तत्त्व समाहित थे, जिन्होंने समय-सीमा पार करते हुए लोक के हृदय में स्थान ग्रहण कर लिया था और अपने शास्त्रीय रूप की तुलना में सहज-लौकिक रूप में लोक की सोच और व्यवहार में अमर हो गए थे। यही कारण है कि कबीर वाणी में उक्त सम्प्रदायों के प्रभाव की गन्ध होने के बावजूद भी उसका रंग शुद्ध लौकिक है। हम यहाँ उनके दर्शन और साधना सम्बन्धी विचारों में इसे समझने का प्रयास करेंगे।

कबीर वाणी में ब्रह्म का स्वरूप

कबीर अपनी वाणी में भले ही हमें दार्शनिक परम्परा का पालन करते हुए ब्रह्म की चर्चा करते दिखलाई देते हैं, किन्तु उनके ब्रह्म का स्वरूप ठीक वैसा ही नहीं है, जैसा कि भारतीय शास्त्र ग्रन्थों में उनसे पूर्व चित्रित किया जाता रहा। उपनिषद् जब ब्रह्म के निर्गुण रूप की बात करते हैं तो वहाँ ब्रह्म को सभी भौतिक गुणों से अतीत होने के कारण निर्गुण की संज्ञा दी गई है, क्योंकि उस काल का साधक जब ईश्वर के सम्बन्ध में चिन्तन करता है तो वह अपने भौतिक और आध्यात्मिक सभी प्रकार के ज्ञान का संग्रह करके भी ब्रह्म को स्वरूप प्रदान नहीं कर पाता। तब वह अंततः कह उठता है—नेति-नेति। उसके लिए वह अपनी समझ में आने लायक विशेषणों का प्रयोग करता हुआ उसे निर्गुण, निरंजन, निराकार, सत्य-रूप, असीम, अद्वितीय, अज्ञेय, अनुपम, अविनाशी, अगोचर, स्वयंभू, सर्वव्यापक, सर्वशक्तिमान, सर्वश्रेष्ठ, प्रकाश-पुंज कहकर सम्बोधित करने का प्रयास करता है। ब्रह्मोपनिषद् (18) में कहा गया है कि वह इन्द्रियादि से रहित होते हुए भी स्वयं प्रकाश स्वरूप है।[2] इस प्रकार उपनिषदों का ब्रह्म सभी भौतिक गुणों से अतीत होने के कारण निर्गुण है। भौतिक प्राणी अपने अर्जित ज्ञान की पराकाष्ठा में भी उसका पूर्ण परिचय नहीं प्राप्त कर सकता। यह जीव की सीमा भी है और ब्रह्म की अद्वितीय स्थिति भी। इसके ठीक विपरीत जब

कबीर आदि सन्त ब्रह्म को 'निर्गुण', कहकर सम्बोधित करते हैं तो वहाँ निर्गुण का भाव उसके भौतिक गुणों से अतीत होने का इतना नहीं है जितना शास्त्रवादियों के उस सगुण ईश्वर की तुलना में विचित्र रूप में है, जिस पर शास्त्रवादी चाहकर भी अपना एकछत्र अधिकार नहीं स्थापित कर सकते। वह शास्त्रवादियों के उस सगुण की प्रतिद्वन्द्विता में खड़ा है जो केवल उच्च वर्गों के लिए प्राप्य है, और जो मन्दिर की चार दीवारी के भीतर रहता है, जहाँ निम्नवर्ग का प्रवेश वर्जित है। इसीलिए उसकी तुलना में सन्तों, जो अधिकांशतः निम्नजातियों से ही थे, का ईश्वर निर्गुण होने के कारण प्रत्येक प्राणी के भीतर अनुभवजन्य है। उस पर किसी एक वर्ग का एकाधिकार नहीं और न वह किसी मन्दिर की चारदीवारी के भीतर ही रखे जाने योग्य है। इस दृष्टि से वह शास्त्रवादियों के सगुण के सम्मुख विचित्र है। इतना ही नहीं, कबीर आदि सन्तों ने उसके लिए जितने भी सम्बोधन प्रयोग किये, उनमें से अधिकांश के पीछे उनकी शास्त्र की प्रतिक्रिया में व्यक्त की गई भावना का बोध होता है। वह निराकार है, इसलिए शास्त्रवादियों की 'पत्थर पूजा' से श्रेष्ठ है। वह निरंजन है, इसलिए सभी प्रकार की कलुषताओं से परे है। वह अजन्मा है, इसलिए 'दशरथ पुत्र राम' की तुलना में अधिक श्रेष्ठ है। वह सर्वव्यापक है, इसीलिए शास्त्रवादियों के सगुण की तरह केवल मन्दिर तक सीमित नहीं। वह उन सभी मानवीय गुणों से ऊपर है जिनसे सगुण ईश्वर ग्रस्त दिखलाई देता है—इस दृष्टि से निश्चित रूप में सन्तों का निर्गुण, सगुण की तुलना में अधिक श्रेष्ठ एवं व्यापक है। यही उसका लौकिक रूप है।

कबीर अपने इस निर्गुण ब्रह्म के रूप का परिचय देने के लिए उपमान भी दैनिक जीवन के अनुभवों तथा वस्तुओं आदि से ग्रहण करते हैं—

अविगत अकल अनूपम देख्या, कहताँ कहा न जाई

सैन करै मन ही मन रहसै, गूँगे जानि मिठाई ॥[3]

x x x x

अविगत की गति का कहौ, जाकै गाँव न ठाँव ॥[4]

x x x x

फूलनि मैं जैसे रहत बास, यूँ घटि घटि गोबिन्द है निवास ॥[5]

कबीर का यह ब्रह्म समाज के सभी मिथ्याडम्बरों से परे सत्य स्वरूप है। उसमें न कहीं छल है, न दिखावा है। वह समाज के प्रत्येक बड़े-छोटे, ऊँच-नीच, ब्राह्मण-शूद्र के लिए प्राप्य है। उसकी तुलना में संसार के सभी धन्धे तुच्छ व बेकार हैं—

कहत कबीर चेति रे अंधा
सति रामु, झूठा सभु धंधा ॥[6]
हरि बिन झूटै सब ब्यौहार, केते कोऊ करौ गँवार ॥[7]

x x x x

कबीर लज्या लोक की, सुमिरै नाँही साच
जान बूझ कंचन तजै, काठा पकडै काच ॥[8]

x x x x

यह संसार सकल है मैला, राम कहैं ते सूचा ॥[9]

कबीर अपने इस ब्रह्म के लिए 'नाथ समुदाय' की परम्परा से प्राप्त 'निरंजन' शब्द का प्रयोग करते हैं, क्योंकि पूरे कलुषित संसार में वही एक ऐसा है जो निष्कलुष है, निरंजन है। आचार्य द्विवेदी कबीर के इस भाव को वाणी देते हुए लिखते हैं कि कबीरदास संसार को ही अंजन समझते हैं, उत्पत्ति भी, परिवर्तन भी, आवागमन भी, योग भी सब कुछ अंजन है, सब कुछ कलुष है। निरंजन या निष्कलुष अकेले राम हैं, जो सब घट में समाए हुए हैं।[10] कबीर की यह धारणा स्पष्ट करती है कि उन्होंने सगुणवादियों की ईश्वर सम्बन्धी फैलाई बहुत-सी भ्रान्तियों का खंडन करते हुए उसे सांसारिक माया-मोह से परे निरंजन घोषित किया। यह किसी एक वर्ग की बपौती नहीं कि उसी का इस पर एकाधिकार हो। वह निरंजन तो घट-घट में समाया हुआ है—फिर वह मात्र सगुणवादियों का ही कैसा बचा? इसी विश्वास के अन्तर्गत कबीर कहते हैं कि जो इस धरती पर जन्म (सगुणोपासकों का अवतारी ईश्वर) लेता है, वह अवश्य मृत्यु को प्राप्त होगा और जो मृत्यु को प्राप्त होता है, वह अवश्य मृत्यु को प्राप्त होगा और जो मृत्यु को प्राप्त होता है, वह ब्रह्म कैसे हो सकता है—

दस अवतार ईश्वरी माया, कर्त्ता कै जिन पूजा ।
कहै कबीर सुनो हो सन्तो, उपजै खपै सो दूजा ॥[11]

कबीर अपने ब्रह्म को सगुणवादियों से 'न्यारा' सिद्ध करने के लिए भले ही कितने प्रकार के तर्क देते हुए उसे केवल अनुभव करने योग्य सिद्ध करते हैं, किन्तु लोक के धरातल पर खड़े कबीर को जब अपनी अनुभूतियों को वाणी देनी हो, जब अपने ईश्वर प्रेम की गद्‌गद भाव से अभिव्यक्ति करनी हो या जब अपने भक्ति-रस से आप्लावित हृदय के उद्‌गार व्यक्त करने हों तो वह ईश्वर के निर्गुण स्वरूप का संकल्प भूलकर उसे उन रूपों तथा नामों से पुकारते हैं, जो अनायास उसके सगुण रूप का भाव व्यक्त करते हैं—

झगरा एक निबेरहु राम
जे तुम्ह अपनै जन सौं काम ॥[12]

x x x x

अब तोहिं जान न देहूं राम पियारे
ज्यौं भावै त्यौं होहु हमारे ॥[13]

x x x x

दुलहिनीं गावहु मंगलाचार
हम घरि अमर राजा राम भरतार ॥[14]

इस प्रकार कबीर ने राम के पर्यायी के रूप में प्रायः इन नामों का प्रयोग किया है—हरि, परमानंद, गोबिंद, मुरारि, सांई, सारंगपाणि, कमलाकंत, प्रभु, केशव, गोपाल, हरिगोपाल, निरंजन, केशवराइ, राजाराम, परब्रह्म, माधव, दामोदर, त्रिभुवननाथ, अलख, नारायण, विष्णु, मुकुंद, अल्लाह, खालिक, करीम, कृपालु, भक्तवत्सल, दयालु, कृष्ण, जगन्नाथ, मधुसूदन, बनवारी, वनमाली, दीनानाथ, रघुनाथ, गोकुलनायक, विट्ठल और श्रीरंग।[15] कबीर द्वारा प्रयुक्त ब्रह्म के प्रकृत गुणों से युक्त तथा जागतिक लीलाओं से जुड़े सम्बोधनों के पीछे उसी प्रकार की विवशता छलकती है, जैसी उपनिषद् काल के ऋषियों के सम्मुख रहती थी और वे अनेक प्रकार से ब्रह्म के स्वरूप की व्याख्या करने की चेष्टा करने के उपरान्त अन्ततः 'नेति-नेति' कह कर शान्त हो जाते थे। हमारे विचार से कबीर की इस 'असमर्था' के विपरीत ब्रह्म के उक्त विरोधाभास जनित सम्बोधनों के पीछे उनकी व्यावहारिक लोक-दृष्टि कार्यरत है, जिसने निर्गुण ब्रह्म के परम्परा से प्राप्त स्वरूप में परिस्थितिअनुरूप तथा आवश्यकतानुरूप साभिप्राय परिवर्तन कर लिया। इस ओर संकेत करते हुए डॉ. गोबिन्द त्रिगुणायत लिखते हैं कि 'निर्गुण शब्द का सामान्य अर्थ है मानवीय गुणों से रहित होना। आरम्भ में महाभारत और गीता में इसका प्रयोग इसी अर्थ में हुआ है। पर धीरे-धीरे इसके अर्थों में परिवर्तन होता गया।'[16] इसी ओर संकेत करते हुए प्रेमसागर लिखते हैं, 'वेदान्तियों का निर्गुण ब्रह्म सभी प्रकार के गुणों से रहित है, किन्तु सन्तों के उपास्य निर्गुण में गुणों का आरोप भी हुआ है। निर्गुण से इनका अभिप्राय परमतत्त्व की अनिर्वचनीयता से है और उसमें प्राकृत गुणों—सत्व् रजस् और तमस् का निषेध करना है। परन्तु उस पर सर्वशक्तिमत्ता, भक्त-वात्सल्य, घट-घट व्यापि आदि अनेक गुणों का आरोप वे स्वयं कर देते हैं।...वस्तुतः निर्गुण से इन सन्तों का तात्पर्य केवल साकार अवतरित रूप का निषेध करना ही है।'[17] उधर आचार्य हजारीप्रसाद द्विवेदी सगुणोपासकों तथा निर्गुणोपासकों के ब्रह्म सम्बन्धी विचारों के परस्पर अन्तर को रेखांकित करते

हुए लिखते हैं कि 'सबसे बड़ा अन्तर इनके लीला-सम्बन्धी विचारों में था। दोनों ही भगवान् की प्रेम-लीला में विश्वास करते थे। दोनों का ही अनुभव था कि भगवान् लीला के लिए ही इस जग्गतिक प्रपंच को सँभाले हुए हैं। पर प्रधान भेद यह था कि सगुण-भाव से भजन करने वाले भक्त भगवान् को दूर से (प्रतिमा में) देखने में रस पाते रहे, जबकि निर्गुण भाव से भजन करने वाले भक्त अपने आप में (अन्तर्मन में) रमे हुए भगवान् को ही परम काम्य मानते थे।'[18] आचार्य द्विवेदी के इस कथन से भी स्पष्ट संकेत मिलता है कि निर्गुणिया सन्तों ने ब्रह्म को अपनी व्यावहारिक लोक-दृष्टि के अनुरूप स्वरूप प्रदान किया है, उसके लीलाधारी स्वरूप को भी निर्गुण बनाकर अन्तर्मन में स्थापित कर लिया। उन्होंने ऐसा करते हुए वस्तुतः उस लोक-हृदय की भावनाओं को वाणी दी, जिसे अपने भक्ति-भाव की अभिव्यक्ति के लिए कहीं भी ठौर नहीं मिल रहा था। इसीलिए वे जब निर्गुण ईश्वर के स्वरूप की व्याख्या करते हैं तो उसके लिए उनके पास उपमान या तो विशुद्ध लौकिक जीवन से लिए गए हैं, या सगुणवादियों के ईश्वर के लिए प्रचलित व लोक द्वारा मान्य हैं। जब कबीर कहते हैं कि 'हरि जननी मैं बालक तो' तो वहाँ ईश्वर का सगुण रूप नहीं है, हाँ उसके सम्बन्ध में अपनी अनुभूति को वह अवश्य लौकिक सम्बन्ध का जामा पहना देते हैं।

कबीर का ब्रह्म भले ही निर्गुण है और उसे बड़े-बड़े देवता, ऋषि व सन्त भी नहीं जान सके, परन्तु वह अपने भक्त को सहज ही प्राप्तव्य भी है—

चारि बेद जाकै सुमृत पुरांनां, नौ व्याकरनां मरम न जांनां
सेस नाग जाकै गरड़समानां, चरन कुवल कंवला नहीं जानां
कहै कबीर जाकै भेद नाहीं, निज जन बैठे हरि की हाहीं ॥[19]

इसी प्रकार कबीर अपने ब्रह्म की शक्ति तथा कार्य-क्षमता की चर्चा करते हुए जहाँ एक ओर उसे सृष्टि रचयिता व नियंता घोषित करते हुए दार्शनिक चिन्तन का बोध देते हैं, वहीं एक दम से लोक के धरातल पर उतर कर उसके लिए लौकिक उपमान भी जुटाने लगते हैं। तब उनका ब्रह्म मुख बिना खा सकता है, चरण बिना चल सकता है, जिह्वा बिना बोल सकता है, स्थिर रहता हुआ भी भ्रमण कर सकता है, कर बिना ताली बजा सकता है और मंडल-बाजे के बिना भी ताल पैदा कर सकता है—

बिन मुख खाइ चरन बिन चालै, बिन जिम्या गुण गावै ।
आछै रहै ठौर नहीं छाड़ै, दह दिसिहीं, फिरि आवै ।
बिनहिं तालां ताल बजावै, बिन मंदल पट ताला ।
बिनहिं सबद अनाहद बाजै, तहाँ निरतत है गोपाला ॥[20]

इस प्रकार कबीर का ब्रह्म निम्नवर्ग के लिए बिना किसी सामाजिक वर्जना के बिना किसी जातीय अपमान के, बिना किसी मन्दिर-प्रवेश के और बिना किसी धार्मिक व शास्त्रीय आडम्बर के सहज रूप से उनके भीतर वास करने वाला ऐसा निर्गुण रूप है, जो वैसे तो अनिर्वचनीय है, बड़े-बड़े देवताओं, ऋषियों-मुनियों की पकड़ से भी परे है, निराकार, अजन्मा, निर्विशेष, आदि न जाने कितने सम्बोधनों के बाद भी समझ में न आने वाला परम तत्त्व है, परन्तु अपने भक्तों के भावों की अभिव्यक्ति के लिए केशव, राम, मुरारी, त्रिपुरारी, भक्तवत्सल, दीनदयाल आदि अनेक लौकिक रूपों में अनुभूतियों का आधार भी है। अपने भक्तों के लिए वह लौकिक गुणों से भी मुक्त होने का आभास दे देता है। तभी तो कबीर जैसा निर्गुण पन्थी यह ज़िद करने का भी साहस कर लेता है।

एकमेक है सेज न सोवै तब लगि कैसा नेह रे ॥[21]

यही कबीर के ब्रह्म का लौकिक रूप है।

कबीर वाणी में जीव का स्वरूप

जब हम ब्रह्म को परमात्मा रूप में स्वीकार करते हैं तो अनायास ही जीव के भीतर आत्मतत्त्व उसी परमात्मा का अंश होने का बोध देने लगता है। यह सारा जगत् जब उसी ब्रह्म का विस्तार है तो जीव भी उसी का अंश रूप है। इस दृष्टि से ब्रह्म और जीव मूलतः एक ही तत्त्व है—इसी भाव को दर्शनशास्त्रों ने 'अद्वैतवाद के नाम से सम्बोधित किया है। सभी दार्शनिक लगभग इस धारणा में एकमत हैं कि जीव माया से ग्रस्त होने के कारण जब विकृत अवस्था में पहुँच जाता है तो उसका ब्रह्म के शुद्ध रूप से भेद बढ़ जाता है। ऐसी स्थिति में माया का आवरण ही दोनों के बीच भेद का कारण बनता है। यदि उसे किसी प्रकार हटा दिया जाए तो दोनों में अभेदता स्वयमेव स्थापित हो जाती है। इस आधार पर हम कह सकते हैं कि माया से आबद्ध आत्मा ही जीव के नाम से प्रसिद्ध है।'[22] जीव की इसी व्याख्या तथा स्थिति को कबीर भी अपनी लौकिक शब्दावली तथा अनुभूतियों द्वारा व्यक्त करने का प्रयास करते हैं। कबीर स्पष्ट शब्दावली में ब्रह्म और जीव को एक ही तत्त्व स्वीकार करते हुए बड़े सरल शब्दों में कहते हैं—

जल मैं कुंभ कुंभ मैं जल है, बाहरि भीतरि पानी
फूटा कुंभ जल जलहि समानां, यहु तत कथौ गियानी ।
आदैं गगनां अंतैं गगनां, मधे गगनां भाई
कहै कबीर करम किस लागै, झूठी संक उपाई ॥[23]

अर्थात् इस शरीर रूपी घड़े के बाहर-भीतर ब्रह्म रूपी जल भरा हुआ है।

शरीर के नष्ट होते ही बाहर-भीतर का ब्रह्म पुनः एक ही हो जाएँगे। अतः सृष्टि के आदि, अन्त, मध्य ब्रह्म रूपी आकाश ही है। इसी बात को कबीर ब्रह्म की ओर से भी कहलवाते हैं, किन्तु दूसरे शब्दों में–

हौं समाहिन में, हौं ना हो मोहि, बिलग बिलग बिलगाई हो ।
ओढन मेरा एक पिछोरा, लोग बोलैं एकताई हो ।
एक निरन्तर अंतर नाहीं, जौं ससि फट-जल झांई हो।
एक समान कोई समुझत नाहीं, जाते जरा मरन मर्म जाई हो ॥[24]

अर्थात् यद्यपि मैं सब में विद्यमान हूँ, फिर भी लोग अज्ञानवश मुझे पृथक-पृथक समझते हैं। प्रकृति से मिला शरीर ही मेरा दुपट्टा है। लोग अज्ञानवश दोनों को एक समझ लेते हैं। जिस प्रकार सभी घड़ों में चन्द्रमा की छाया समान रूप से पड़ती है, उसमें कोई अंतर नहीं होता, उसी प्रकार मैं आत्मा के रूप में सब में विद्यमान हूँ।

कबीर लौकिक व्यवहार में अनुभूत सत्य को आधार बनाकर दर्शन की बड़ी-बड़ी उलझी व चिन्तनपरक बातों को सहज ही व्यक्त कर लेते हैं। जीवन में घुमक्कड़ प्रवृत्ति के कारण उन्होंने लोक से ही अपने अनुभवों का संग्रह किया और लोक की शैली में ही अनायास उन्हें अभिव्यक्ति दे दी। माँ और बेटे के सम्बन्ध की चर्चा करते हुए कबीर परोक्षतः जीव की उत्पत्ति व उसके मायाग्रस्त रूप की भ्रमित अवस्था को इस सम्बन्ध द्वारा बढ़िया अभिव्यक्ति देते हैं–

हरि जननी मैं बालक तेरा ।
काहे न अवगुन बकसहु मेरा ।
सुत अपराध करत है केते, जननी के चित रहैं न तेते
कर गहि केस करै जो धाता, तऊ न हेत उतारै माता
कहै कबीर इक बुद्धि बिचारी, बालक दुखी दुखी महतारी ॥[25]

कबीर दार्शनिक चिन्तन के अनुरूप जीव के स्वरूप का संकेत करते हुए यह तो स्वीकार करते हैं कि जीव का यह रूप पंच महाभूतों के समन्वय का ही परिणाम है, परन्तु साथ ही अपनी इस मान्यता को अभिव्यक्ति देने के लिए वह अपनी विशिष्ट लोक-शैली का भी प्रयोग कर लेते हैं–

पंच पँषुरिया एक सरीरा, कृष्ण कवल दल भवर कबीरा ।[26]

x x x x

कबीरा संसा दूरि करि जांमण मरण भरंम
पंचतत तत्तहि मिले सुरति समाना मन ॥[27]

इस प्रकार जीव के स्वरूप के सम्बन्ध में कबीर को किसी प्रकार की कोई भ्रान्ति नहीं है कि वह किसका अंश है। परन्तु इसके साथ ही कबीर इस जीव की मायावी जगत् में क्या स्थिति है—इसे भी बखूबी जानते हैं। वह जीव की इस भ्रमित अवस्था को लेकर अधिक चिंतित हैं क्योंकि जीव जैसे ही जन्म लेता है, उसी क्षण माया का आवरण उसे अपने में लपेट लेता है और वह शुद्ध अंश अशुद्ध होकर अपनी वास्तविक पहचान भी भूल जाता है। उस समय कबीर का मन क्रन्दन करता है और वह अपनी लोक-शैली में लोक के ही प्रतीकों व बिम्बों द्वारा जीव की इस स्थिति को वाणी देने लगता है—

अपनुपो आपुहि बिसर्यौ ।
जैसे स्वान कांच मंदिर में, भर्मित भूंकि मर्यो
ज्यों केहरि बपु निरखि कूपजल, प्रतिमा देखि परयो।[28]

कबीर ने यह बिम्ब लोक प्रसिद्ध कहानियों से चुने हैं, जैसे एक बार जंगल के सभी जीवों ने शेर के आतंक से मुक्त होने के लिए शेर से प्रार्थना की कि हम में से प्रतिदिन एक जानवर स्वयं ही आपकी सेवा में उपस्थित हो जाएगा। आप उसी को अपना भोजन बना लिया करें। शेर की स्वीकृति पर इस निर्णय का पालन ईमानदारी से होने लगा। किन्तु एक दिन जब एक खरगोश की बारी आई तो उसने जाकर शेर से कहा कि महाराज! मैं इसलिए देर से पहुँचा कि रास्ते में मुझे दूसरे शेर ने रोक कर इस जंगल में आपके शासन को चुनौती देने का प्रयास किया। इतना सुनने से शेर भड़क उठा और बोला, 'चलो! पहले उसी को देखता हूँ।' खरगोश उसे एक कुएँ की मुँडेर पर ले गया, जिसके जल में अपनी ही छवि देखकर शेर भ्रम में आ गया और उस दूसरे शेर को मारने के लिए कुएँ में कूद गया।

उतपत्ति ब्यंद भयौ जा दिन थै, कबहूँ सच नहीं पायौ
पंच चोर संगि लाइ दिए हैं, इन संगि जनम गवायौ ॥[29]

कबीर की दृष्टि में यही वह स्थिति है जब जीव अपने मूल स्वरूप को भूल कर माया मोह के मार्ग पर प्रवृत्त हो जाता है। इसीलिए वह उसे निरन्तर इस मोह जाल से मुक्त होने के लिए प्रेरित करता है और उसे बार-बार उसके वास्तविक स्वरूप का बोध दिलवाने का प्रयास करता है—

नर जाणै अमर मेरो काया, घर घर बात दुपहरी छाया ।
मारग छाड़ि कुमारग जीवै, आपण मरै और कूँ रोवै ।
कछु एक किया कछु एक करणा, मुगध न चेतै निहचै मरणाँ।
ज्यूं जल बूँद तैसा संसारा, उपजत, बिनसत लागै न बारा ।

पंच पँषुरिया एक सरीरा, कृष्ण कवल दल भवर कबीरा ॥[30]

कबीर बार-बार जीव को ब्रह्म का अंश बताते हुए उनकी अभेदता का बोध करवाना चाहते हैं। उन्हें विश्वास है कि यदि जीव को इस सत्य का ज्ञान हो जाए तो वह निश्चित ही स्वयं को मायावी तत्त्वों से मुक्त करने का प्रयास करेगा। अतः कबीर इसीलिए हर बार एक नये ढंग तथा नई शैली में इस अभेदता को उद्‌घाटित करते हैं–

पाणी ही तै हिम भया, हिम ह्वै गया बिलाह ।

(लौकिक स्तर पर हमारे समक्ष यह ब्रह्म और जीव की अभेदता उद्‌घाटित करने का सबसे बढ़िया उदाहरण है। हम अपने नित्य जीवन में पानी को हिम और हिम को पुनः पानी में बदलते देखते हैं। इतना ही नहीं। इसमें पानी की तरलता जहाँ चैतन्य का प्रतीक है वहीं हिम जड़ता (अज्ञान) का प्रतीक है–यही इस उदाहरण की विशिष्टता है)

जो कछु था सोई भया, अब कछु कहा न जाई। [31]

x x x x

जैसे जलहिं तरंग तरंगिनीं ऐसे हम दिखलावहिंगे।
कहै कबीर स्वामीं सुखसागर हंसहि हंस मिलावहिंगे ॥[32]

x x x x

तोही मोही मोही तोही अंतरु कैसा।
कनक कटिक जल तरंग जैसा ॥[33]

x x x x

हेरत हेरत हे सखी, रह्या कबीर हिराइ
बूंद समानी समंद मैं, सो कत हेरी जाई ॥[34]

स्पष्ट ही कबीर बार-बार जीव को उसके अंशी से परिचित करवाने में प्रयासरत हैं। इतना ही नहीं, वह जानते हैं कि जो जीव भौतिक आकर्षणों से मुक्त हो जाता है, वह स्वयमेव ही अपने और ब्रह्म के सम्बन्ध में जान लेता है–

नेडै थैं दूरि, दूर थैं नियरा, जिनि जैसा करि जाना ।[35]

कबीर जहाँ दर्शन के धरातल पर खड़े होकर जीव की स्थिति पर विचार करते हैं, वहीं लौकिक धरातल से भी उस पर चिन्तन करते हैं। लोक में चौरासी लाख योनियों में जीव का भटकना खूब चर्चा का विषय रहा है। उसी के साथ यह भी स्वर मिला रहता है कि इस चौरासी लाख की यात्रा में मानव देह केवल एक बार ही मिलती है। इस आधार पर कबीर जीव को निरन्तर यह भी समझाने

का प्रयास करते हैं–

मनिषा जन्म दुर्लभ है, देह न बारंबार।
तरवर थै फल झड़ि पड़या, बहुरि न लागै डार।[36]

x x x x

गुर मिलि जिनिके खुले कपाट, बहुरि न आवै जोनी बार ।[37]

यही मानव देह की दुर्लभता है। अतः कबीर नहीं चाहते कि इस अवसर को भी गँवा कर मनुष्य चौरासी की यात्रा में पड़ा रहे।

कबीर जीव को न केवल उसके स्वरूप, उसके महत्त्व के बारे में बताते हैं बल्कि वह जीव को उसकी देह की नश्वरता का बोध करवाकर भी उसे शारीरिक सुखों व आकर्षणों से मुक्त रहने का संदेश देते हैं। यह सही है कि जीव ब्रह्म का ही अंश है परन्तु यह भी सही है कि जीव का शरीर निश्चित रूप से नश्वर है। इसके भीतर की आत्मा ही वस्तुतः सत्य है, शेष सब झूठ, भ्रम और क्षणिक है। इसीलिए कबीर अपनी वाणी में बार-बार जीव को इस देह की नश्वरता का बोध करवाते हैं। इसके लिए वह कभी कच्चे घड़े का उदाहरण देते हैं–

यह तन काचा कुंभ है, लियाँ फिरै था साथि ।
ढबका लागा फूटि गया, कछू न आया हाथि ॥[38]

x x x x

अमर जर्मन संची इह काइया, इह मिथिआ काची गगरी ।[39]

कभी कागज की पतंग का–

विनसि जाइ कागद की गुडिया
जब लग पवन तबै लग उड़िया
गुड़िया को सबद अनाहद बोलै, खसम लिए कर डोरी डोलै
पवन थक्यो गुड़िया ठहरानी, सीस धुनै धुनि रोवै प्राँनी ॥[40]

कभी पानी के बुलबुले का–

पानी केरा बुदबुदा अस हमारी जाति
इक दिन छिप जाँहिगे, तारेज्यूँ परभाति ॥[41]

और कभी साँप की केंचुली कहकर अस्थिर सिद्ध करते हैं–

कबीर गरबु न कीजिए देहि देखि सुरंग
आजु काल्हि तजि जाहुगे जिउ काँचुरी भुयंग।[42]

उल्लेखनीय है कि इन उपर्युक्त उपमानों का चयन कबीर दैनिक जीवन में दिखने वाले प्राकृतिक दृश्यों से ग्रहण करते हुए बहुत सटीक रूप में इनका प्रयोग करते हैं।

कबीर जीव के स्वरूप की चर्चा करते हुए अनायास उसके अन्तर्मन को भी अपने चिंतन का विषय बनाते हैं। वास्तव में जीव का माया से ग्रस्त होना या उसके चंगुल से मुक्त होना—उसके अन्तर्मन के संकल्प पर निर्भर करता है। कई बार मन स्वयं माया का प्रतिरूप बन कर अहंग्रस्त हो जाता है और कभी मन निर्मल होकर सांसारिक कर्मों से स्वयं को निर्लिप्त कर लेता है। इस दृष्टि से भारतीय दर्शन मन, बुद्धि तथा अहंकार को भी जीव-चर्चा में समेट कर चलता रहा है। कबीर यद्यपि दर्शन की उस सूक्ष्मता में नहीं पड़े, किन्तु उन्होंने इन तत्त्वों को अवश्य अपने चिन्तन की परिधि में समेटा है। हाँ, चिन्तन का यह आधार पुनः लोक-विश्वासों, लोक-उपमानों तथा लोक-शैली से निर्मित हुआ है।

कबीर मन को विकारी व अविकारी दोनों रूपों में चित्रित करते हैं। उनकी दृष्टि में विकारी मन ही मनुष्य की जड़ता, अज्ञान तथा अविवेकपूर्ण व्यवहार का आधार है। मनुष्य का मन अपनी चंचलता के कारण उसके विनाश का कारण बन जाता है—

कबीर सेरी सांकड़ी, चंचल मनवा चोर।
गुण गावै लैलीन होइ, कछू एक मन मै और ॥[43]

इसीलिए कबीर मन की चंचलता पर अंकुश लगाए रखने का उपदेश बार-बार देते हैं—

मैमंता मन मारि रे, घटहीं माँहै घेरि।
जबहीं चालैं पीठि दै, अंकुस दे दे फेरि ॥[44]

कबीर इस चंचल व विकारी मन की तुलना में उस मन को सदा जागे रहने का संदेश भी देते हैं जिसने स्वयं को मायावी जगत् से स्वयं को निर्लिप्त कर लिया है। अपनी जाग्रत अवस्था में इस मन के दो कार्य अपेक्षित हैं—(1) कहीं माया रूपी चोर पुनः इस काया रूपी घर में न आ जाए तथा (2) कहीं इसकी सुप्तावस्था में चैतन्य तत्त्व न हाथ से छूट जाए—

(1) *मन रे जागत रहिए भाई*
गाफिल होइ वस्तु मति खोवै, चोट मुसै घट जाई।[45]

x x x x

(2) *मन गोरख, मन गोबिंदौ, मन ही औघड होई।*
जे मन राखै जतन करि, तौ आपै करता सोइ।[46]

कबीर मन की उपर्युक्त दोनों अवस्थाओं से भिन्न एक तीसरी अवस्था की भी चर्चा करते हैं या कह सकते हैं कि मन को भिन्न ढंग से व्याख्यायित करते हैं। निश्चय ही यह मन अपने अंशी की स्मृति में रमा हुआ है। इसीलिए कबीर के लिए यही प्राप्तव्य है–

ता मन कौं खोजहु रे भाई, तन छूटे मन कहाँ समाई।
x x x x
अकल निरंजन सकल सरीरा, ता मन सौं मिलि रह्यौ कबीरा।[47]

मन के साथ ही बुद्धि की चर्चा की जाती है। मन का संबंध यदि भावनाओं से जोड़ा जाता है तो बुद्धि का तर्क और विवेक से। मानव शरीर में बुद्धि ही वह अंश है जो उसे सही-गलत को जानने का विवेक देती है, यही अंश उसे निर्णय लेने की क्षमता देता है और इसी का प्रयोग करके मनुष्य चाहे तो भौतिक जगत् से निर्लिप्त होकर ज्ञान-जगत् में प्रवेश कर सकता है। इसीलिए कबीर इसके महत्त्व को रेखांकित करते हुए कहते हैं–

कबीर सोच विचारिया, दूजा कोइ नाही
आपा पर जब चीन्हिया, तब उलटि समाना माँहि ॥[48]

कबीर का मानना है कि इस सात्विक बुद्धि का प्रयोग वही जीव कर सकता है, जिसमें संयम और सन्तोष होता है–

सती सन्तोषी सावधान, सबद भेद सुबिचार
सतगुर के प्रसाद तैं सहज शील मत सार ॥[49]

बुद्धि का ही एक अंश अहंकार में परिवर्तित हो जाता है। वस्तुतः जिस प्रकार चंचल चित्त मनुष्य के विषयग्रस्त होने का कारण बनता है, उसी प्रकार अहंकार भी उसे नीचे गिराने का कार्य करता है। अकसर मनुष्य अहं से ग्रस्त होकर श्रेष्ठ मार्ग पर चलता-चलता भी पतन की ओर बढ़ने लगता है। इसीलिए सभी सन्त कवियों ने अहंकार पर नियन्त्रण रखने का उपदेश देते हुए इसे समाप्त करने पर ही बल दिया है। कबीर भी जीव की इस कमज़ोरी पर आघात करते हुए इसका नाश करने पर बल देते हैं–

अंधे हरि बिन को तेरा, कवन सूं कहत मेरी मेरा
तजि कुलाक्रम अभिमाँनां, इरठे भरमि कहा भुलानाँ ॥[50]

कबीर की मान्यता है कि जब काल ही प्रबल है तो गर्व कैसा–

कबीर कहा गरबियो, काल गहे कर केस
नां जानौ कँह मारिहै, कै घर के परदेस ॥[51]

x x x x

कबीर गरबु न कीजिए ऊँचा देखि आवासु।
आजु काल्हि भुह लेटणा ऊपरि जामै धासु ॥[52]

कबीर की दृष्टि में गर्व की स्थिति एक भक्त या साधु में तो और भी निन्दनीय है। भक्त और गर्व दोनों एक साथ नहीं चल सकते। यदि चलते हैं तो समझो वह व्यक्ति सच्चा भक्त नहीं है–

असतुति निंघा आसा छाँडै, तजै मांन अभिमानां।
लोहा कंचन समि कर देखै, ते मुरति भगवानां ॥[53]

इस प्रकार कबीर जीव को ब्रह्म का ही अंश बताते हुए उसे उन सभी मायावी तत्त्वों से मुक्त रहने का उपदेश देते हैं। जिनके कारण वह अपने अंशी से दूर हो जाता है। उनके अनुसार, जिस क्षण जीव अपने भीतर की सारी अशुद्धता को त्याग देगा–उसी क्षण वह पुनः ईश्वरमय हो जाएगा। अपनी इस धारणा को व्यक्त करने के लिए कबीर के पास लोक के धरातल पर विद्यमान उपमान है, लोक की ही सहज तर्क-शैली है और लोक की ही भाषा है।

कबीर वाणी में जगत् की स्थिति

दार्शनिक जगत् में ब्रह्म के स्वरूप तथा अपने (जीव) स्वरूप के बाद यह सर्वत्र फैला हुआ जगत् मनुष्य-जिज्ञासा का कारण बनता है। सामान्यतः जो दृश्यमान है, वह सत्य ही होता है। उस आधार पर जगत् भी सत्य भासित होता है। परन्तु भारतीय चिन्तन प्रणाली में अधिकांश दार्शनिक-सम्प्रदाय इसे भ्रम व ईश्वर की माया का प्रसार मानते हुए मिथ्या सिद्ध करते हैं। वैदिक और उपनिषद् साहित्य इसका प्रमाण है। आगे चलकर भागवत पुराण में कहा गया, 'जैसे मिट्टी में घड़ा, लोहे में शस्त्र और सोने में कुंडल आदि नाममात्र हैं, जबकि वास्तव में वह मिट्टी, लोहा और सोना ही हैं, वैसे ही परमात्मा में वर्णित जगत् नाम मात्र ही है, सर्वथा मिथ्या और मन की कल्पना है। इसे नासमझ मूर्ख ही सत्य मानते हैं।'[54] आचार्य शंकर तो स्पष्ट शब्दों में ब्रह्म को सत्य तथा जगत् को मिथ्या मानते हैं। इस प्रकार भारतीय दार्शनिक जगत् की एक पूरी चिन्तनधारा इसे भ्रम का ही प्रसार मान कर चलती है। उसके अनुसार, इस जगत् को हमें ब्रह्म का प्रसार मानते हुए ब्रह्म को ही खोजना चाहिए न कि इसके मायावी आकर्षण में स्वयं को भुला कर यह जीवन नष्ट करना चाहिए।

कबीर आदि लोकधारा के सन्तों के लिए भी यह जगत् जिज्ञासा व चिन्तन का आधार रहा है। कबीर अपने ढंग से इसका उत्तर देते हुए कहते हैं कि 'सर्वप्रथम ब्रह्म, विष्णु, शिव और शक्ति पैदा हुए और स्वयं को जीव मानकर उन्होंने प्रभु की भक्ति की। उसके पश्चात् पवन, जल, तेज, आकाश नामक तत्त्व पैदा हुए। इन तत्त्वों के रूप में ही माया का आविर्भाव हुआ। इसके पश्चात् सम्पूर्ण ब्रह्माण्ड की उत्पत्ति हुई, जिससे पृथ्वी प्रकट हुई। इस पृथ्वी के ही नवखंड हुए। इस पृथ्वी पर अनेक जीवधारी उत्पन्न हुए, कई सिद्ध, साधक, सुर, मुनिगण भी इनमें सम्मिलित थे, जो प्रभु की खोज में लगे हुए थे।'[55] अन्यत्र कबीर इस जगत् की तुलना उस वृक्ष से करते हैं, जिसकी जड़ पाताल में है तथा चोटी ब्रह्मलोक में। इस वृक्ष का बीच का भाग जो इस जगत् के रूप में फैला हुआ है, उसमें अनेक प्रकार के विषय-वासनाओं रूपी फूल-पत्ते लगे हैं। जब तक जीव इससे मुक्त नहीं होता, तब तक वह मुक्ति नहीं पा सकता।[56] इस प्रकार कबीर इस जगत् को ईश्वर की रचना तो मानते हैं, परन्तु इसे विषय से मुक्त उसकी माया का प्रसार भी घोषित करते हैं—

ऊँकारे जग ऊपजै, बिकारे जग जाइ ।[57]

कबीर के अनुसार इस सृष्टि का रचयिता, पालनकर्ता तथा संहारकर्ता—सभी वह एकमात्र ईश्वर ही है—

भाई रे बिरलै दोस्त कबीर के यहु तत बार-बार कासौं कहिए
भांनन गढ़न सवाँरन संम्रथ ज्यौं राखै त्यौं रहिए ॥[58]

इसी जगत् का दूसरा सत्य यह है कि इसमें लोग भ्रमवश बेकार के धंधों में उलझे रहते हैं और झूठे ज्ञान-प्रदर्शन में अपना जीवन व्यर्थ कर देते हैं—

जप तप संजम पूजा अरचा जोतिग जग बौरांनां
कागद लिखि लिखि जगत् भुलांनां मन ही मन न समांना ॥[59]

वस्तुतः यह ब्रह्म का वह क्रीड़ा-स्थल है, जहाँ पर जीव इन मिथ्या विषय-वासनाओं में लिप्त होकर ब्रह्म को भुला देता है—

बहु बिधिं चित्र बनाम के हरि रच्यो क्रीड़ा रास ।
जाहि न इच्छा झूलिबे की ऐसी बुधि केहि पास ॥[60]

निश्चित ही यहाँ कबीर के समक्ष उस बालक का बिम्ब है जो खेलने का लोभ संवरण नहीं कर सकता और खेल में मस्त होकर सब कुछ भूल जाता है। यही कबीर वाणी का लौकिक आधार है जहाँ उन बिम्बों व उपमानों को आधार बना

कर जीवन-सत्य की बात की गई है जिन्हें मनुष्य नित्य प्रति देखता व भोगता है। अतः उसे उसी के परिवेश से जुड़े तथ्यों तथा चित्रों के माध्यम से गूढ़ बात समझना कहीं सरल है। दूसरे, कबीर की लौकिक-शैली का यही तो आधार है। उपर्युक्त कथन इस बात का भी प्रमाण है कि कबीर सृष्टि को दो रूपों में देख रहे हैं। एक, ब्रह्म की रचना के रूप में तथा दूसरे, उसके मायावी रूप में। डॉ. सरनाम सिंह शर्मा लिखते हैं, 'उन्होंने (कबीर) अपने समय में जिस राजनीतिक और सामाजिक उथल-पुथल को देखा उससे उनके मन में बड़ा आंदोलन हुआ। इससे स्पष्ट है कि उन्होंने जगत् के व्यावहारिक स्वरूप को स्वीकार किया, किन्तु व्यक्ति और समाज की शान्ति के लिए शरीर और जगत् के प्रति 'आसक्ति' को कम करना या विरक्ति पैदा करना भी आवश्यक था। यह तभी सम्भव था जब जगत् को हर प्रकार से दुर्बल सिद्ध किया जाता और उसके विरोध में किसी ऐसी 'सत्ता' को स्वीकृति दी जाती जो निराकार, निर्विकार, अनन्त एवं अद्वय है। इस सम्बन्ध में कबीर-वाणी को 'अद्वैतवाद' ने प्रमुख प्रोत्साहन दिया। अद्वैतवाद के आधार पर उन्होंने जगत् का ऐसा 'स्वरूप' प्रस्तुत किया जिसके प्रति आसक्ति के लिए कहीं कोई गुंजाइश ही नहीं थी।'[61] यही कारण है कि कबीर अधिकांशतः जगत् का निषेधात्मक रूप ही अपनी वाणी में उभारते हैं–

संसार भवंगम डसिले काया, अरु दुखदारन व्यापै तेरी माया ।
सापिनि एक पिरारै जागै, अहनिसि सोवै ताकूँ फिरि फिरि लागै ॥[62]

x x x x

यहु संसार इसो रे प्राणी, जैसी धूँवरि मेह ॥[63]

x x x x

बाबू ऐसा है संसार तिहारो, ई है कलि ब्यौहारो ॥[64]

x x x x

ई संसार असार को धंधा अंतकाल कोई नाहीं हो।
उपजत बिनसत बार न लागै, ज्यौं बादर की छांहि हो ॥[65]

x x x x

कबीर यह जग अंधला जैसी अंधी गाइ ।
बछा था सो मर गया, अभी चाँम चटाइ ॥[66]

x x x x

रे मन तेरो कोई नहीं खिंचि लेइ जिनि भारु
बिरख बसेरा पंखि को तैसो इहु संसार ॥[67]

कबीर संसार की असारता, नश्वरता, मायावी आकर्षण आदि को वाणी देते हुए लोक अनुभूति तथा उसके स्तर के अनुरूप ऐसे प्रतीक तथा बिम्ब प्रयोग

में लाते हैं जो सहज ही उनका अपेक्षित अर्थ ध्वनित कर देते हैं। जगत् के इसी मायावी रूप को एक दार्शनिक दर्शन की गुत्थियों में उलझा कर प्रस्तुत करता है जबकि कबीर उसे सहज ही वाणी दे देते हैं।

कबीर एक स्थान पर इस संसार के लिए बाजार का बिम्ब बाँधते हैं जिसमें जीव कर्मों का व्यापार करने आता है। अपने इसी व्यापार के द्वारा उसे लाभ-रूप में मोक्ष प्राप्ति हेतु मनुष्य-योनि प्राप्त होती है और हानि के रूप में वह दूसरी योनियों में भटकता रहता है। इस दृष्टि से केवल वही जीव सांसारिक बाजार के इस व्यापारिक चक्र से मुक्त हो सकता है, जो इसमें आकर भी कोई व्यापार न करे और ईश्वर का गुणगान करते हुए अपना पूरा जीवन उसी के चरणों में समर्पित कर दे—

यह संसार हाटि करि जांनूँ, सबको बणिजण आया ।
चेति सकै सो चेति रे भाई, मूरखि मूल गँवाया ॥[68]
खोटो खाटै खरा न लीया, कछू न जाँनि साटि
कहै कबीर कछु बनिज न कीयौ, आयौ थौ इहि हाट ॥[69]

जब हमें मालूम है कि यह सृष्टि ईश्वर द्वारा रचित है और इस सृष्टि में उसी द्वारा प्रसारित विषय-वासनाएँ हमें पथ-भ्रष्ट करने को आतुर हैं, तो हमारा विवेक इसमें है कि हम उस मायावी आवरण को भेद कर परम तत्त्व की प्राप्ति तक अपनी यात्रा करें। यह मायावी आवरण ही वास्तव में सभी सन्तों के लिए निषेधात्मक है। यही भ्रम है और यही मिथ्या है। हमें जगत् के मिथ्यात्व को इसी अर्थ में समझना है। यदि हम परमात्मा और विवेकशील जीव के बीच से सृष्टि के मायावी रूप को निकालने में सफल हो जाएँ तो शेष सब सत्य है और वहाँ निश्चित ही परमतत्त्व विद्यमान है। वहाँ कहीं कोई भेद नहीं है और न ही कहीं निकृष्टता—

लोका जांनि न भूलहु भाई
खालिक खलक खलक महिं खालिक सब घट रहा समाई ।[70]

x x x x

आया था संसार में, देषण कौ बहुरूप
कहै कबीर सन्ता हौ, पड़ि गया नजरि अनूप ।[71]

x x x x

अव्वलि अल्लह नूर उपाया कुदरति के सभ बंदे
एक नूर थै सब जग कीआ कौन भले कौन मंदे ॥[72]

इस संसार के सत्य से परिचित होने पर हमारे लिए कृत्य यही है कि हम

ईश्वर-स्मरण में लीन होकर इस भव-सागर को पार करने का प्रयत्न करें–

जारौं मैं या जग को चतुराई
राम भजन नहिं करत बावरे, जिनि यहु जुगुति बनाई ।[73]

इस प्रकार कबीर जगत् के स्वरूप को अपनी सहज शैली द्वारा न केवल स्पष्ट करते हैं अपितु इसके आडम्बरों से निर्लिप्त रहते हुए ईश्वर प्राप्ति के मार्ग पर बढ़ने का उपाय भी बतलाते हैं।

कबीर वाणी में माया का स्वरूप

आत्मा-परमात्मा के बीच भेद उत्पन्न करने वाला तत्त्व माया है। जो सत्य का भ्रम उत्पन्न करता हो–वह तत्त्व माया है। इच्छाओं को जन्म देने वाला तत्त्व भी माया है। अतः माया के अनन्त रूप हैं। यह कब, कहाँ, किस रूप में किसको ग्रस लेगी–कहना असम्भव है। भारतीय दर्शन शास्त्र में जीव को केवल इसी एक तत्त्व से निरन्तर बचने का उपदेश दिया जाता रहा है। यदि हम मात्र इसके चंगुल से बच जाएँ तो परमात्मा को जानना, उसे प्राप्त करना, जगत् को समझना, मोक्ष प्राप्त करना–कुछ भी असम्भव नहीं है। क्योंकि यही माया जीव और ब्रह्म में भेद उत्पन्न करके दोनों के भिन्न स्वरूप का भ्रम उत्पन्न करती है, यही जगत् को वास्तविक समझने का भ्रम उत्पन्न करके उसके आकर्षणों में डूबने के लिए प्रेरित करती है। दर्शन में माया के दो रूप स्वीकार किए गए हैं–विद्या माया तथा अविद्या माया। जहाँ माया ब्रह्म की शक्ति रूप में जगत्-रचना का आधार बनी है, वहाँ वह विद्या माया है, जहाँ वह परम तत्त्व और जीव के बीच भेद का कारण बनती है वहाँ वह अविद्या माया है। मध्यकालीन निर्गुणियाँ सन्तों ने अधिकांशतः माया के अविद्या रूप का चित्रण किया है क्योंकि इसी से बच कर चलना जीव के लिए अपेक्षित है।

कबीर ने माया के स्वरूप पर विचार करते हुए इसे त्रिगुणात्मक कहा है। इन्हीं तीन गुणों से माया ने आगे विस्तार किया है और सम्पूर्ण प्राणीजगत् को ग्रस लिया है–

माया तरवर त्रिविध का, साखा दुख सन्ताप।
सीतलता सुपिनै नहीं, फल फीकौ तनि ताप ॥[74]

x x x x

राजस ताँमस सातिग तीन्यूँ ये सब तेरी माया।[75]

माया का यही रूपी महाठगिनी का है–

माया महाठगिनि हम जानी
तिरगुन फांसि लिए कर डोलै, बोलै मधुरी बानी ।[76]

यह सर्वव्यापी होने के कारण तीनों लोकों में व्याप्त है। इसीलिए यह मृत्यु से भी मुक्त है और तृष्णा-आशा के रूप में जीवित बनी रहती है–

माया मुई न मन मुवा, मरि मरि गया सरीर
आसा त्रिष्णा नाँ मुई, यौं कहि गया कबीर ॥[77]

इस माया का प्रसार किसी एक दिशा या रूप में नहीं है अपितु सर्वत्र अनन्त रूपों में यह फैली हुई है। मानव के मन से ही इसका प्रसार शुरू हो जाता है, जहाँ इसके पाँच पुत्र वास करते हैं और मानव का तरह-तरह से शोषण करते हैं–

इक डाइनि मेरे मन मैं बसै रे, नित उठि मेरे जिय कौ डसै रे ।
या डाइनि के लरिका पाँच रे, निस दिन मोहि नचावै नाच रे ॥[78]

मानव मन से लेकर पूरे जगत् में इसका प्रसार है। इतना ही नहीं, तीनों लोकों में वास करते हुए इसने ब्रह्मा, विष्णु और महेश को भी अपने पाश में ले रखा है–

एक सुहागिन जगत् पिआरी, सगले जीअ जंत की नारी ।[79]

x x x x

सोहागनि भवन त्रै लीआ, दस आठ पुराण तीरथ रस कीआ।
ब्रह्मा बिसनु महेसर बेधे, बड़े भूपति राजे हैं छेधे ॥[80]

इस संसार में जितने भी चतुर, महाज्ञानी, पीर, दिगंबर, जोगी, जंगम, पंडित, शक्त आदि हैं, सभी इसके वश में हैं और यह सभी का शिकार करती घूमती है–

तू माया रघुनाथ की, खेलड़ चढ़ी अहेड़े ।
चतुर चिकारे चुणि चुणि मारे, कोई न छोड़या नेड़ै।
मुनियर पीर डिगंबर मारे, जतन करंता जोगी।
जंगल महि के जंगम मारे, तूरे फिरे बलिबंती ।
वेद पढंता बाँम्हण मारा, सेवा करताँ स्वामी ।
अरभ करताँ मिसर पछाडया, तूँरे फिरे मैमंती ।
साषित कैं तू हरता करता, हरि भगतन कै चेरी ।[81]

इसके प्रसार का अनुमान इसी से लग सकता है कि इस संसार में मनुष्य तो क्या कीड़ी से हाथी तक जीव-जन्तुओं को भी इसने उलझा रखा है–

कीडी कुँजर मैं रही समाई, तीनि लोक जीत्या, माया किनहँ न खाई ॥[82]

जिन सामाजिक सम्बन्धों को हम मर्यादा और नैतिकता के प्रसार का आधार मानते हैं और जिन्हें हम बहुत सम्मान देते हैं, माया उनमें भी अपना प्रभाव स्थापित करती है–

माया माता माया पिता, असि माया अस्तरी सुता ।[83]

ऐसा नहीं है कि कबीर माया के उपर्युक्त स्वरूप और प्रसार की चर्चा मात्र दार्शनिक चिन्तन परम्परा का निर्वाह करते हुए ही कर रहे हैं। वस्तुतः यह कबीर का लोक ज्ञान है जो उन्होंने समाज में विचरण करते हुए एकत्र किया है। उनके समय में सचमुच सारा लोक, धार्मिक और आध्यात्मिक क्षेत्र के प्रतिनिधि भी आडम्बरों में फँसे हुए थे। सभी सामाजिक सम्बन्धों को स्वार्थ और मोह ने अपवित्र कर दिया था और सर्वत्र आचरण की अशुद्धता व अहंकार का बोध होता था–यही कबीर के माया-दर्शन का आधार है। वह जिस प्रकार इसके सर्वत्र प्रसार का संकेत करते हैं, उसी प्रकार इसके अनन्त रूपों का भी परिचय देते हैं। मनुष्य के भीतर कबीर अहंकार को माया के बलशाली रूप में देखते हैं–

मैं मैं मैं जब लग मैं कीन्हा, तब लग मैं करता नहीं चीन्हाँ ।[84]

अहंकार की ही तरह काम और क्रोध भी व्यक्ति को अंधा बना देते हैं–

काम, क्रोध घट भरे विकारा, आपहि आप जरै संसारा ।[85]

मोह भी माया का ही रूप है। व्यक्ति सारा जीवन अपने परिवार के मोह में आकर हर गलत कार्य करता है, किन्तु उस मोह का भ्रमित रूप यह है कि जब व्यक्ति मृत्यु को प्राप्त होता है तो वही सम्बन्धी जो उसके मोह के आधार थे, उसे तुरन्त उठाकर जला आते हैं–

जोर कुटुंब आपनो करि पारयौ, मुंड ठोकि ले बाहरि जारयौ ।[86]

x x x x

माया मोहै मोहित कीन्हा, ताते ज्ञान रतन हरि लीन्हा ।[87]

माया का ही एक अन्य रूप आशा और तृष्णा है। व्यक्ति जितना इनका पोषण करता है उतना ही ये फैलते चले जाते हैं–

त्रिष्णाँ सींची नाँ बुझै, दिन दिन बढ़ती जाइ
जवासा के रूष ज्यूँ, घण मेहाँ कुमिलाइ ॥[88]

इस संसार में माया अपना पाश कहाँ कैसे फैला ले, कहना असम्भव है। एक धर्मात्मा व्यक्ति में भी वह अनायास मान, सम्मान की भूख बनकर घर कर लेती है और उसे इसी में उलझा कर उसके सभी श्रेष्ठ कर्मों के फल को हड़प लेती है। तभी तो कबीर आदर और मान को माया का रूप घोषित करते हैं–

माया आदर माया माँन, माया नहीं तहाँ ब्रह्म गिआँन।
माया रस माया कर जाँन, माया कारनि तजै परान।[89]

इतना ही नहीं धार्मिक कहे जाने वाले कृत्य भी जब दिखावा और आडम्बर बन जाए तो वे माया के प्रतिरूप बन जाते हैं–

माया जप तप माया जोग, माया बाँधे सबही लोग।[90]

कबीर की दृष्टि में विषय-वासनाओं का काम रूप माया का बहुत शक्तिशाली रूप है, जो मनुष्य के समस्त ज्ञान का हरण कर लेता है। इसकी शक्ति का बोध इसी से हो जाता है कि इसने केवल मनुष्य को ही नहीं बड़े-बड़े ऋषि-मुनियों को भी नहीं छोड़ा, जिनके कामान्ध होने की अनेक कथाएँ लोक में सदा प्रचलित रही हैं–

इसु तन मन मद्धे मदन चोर, जिनि ग्याँन रतनु हरि लीन मोर।
सनक सनंदन सिव सुकादि, नाभि कंवल जांने ब्रह्मादि।
कवि जन जोगी जटाधारि, सभ आपन औसर चले हारि।[91]

इस संसार में कामासक्त स्त्री माया का सबसे सशक्त रूप है। कामासक्त स्त्री के साथ-साथ स्वर्ण एक अन्य मायावी तत्त्व है। यह दोनों सदा ही मनुष्य को पथभ्रष्ट करते रहे हैं–

एक कनक अरु कामनी, जग में दोइ फंदा
इनपै जौ न बँधावई, ताका मैं बंदा।[92]

इस प्रकार कबीर अपने दैनिक जीवन में जितने भी भ्रम में डालने के कारण भूत तत्त्व देखते हैं, उन्हें माया के अन्तर्गत स्वीकार करते हुए मनुष्य को उनसे बचने का उपदेश देते रहे हैं। वह यह भी जानते हैं कि माया निस्सन्देह डायन है, महाठगिनी है, क्रूर है परन्तु फिर भी वह अपने मोहक रूप से अनायास लोगों को भ्रम में डाल ही लेती है और धीरे-धीरे उनका विनाश करती रहती है–

मीठी मीठी माया तजि न जाई
अग्यानीं पुरिष कौ भोलि भोलि खाई ॥[93]

कबीर जहाँ माया के इतने रूपों की चर्चा करते हैं, वहीं उसे अनेक प्रकार से सम्बोधित करते हुए उसकी घोर निन्दा भी करते हैं तथा उससे मुक्ति के लिए जीव को सदा प्रेरित करते हैं। कबीर के समक्ष माया से मुक्ति के हमारे पास दो ही उपाय हैं—एक, सांसारिक विषय-वासनाओं के प्रति निर्लिप्त भाव तथा दूसरा, ईश्वर प्रेम, उसका स्मरण अथवा आश्रय। परन्तु इस दूसरे उपाय तक भी व्यक्ति तभी पहुँच सकता है जब वह स्वयं भी प्रयास करे और उसके प्रयासों में उसकी सभी मायावी आकर्षणों के प्रति उदासीनता ही सबसे प्रमुख है। जब तक वह स्वयं ही अपनी इच्छाओं और अपनी प्रवृत्तियों पर अंकुश नहीं लगाता, तब तक माया उसका चंगुल नहीं छोड़ेगी। एक बार वह अपने भीतर निर्लिप्ति का भाव जगाकर सहज रूप उसे अपनी सोच का अंग बना ले तो ईश्वर प्रेम या उसके स्मरण की ओर वह स्वयं ही अनायास बढ़ जाएगा और वहाँ उसे किसी प्रकार से भी माया नहीं ग्रस पाएगी। कबीर को इस क्रम का बहुत स्पष्ट ज्ञान है—

तेरा जन एक आध है कोई ।
काम क्रोध अरु लोभ बिबर्जित, हरिपद चीन्हैं सोई।
राजस ताँमस सातिग तीन्यूँ, ये सब तेरी माया।
चौथे पद कौं जे जन चीन्हैं, तिनहि परम पद पाया।
असतुति निंघा आसा छाँडै, तजै मान अभिमानाँ।
लोहा कँचन समि कर देखै ते मूरति भगवानाँ।
च्यंतै तौ माधौ च्यंतामणि, हरिपद रमैं उदासा।
त्रिस्ना अरु अभिमाँन रहित है, कहै कबीर सो दासा।[94]

मानसिक रूप से विरक्त व्यक्ति के पास फिर माया नहीं पहुँच सकती और वह ईश्वर-शरण में स्वयं को सुरक्षित अनुभव करता है—

दास कबीर साहब का बंदा, जाकै हाथ बिकानी।[95]

x x x x

सांषित कैं तू हरता करता, हरि भक्तन कै चेरी।
दास कबीर राम कै सरनै, ज्यूँ लागी त्यूँ तोरी।[96]

x x x x

कहै कबीर भगवंत भजो नर दुतिया और न कोई।[97]

x x x x

कहै कबीर जिनि गया अभिमाना, सो भगता भगवत समानाँ।[98]

इस प्रकार कबीर का माया सम्बन्धी समस्त चिन्तन लौकिक अनुभूतियों तथा दृश्यों पर आधारित है। वहाँ दर्शन का विषय होने पर भी कहीं गूढ़ दर्शन

चिन्तन अपनी शुष्कता नहीं बिखेरता क्योंकि लोक से जुड़े उदाहरणों और प्रतिदिन के जीवन से जुड़ी घटनाओं के माध्यम से कबीर बहुत सहज भाव से अपनी बात कह जाते हैं और उसका प्रभाव कदाचित् शुष्क चिन्तन से कहीं अधिक व गहरा होता है।

कबीर वा[illegible]ें मोक्ष का स्वरूप

भारतीय संस्कृति में चार पुरुषार्थों में अन्तिम पुरुषार्थ 'मोक्ष' को स्वीकार किया गया है, जिसके लिए चार आश्रमों में विभाजित मनुष्य जीवन के अन्तिम दो आश्रमों—वानप्रस्थ तथा संन्यास में प्रयास शुरू कर दिया जाता है। वस्तुतः ब्रह्म का अंश होने के कारण जीव का पुनः उसी अंशी में विलीन होना ही आवश्यक है। वही उसकी यात्रा का अन्तिम लक्ष्य है। परन्तु ब्रह्म से अलग होकर पुनः उसी में विलीन होने की यात्रा उसे एक तो जीव रूप में शरीर धारण करके तथा दूसरे ब्रह्म से ही उत्पन्न जगत् में से होकर करनी पड़ती है जिसमें सर्वत्र माया का प्रसार रहता है। वह जैसे ही इस जगत् में जीव रूप में प्रवेश करता है, वैसे ही उसे माया ग्रस लेती है और उसे जीवन पर्यन्त अपने अनन्त रूपों में उलझाए रखती है। फलतः उसका ब्रह्मांश होने के कारण विशुद्ध रूप कलुषित हो जाता है और वह मोक्ष की ओर जाने वाले मार्ग से भ्रष्ट होकर चौरासी लाख योनियों के मायावी चक्कर में उलझ जाता है। इस आवागमन से उसे तब तक मुक्ति नहीं मिलती जब तक वह चौरासी लाख में मात्र एक बार प्राप्त मनुष्य जीवन का सदुपयोग करके माया से मुक्त होने का प्रयास नहीं करता। एक बार माया से मुक्त होने के बाद वह आवागमन के चक्कर से मुक्त होकर पुनः ब्रह्मलीन हो जाता है। इसी स्थिति को शास्त्रों में मोक्ष कहा गया है। इस प्रकार मोक्ष के साथ आवागमन का परोक्ष सम्बन्ध जुड़ा हुआ है और इन दोनों के बीच मृत्यु एक अन्य अवश्यम्भावी पड़ाव है।

कबीर इन तीनों स्थितियों पर चिन्तन करते हैं। मूलतः सन्त होने के कारण कबीर इन तीनों पर चिन्तन करते हुए जीव को बार-बार इनका स्वरूप स्पष्ट करते हैं और मोक्ष के मार्ग पर प्रवृत्त होने के लिए प्रेरित करते हैं। इन तीनों में भी सब से पहली स्थिति मृत्यु की है। मृत्यु ही आवागमन अथवा मोक्ष से पूर्व का पड़ाव है। यदि जीव मृत्यु से पूर्व माया से मुक्त हो गया तो वह मृत्यु पश्चात् मोक्ष की ओर बढ़ जाएगा और यदि वह माया से मुक्त न हो पाया तो वह मृत्यु के साथ ही पुनः आवागमन में उलझ जाएगा। दोनों ही स्थितियों में मृत्यु का आगमन निश्चित है। मृत्यु की इसी निश्चित स्थिति को देखते हुए कबीर को यह संसार ही मुर्दों का गाँव दिखलाई देता है, जिसमें कोई भी जीव स्थाई रूप से स्थिर नहीं रह सकता—

सन्तो ई मुरदन का गांउ
तन धरि कोई रहन न पावै काकौ लीजै नाऊँ।[99]

इस संसार का यही नियम है। जो आया है, वह जाएगा भी। अतः मृत्यु को लेकर दुख क्या करे–

जिनि हम जाए ते मुए, हम भी चालणहार
जे हमको आगैं मिले, तिन भी बंध्या भार ॥[100]

x x x x

और मुएँ क्या रोइए जउ आपा थिरु न रहाइ
जो उपजा सो बिनसिहै दुख करि रोवै बलाइ ॥[101]

कबीर इसीलिए निर्गुण ब्रह्म के उपासक हैं क्योंकि वह जन्म ही नहीं लेता तो मृत्यु को कैसे प्राप्त होगा? अन्यथा सगुण ईश्वर जन्म के साथ मृत्यु को भी प्राप्त होता है। अतः शुद्ध ब्रह्म इस मृत्यु चक्र से सदा मुक्त रहता है। अन्य सभी देवता, ऋषि बड़े-बड़े पंडित, राजा मृत्यु के समक्ष पराजित होते हैं। इसीलिए कबीर सगुण ईश्वर के समर्थक पंडित से यह प्रश्न करते हैं–

को न मूवा कहु पंडित जनां।
सो समुझाइ कहहु मोहि सनां।
मूए ब्रह्मा बिस्नु महेसा, पारबती सुत मुए गनेसा।
मूए चंद मूए रवि सेसा, मूए हनुमत जिन्हि बांधल सेता।
मूए कृष्न मूए करतारा, एक न मूवा जो सिरजनहारा ॥[102]

जब मृत्यु का आना निश्चित है, तो कबीर के अनुसार हमें उससे पूर्व वह कार्य कर लेने चाहिए जिनसे बार-बार इस जग में आकर मृत्यु को प्राप्त न होना पड़े। हमें समय रहते ही स्वयं को विषय वासनाओं से निर्लिप्त कर लेना चाहिए ताकि शुद्ध मन होकर जब हम मृत्यु को प्राप्त हो तो वह हमारे पुनः जीवन में आगमन का द्वार न बने अपितु मुक्ति का द्वार सिद्ध हो–

मरता मरता जग मूवा, औसर मुवा न कोइ
कबीर ऐसै मरि मुवा, ज्यू बहुरि न मरना होइ ॥[103]

इसके लिए कबीर बौद्धों के 'निर्वाण' की तरह मृत्यु से पूर्व उस मृत्यु की कल्पना करते हैं जिसे जीव जीवित रहते ही प्राप्त कर सकता है। वह मृत्यु है विषयों के प्रति अनासक्ति। सभी प्रकार के विषय-वासनाओं के आकर्षण को लेकर अपनी इच्छाओं को समाप्त कर लेना ही वह मृत्यु है जो हमें जीवन समाप्ति

के पश्चात् मुक्ति दिलवा सकती है—

जीवन थै मरिनो भलौ, जो मरि जानै कोइ।
मरने पहली जे मरें, तौ कलि अजरावर होइ ॥[104]

इस प्रकार जो जीव इस जीवन में ही मृत्यु सम स्थिति को प्राप्त कर लेते हैं और प्रभु में अपनी सुरति लगा लेते हैं, उनके लिए मृत्यु अर्थहीन हो जाती है। उन जीवों को मृत्यु का भय नहीं रहता। कबीर ऐसे साधकों की विशेषता बताते हुए कहते हैं—

हम न मरैं मरिहै संसारा । हम को मिला जिआवन हारा।
साकत मरहिं सन्त जन जीवहिं भरि भरि राँम रसाइन पीवहिं।
हरि मरिहैं तो हमहूँ मरिहैं, हरि न मरै हम काहे कौ मरिहैं।
कहै कबीर मन मनहिं मिलावा, अमर भए सुखसागर पावा ॥[105]

कबीर मायावी तत्त्वों के प्रति अनासक्ति को केवल मृत्यु-भय से मुक्ति के सन्दर्भ में ही ग्रहण नहीं करते अपितु इसे आवागमन के चक्कर से मुक्ति के प्रसंग में भी महत्त्व देते हैं। इसीलिए उनकी दृष्टि में विषय-कामनाओं से निर्लिप्त तथा प्रभु-चरणों में विरक्ति हमें आवागमन से भी मुक्ति दिलाती है—

होइ मगन राँम रंगि राचै आवागमन मिटै धापै
तिनह उदाह सोक नहीं ब्यापै, कहै कबीर करता आपै।[106]

x x x x

बंकनर्गल जे समि करि राखै, तौ आवागमन न होई
कहै कबीर धुनि लहरि प्रगटी, सहजि मिलैगा सोई ॥[107]

x x x x

खोजत खोजत सतगुर पाया, रहि गई आँवण जाँणी।[108]

जिस प्रकार कबीर आवागमन से मुक्ति के लिए ईश्वर प्रेम और उसकी शरण में जाने की प्रेरणा देते हैं, उसी प्रकार शुद्ध कर्म करने पर भी बल देते हैं—

कहै कबीर हंम बनज्या सोई, जाथै आवागमन न होई।[109]

इस प्रकार शुभ कर्म तथा ईश्वर प्रेम परोक्षतः मुक्ति अथवा मोक्ष को सुनिश्चित करने में सहायक बनते हैं। कबीर की मोक्ष के सम्बन्ध में अवधारणा बहुत स्पष्ट है। वे तत्त्वज्ञान को ही वस्तुतः मुक्ति स्वीकार करते हैं। डॉ. सरनाम सिंह शर्मा भी इस सन्दर्भ में लिखते हैं, 'मुक्ति से कबीर का आशय 'तत्त्वज्ञान' है। कुछ लोग मुक्ति का अर्थ 'तारणा' लगाते हैं, जो कबीर को रुचिकर नहीं

है।'[110] इसीलिए कबीर तत्त्वज्ञान को मुक्ति मानते हुए स्वीकार करते हैं कि जब प्रभु-भक्ति में मस्त साधक जीवन की इच्छाओं एवं आकर्षणों पर विजय पा ले और अपना सारा जीवन प्रभु-भक्ति पर ही केन्द्रित कर दे, तो उसे जीवन में ही मुक्ति की प्राप्ति हो जाती है–

मैमंता अविगत रता, अकलप आसा जीति।
राम अमलि माता रहै, जीवत मुक्ति अतीति ॥[111]

इस अवस्था में जीव सभी प्रकार की आशाओं एवं इच्छाओं का त्याग करके हरि-सेवा में ही अपना शेष जीवन अर्पित कर देता है एवं कर्मों के दुखों से मुक्ति पा जाता है–

जीवन मृतक ह्वै रहै, तजै जगत् की आस।
तब हरि सेवा आपण करै, मति दुख पावै दास ॥[112]

निश्चित ही यह मार्ग बहुत कठिन है। कपटी व्यक्ति इस पर नहीं चल सकता, इसके लिए जीवित रहते हुए भी मृतक की तरह इच्छा शून्य बन कर रहना पड़ता है। यही ईश्वर द्वारा निर्धारित की गई कसौटी भी है–

खरी कसौटी राम की, खोटा टिकै न कोइ
राम कसौटी सो टिकै, जौ जीवत मृतक होइ ॥[113]

जब जीव जीवन में मुक्ति की इस दशा को प्राप्त करके सभी प्रकार के कर्मों से स्वयं को विमुख कर लेता है तो स्वयमेव ही उसके कर्मों का चक्कर समाप्त हो जाता है और वह आवागमन से भी मुक्त होकर उसी ईश्वर में विलीन हो जाता है–

जपौ न जाप, हतौ नहीं गूगल पुस्तक ले न पढ़ाऊँ ।
कहै कबीर परमपद पाया, नहीं आऊँ नहीं जाऊँ ॥[114]

इस प्रकार कबीर अपने दार्शनिक चिन्तन के अन्तर्गत हमें जीवन के अनुभवों के आधार पर ही अपनी धारणाएँ स्थापित करते दिखलाई देते हैं। यही उनके दर्शन का लौकिक आधार है।

कबीर की भक्ति-पद्धति का लौकिक रूप

अपने दार्शनिक चिन्तन की तरह कबीर की भक्ति सम्बन्धी धारणा का आधार भी शुद्ध लौकिक है। यह सही है कि परम्परा से प्राप्त भक्ति-पद्धति की बहुत-सी अवधारणाएँ उनमें दिखलाई देती हैं, परन्तु उनका स्रोत निस्सन्देह लोक ही है

और उसके माध्यम से ग्रहण करने के कारण कबीर में आकर वे अपने शुद्ध रूप में नहीं दिखलाई देतीं, अपितु हमें स्पष्ट पता चलता है कि बहुत-सी धारणाओं का मिश्रण वहाँ उपस्थित है। फिर भी एक बात स्पष्ट है कि उन तत्त्वों में वही कुछ बचा हुआ है जो सचमुच संग्रहणीय था। लोक के लिए यह चिन्ता का विषय नहीं है कि इन धारणाओं में कई बार परस्पर विरोधी विचार भी एक साथ आ गए हैं, उस के लिए बड़ी बात है उन धारणाओं की उसके मानस के अनुरूप सोच। यही कारण है कि उसी लोक के प्रतिनिधि कवि कबीर की वाणी में हमें एक साथ बौद्धों, नाथों, शैवों, शाक्तों, वेदान्तियों और कहीं-कहीं सूफियों के भी विचारों के दर्शन होते हैं। हाँ! इतना अवश्य है कि इन सभी के विचार जहाँ कबीर के अनुकूल हैं, वहाँ वे उसके चिन्तन का मुख्य अंग बन गए हैं और जहाँ उनकी अनुकूलता संदेहास्पद है, वहाँ कबीर की औघड़ता उसका डट कर विरोध करती दिखलाई देती है। कबीर अपनी भक्ति-पद्धति में हमें बाकी भक्तों की तरह मात्र ईश्वर के स्मरण/भक्ति में रमण करते दिखलाई नहीं देते। वे भक्ति मार्ग पर चलते हुए भी अपने समाज तथा मायाग्रस्त जीवों को लेकर चिन्तित दिखते हैं। इसीलिए उनकी साधना पद्धति में सर्वप्रथम भक्त चिन्ता का विषय बना है। भक्त के रूप में वे सामान्य जीव की चर्चा करते हैं जो इस संसार में प्रवेश करते ही कभी लोभवश, कभी मोहवश, कभी अज्ञानवश, कभी भ्रमवश माया के पाश में उलझ जाता है और अपने वास्तविक स्वरूप को भुला बैठता है। कबीर उसे बार-बार चेताने का कार्य करते हैं—

काहे रे मन दह दिस धावै, विषिया संगि सन्तोष न पावै
जहाँ जहाँ कल्पै तहाँ बधनां, रतन को थाल कियौ तैं रंधनां ॥
जो पै सुख पइयत इन माँही, तौ राज छाड़ि कत बन कौं जाँहीं।
आनंद सहत तजौ विष नारी, अब क्या झीषै पतित मिषारी।
कहै कबीर यहु सुख दिन चारि, तजि विषिया भजि चरन मुरारि [115]

कबीर इस जीव से अपेक्षा रखते हैं कि वह सभी प्रकार के मायावी तत्त्वों से मुक्त होकर स्वयं को उसी प्रकार शुद्ध बनाए जैसे स्वर्णकार स्वर्ण को बार-बार तपाकर उसे शुद्ध कर लेता है—

कनक कसौटी जैसे कसि लेइ सुनारा, सेधि सरीर भयो तन सारा ।
उपजत उपजत बहुत उपाई, मन थिर भयो तबै तिथि पाई ॥[116]

x x x x

तन कौं जोगी सब करै, मन कौं बिरला कोइ
सब सिधि सहजै पाइए, जे मन जोगी होइ ॥[117] *(भेद कौ अंग, 17)*

मन की चंचलता पर जब संयम हो जाए तो मन अनायास उस ईश्वर की ओर झुकेगा, जिसे पाना ही जीवन का अन्तिम लक्ष्य है। मन की स्थिरता के पश्चात् भक्ति का मार्ग वस्तुतः शुरू होता है। उस मार्ग पर ब्रह्मा कर्मकांड, पाखंड कोई मायने नहीं रखते। छापा, तिलक, मुण्डन, मूर्ति पूजा, व्रत, संन्यास, तीर्थ, पूजा, आदि तो वास्तव में मन को पुनः भ्रम में डालने वाले होते हैं। अतः कबीर इनका विरोध अनेक तर्क देकर करते हैं। कबीर का यह विरोध तत्कालीन भक्ति-क्षेत्र के उन सभी कर्मकांडों व पाखंडों का विरोध है जो उस युग में पंडितों, काज़िओं, मुल्लाओं, शाक्तों आदि ने चला रखे थे। अतः कबीर जी भक्ति-पद्धति में इनका विरोध करते हुए सहज मार्ग का संधान सर्वाधिक महत्त्व रखता है—

सहज सहज सबको कहै, सहज न चीन्है कोइ ।
पाँचू राखै परसती, सहज कहीजै सोइ ।

x x x x

सहज सहज सबको कहै, सहज न चीन्हैं कोइ ।
जिन्ह सहजै हरिजी मिलै, सहज कहीजै सोइ ॥

कबीर भले ही अपनी भक्ति-पद्धति में कई बार नाथों की योग साधना में बात करते दिखलाई देते हैं, परन्तु वहाँ उनका ध्येय कहीं भी योग-साधना का समर्थन नहीं है। वे योग-साधना की शब्दावली का प्रतीकात्मक अर्थ लेते हुए अपनी ही भक्ति-पद्धति का निर्माण करते हैं। वहाँ योग की मूल अवधारणा—इन्द्रियों पर संयम तथा आत्मचिन्तन को केन्द्र में रखा गया है। साधक जब नाथों की तरह आत्मचिन्तन करता है तो उसे ईश्वर अपने ही भीतर दिखलाई देते हैं—

अब मैं पाइबो रे पाइबो ब्रह्म गियान।
सहज समाधि सुख में रहिवो, कोटि कलप विश्राम
गुर कृपाल कृपा जब कीन्हीं, हिरदै कँवल बिगासा

x x x x

आपा मैं तब आपा निरष्या, अपन मैं आया सूझया
आपै कहत सुनत पुनि अपनाँ, अपन पै आपा बुझ्या
अपनै परचै लागी तारी, अपन पै आप समाँनाँ
कहै कबीर जे आप बिचारै, मिटि गया आवन जाँना ॥[118]

योग साधना का आत्म चिन्तन भक्त को ईश्वर से जोड़ता है और वह उसके प्रेम में इस प्रकार डूब जाता है कि हर समय उसी की स्मृति तथा उसी का स्मरण उसे अच्छा लगता है—

अब मैं राम सकल सिधि पाई, आँन कहूँ तौ राम दुहाई ।
इहि चिति चाषि सबै रस दीठा, राम नाम सा और न मीठा ।
औरे रसि है है कफ गाता, हरि रस अधिक अधिक सुखदाता ।
दूजा बणिज नहीं कछु बाषर, राम नाम दाऊ तत आषर ।
कहै कबीर जे हरि रस भोगी, ताकूँ मिल्या निरंजन जोगी ।[119]

यह पद कबीर की भक्ति के स्वरूप पर अच्छा प्रकाश डालता है। एक तरफ कबीर 'राम' नाम के स्मरण में रस अनुभव करते हैं तो दूसरी तरफ 'निरंजन जोगी' की बात करते हैं जबकि राम और निरंजन दोनों में स्वरूपगत भेद है। परन्तु कबीर के लिए दोनों एक हो सकते हैं क्योंकि यह भेद साधना के दार्शनिक सम्प्रदायों के लिए अर्थ रख सकते हैं, लोक के लिए नहीं। लोक केवल आराध्य को जानता है। वह चाहे राम हो, रहीम हो या निरंजन हो—इससे क्या अन्तर पड़ता है? इसी प्रकार उसकी साधना का मार्ग हम क्यों इतना जटिल बना दें कि साधक उसी में उलझ कर भटक जाए? योग साधना की क्लिष्टता, मूर्ति पूजा का आडम्बर, तन्त्र साधना की विचित्रता—भक्त को कहाँ लेकर जाती है? कबीर इनमें से किसी के भी समर्थक नहीं। वे सहजता पर जोर देते हैं, प्रेम तत्त्व को महत्त्व देते हैं और जन-जन में ईश्वर को देखने का 'गुर' देते हैं। भक्ति-पद्धति के नाम पर शुभ कर्म करते हुए, इन्द्रियों पर संयम रखते हुए, अजपा-जप की माला जपते हुए, सत्संग में परम तत्त्व के गूढ़ार्थ समझते हुए—मनुष्य सहज ही ईश्वर को प्राप्त कर सकता है। सभी प्रकार की अतियों से बचते हुए मन से भेद-भाव की फाँस को निकालते हुए—कहीं भी ईश्वर को खोजा जा सकता है। साधक मौज में आकर मानसिक रूप से उस निरंजन ईश्वर से तादात्म्य स्थापित करे या उसे पति रूप में पाकर एकमेक होकर सेज का आनन्द लेने का अनुभव करे या दीन भाव से, सेवक भाव से उसके समक्ष अपनी दीनता व्यक्त करे—इससे क्या अन्तर पड़ता है? प्राप्य और अपेक्ष्य तो वही परमतत्त्व है, जिससे हम बिछुड़ चुके हैं? कबीर की साधना पद्धति सहज रूप से सीधे-सरल ढंग से आगे बढ़ती है। वहाँ नवधा भक्ति भी दिखने को अवश्य दिख जाएगी, रागानुगा या वैधी का भी उदाहरण मिल जाएगा—परन्तु हठ किसी एक के लिए भी नहीं है। वह कबीर की फक्कड़ता और मौज की तरह अबाध गति से प्रवाहित होना जानती है, दिशा जानती है और साध्य जानती है। मार्ग के अवरोध, भिन्न-भिन्न पगडंडियाँ, उतार-चढ़ाव से उसे कुछ भी लेना-देना नहीं है। यही उसकी भक्ति-पद्धति की सहजता है और यही उसके लौकिक आधार का सबसे बड़ा प्रमाण।

संदर्भ

1. कबीर : व्यक्तित्व, कृतित्व एवं सिद्धान्त, पृ. 328
2. हिन्दी विश्वकोश (खण्ड 15), पृ. 581
3. कबीर वाङ्मय भाग-2, सबद-3
4. वही, भाग-1, रमैणी-7
5. कबीर वाङ्मय, भाग-2, सबद-182
6. श्री गुरु ग्रन्थ साहिब, गउडी 16, 16, पृ. 326
7. कबीर ग्रन्थावली, पद 252
8. वही, साखी साँच कौ अंग, 15
9. कबीर वाङ्मय, भाग-2, सबद-137
10. कबीर, पृ. 87
11. कबीर वाङ्मय, भाग-2, सबद-292
12. वही, सबद-133
13. वही, सबद-9
14. वही, भाग-2, सबद-149
15. सरनाम सिंह शर्मा, कबीर : व्यक्तित्व, कृतित्व एवं सिद्धान्त, पृ. 476
16. हिन्दी निर्गुण काव्यधारा और उसकी दार्शनिक पृष्ठभूमि, पृ. 8
17. मध्यकालीन भक्त कवियों की ब्रह्म-परिकल्पना, पृ. 15
18. हजारी प्रसाद द्विवेदी ग्रन्थावली, भाग 6, पृ. 339
19. कबीर ग्रन्थावली, पद सं. 49
20. वही, पद संख्या, 159
21. कबीर वाङ्मय, खण्ड-3, सबद-189
22. गोबिन्द त्रिगुणायत : कबीर की विचारधारा, पृ. 197
23. कबीर ग्रन्थावली, पद सं. 44
24. कबीर वाङ्मय, खण्ड-2, परिशिष्ट 1, सबद-10
25. कबीर ग्रन्थावली, पद सं. 333
26. वही, पद सं. 104
27. वही, उपदेश कौ अंग, 4
28. कबीर वाङ्मय, खण्ड-2, सबद-5
29. कबीर ग्रन्थावली, पद सं. 308
30. वही, पद सं. 104
31. कबीर ग्रन्थावली, परचा कौ अंग, साखी 17
32. कबीर वाङ्मय, खण्ड-2, सबद सं 184
33. श्री गुरु ग्रन्थ साहिब, पृ. 93
34. कबीर ग्रन्थावली, लांबि कौ अंग, स.स. 3
35. कबीर ग्रन्थावली, लांबि कौ अंग, पद सं. 8

36. वही, चितावणी कौ अंग
37. कबीर वाड्मय, खण्ड-2, सबद सं 202
38. कबीर ग्रन्थावली, चितावणी को अंग, स.स. 39
39. श्री गुरु ग्रन्थ साहिब, पृ. 856 बिलावलु
40. कबीर वाड्मय : खण्ड-2, स. सं 191
41. कबीर ग्रन्थावली, काल को अंग, स.स. 14
42. श्री गुरु ग्रन्थ साहिब सलोक 40, पृ. 1366
43. कबीर ग्रन्थावली, मन को अंग स. सं. 4
44. वही, स. सं. 19
45. कबीर वाड्मय, खण्ड-2, स. सं. 218
46. कबीर ग्रन्थावली, मन को अंग, स. सं. 10
47. कबीर वाड्मय, खण्ड-2, स. सं 143
48. कबीर ग्रन्थावली, विचार कौ अंग स. सं. 3
49. कबीर वाड्मय, खण्ड-3, सबद कौ अंग, स. सं 2
50. कबीर ग्रन्थावली, पद स. 263
51. कबीर ग्रन्थावली, खण्ड-3, चितावणी को अंग, स.स. 12
52. श्री गुरु ग्रन्थ साहिब सलोक 38, पृ. 1366
53. कबीर ग्रन्थावली, पद सं. 184
54. श्रीमद भागवत पुराण 10.87.37
55. कबीर वाड्मय, खण्ड-1 रमैनी स. 3
56. वही, खण्ड 2, सबद स. 196
57. कबीर ग्रन्थावली, पद स. 121
58. कबीर वाड्मय, खण्ड-2, सबद सं. 208
59. कबीर वाड्मय, खण्ड-1 रमैनी स. 3
60. कबीर वाड्मय, खण्ड-2, सबद सं. 208
61. वही, स. सं. 2 (परिशिष्ट)
62. कबीर : व्यक्तित्व कृतित्व एवं सिद्धान्त, पृ. 348
63. कबीर वाड्मय, खण्ड-2; सबद सं. 145
64. वही, सबद सं. 203
65. वही, सबद सं. 188
66. वही (परिशिष्ट) स. सं. 5
67. कबीर ग्रन्थावली, अपारिशधो अंग, स. सं. 5
68. श्री गुरु ग्रंथ साहिब राग गाउडी, पृ. 337
69. कबीर ग्रन्थावली, पद स. 235
70. कबीर वाड्मय, खण्ड-2, सबद सं. 203
71. वही, सबद सं. 281

72. कबीर ग्रन्थावली, परचा कौ अंग, साखी स. 24
73. कबीर वाङ्मय, खण्ड-2, सबद सं. 281
74. वही, सबद सं. 120
75. कबीर ग्रन्थावली, माया कौ अंग, साखी सं. 20
76. वही, पद सं. 184
77. कबीर वाङ्मय, खण्ड-2, सबद सं. 227
78. कबीर ग्रन्थावली, माया कौ अंग, साखी सं. 11
79. कबीर ग्रन्थावली, पद सं. 263
80. कबीर ग्रन्थावली, पद सं. 236
81. श्री गुरु ग्रन्थ साहिब, राग गोड, पृ. सं. 871
82. कबीर ग्रन्थावली, पद स. 187
83. कबीर ग्रन्थावली, पद सं. 232
84. कबीर वाङ्मय, खण्ड-2, सबद 871
85. कबीर ग्रन्थावली, पद स. 65
86. वही, पद सं. 147
87. कबीर ग्रन्थावली, पद सं. 95
88. कबीर वाङ्मय : खण्ड-2, सबद सं. 228
89. कबीर ग्रन्थावली, माया कौ अंग, साखी सं. 15
90. वही, पद सं. 84
91. वही
92. कबीर वाङ्मय, खण्ड-2, सबद सं. 224
93. कबीर ग्रन्थावली, पद सं. 188
94. वही, पद सं. 232
95. कबीर ग्रन्थावली, पद सं. 184
96. कबीर वाङ्मय, खण्ड-2, सबद सं. 227
97. कबीर ग्रन्थावली, पद सं. 187
98. कबीर वाङ्मय, खण्ड-2, सबद सं. 228
99. कबीर ग्रन्थावली, पद सं. 137
100. कबीर वाङ्मय, खण्ड-2, सबद सं. 293
101. कबीर ग्रन्थावली, काल कौ अंग, साखी सं. 32
102. कबीर वाङ्मय, खण्ड-2, सबद सं. 266
103. वही, सबद 89
104. कबीर ग्रन्थावली, जीवन मृतक कौ अंग, साखी सं. 5
105. कबीर ग्रन्थावली, जीवन मृतक कौ अंग, साखी सं. 8
106. कबीर वाङ्मय, खण्ड-2, सबद सं. 326
107. कबीर ग्रन्थावली, पद सं. 183

108. कबीर ग्रन्थावली, पद सं. 157
109. वही, पद सं. 197
110. वही, पद सं. 291
111. कबीर व्यक्तित्व, कृतित्व एवं सिद्धान्त, पृ. 362
112. कबीर ग्रन्थावली, रस कौ अंग, साखी सं. 6
113. वही, जीवन मृतक कौ अंग, साखी सं. 1
114. कबीर ग्रन्थावली, जीवन मृतक कौ अंग, साखी सं. 9
115. वही, पद सं. 196
116. कबीर ग्रन्थावली, पद सं. 87
117. कबीर ग्रन्थावली, पद सं. 17
118. वही, मेष कौ अंग, साखी सं. 17
119. वही, सहज कौ अंग, साखी सं. 2, 4

2

कबीर-वाणी में लोक-सांस्कृतिक तत्त्व

लोक दर्शन सन्तों की वाणी की आधार भूमि थी। इसीलिए सन्तों ने लोक की परम्परावादिता, गतानुगतिक भावना और अन्धविश्वास को अस्वीकार करके उन्हें संस्कार के ऊँचे स्तर पर प्रतिष्ठित करने का प्रयत्न किया है। जब उन्होंने शास्त्र और परंपरा से विद्रोह किया है, उनका भाव उनमें निहित विचारों, भावनाओं तथा आदर्शों के परित्याग का कभी नहीं है, वरन् उन्होंने संस्कृति के उच्चतम भावों और परिकल्पनाओं से अनुभव और साक्षात्कार के आधार पर प्रेरणा ग्रहण की है और उनकी अभिव्यक्ति उसी स्तर पर करने की चेष्टा भी की है। इस प्रकार उन्होंने अपनी समस्त विचार-धाराओं, अपने समस्त सत्यानुभवों और सामाजिक एवं धार्मिक आदर्शों को लोक के स्वच्छन्द और मुक्त स्तर पर ही व्यक्त और प्रतिष्ठित किया है।[1]

कबीर ने अपने युग के सभी समन्वयवादी सन्तों के इसी लोक-दर्शन का अनुकरण किया है। उनके लोक-सम्बद्ध विचारों में जहाँ भारत की परम्परागत सांस्कृतिक ऊर्जा का तेज विद्यमान है, वहाँ तत्कालीन लोक-संस्कृति की स्वच्छन्दता और विद्रोहात्मकता का भी उन्मेष दिखाई देता है। इसका सबसे बड़ा साक्ष्य यह है कि उन्होंने लोक-जीवन में प्रचलित प्रतीक, उपमान, दृष्टान्त, काव्य-रूप, छन्द, अलंकार आदि को मुक्त हृदय से स्वीकार किया है।

सन्त कबीर ने लोक-मानस में विद्यमान विभिन्न कौतूहलपूर्ण जिज्ञासाओं, चमत्कारप्रिय-रुचियों, भविष्य सम्बन्धी अनिष्ट की आशंकाओं, भावी मंगल से जुड़ी आशाओं और महत्त्वाकांक्षाओं आदि को लोक-जीवन में व्याप्त अन्यान्य रूढ़ियों और विश्वासों के माध्यम से स्थल-स्थल पर अभिव्यक्त किया है। यही कारण है कि इस क्रान्तिचेता भक्त के लिए *'आँखिन देखी'* और अनुभव से भोगी बातों का कहीं अधिक महत्त्व रहा है। इन्होंने *लोक-वेद* की घिसी-पिटी परंपरा का पिछलग्गू बनने की अपेक्षा गुरु या सतगुरु के ज्ञान रूपी दीपक का आश्रय ले कर इस भवसागर में अपनी जीवन-रूपी नौका को चलाया है। वे कहते हैं—

पीछै लागा जाइ था, लोकक दीना हाथि।
आगे थैं सतगुरु मिल्या, दीपक दीना हाथि।

ब्रह्म और जीव-विषयक अद्वैत-चिन्तन की बात हो या साधना के स्वरूप-विवेचन का प्रश्न हो, प्रेम तत्त्व का दार्शनिक निरूपण हो या फिर जगत्, माया, प्रकृति इत्यादि के सम्बन्ध में तात्त्विक चिन्तन का आख्यान हो, कबीर ने शास्त्रीय सिद्धान्तों को काव्यात्मक उक्तियों द्वारा सरल-सीधे ढंग से ही व्यक्त किया है। डॉ. सत्येन्द्र लिखते हैं—"सन्तों को लोक-मनोवृत्ति के विपरीत देखा जा सकता है, क्योंकि 'लोक' धर्म के बाह्य विधानों, कर्मकांडों पर अधिक बल देता है और सन्तों ने इनका विरोध किया है, यद्यपि सन्त-सम्प्रदायों में धर्म के इस पक्ष की लोक-मनोवृत्ति के अनुकूल परिणति आगे चलकर देखी जा सकती है। इन सम्प्रदायों में कर्मकांडों, विधि-विधानों तथा पूजा-पाठों का घटाटोप आडम्बर देखा जा सकता है। यह परिणति सन्तों की व्यापक लोक-परक भावना के परिणाम के रूप में मानी भी जा सकती है।[2]

वास्तव में कबीर को किसी भी एक सम्प्रदाय से नहीं जोड़ा जा सकता। उनकी वाणी किसी भी पूर्ववर्ती या समकालीन सम्प्रदाय के घेरे में नहीं बाँधी जा सकती। इसके प्रमाण स्वरूप बहुत सी बातें विशेष रूप से उल्लेखनीय हैं।[3] यथा—

1. उन्होंने अपने को 'कोरी' या जुलाहा घोषित किया है।
2. वे गोमती के किनारे पीताम्बर धीर के निवास को ही अपना हज़ कहते हैं।
3. वे मानव को पुनः मानव-योनि में ही जन्म लेने के सिद्धान्त का विरोध करते हैं।
4. वेदों का विरोध करने पर भी वे कहते हैं—
   वेद कतेब कहौ क्यूं झूठा, झूठा जो न बिचारै।
5. वे एक ही ज्योति से समस्त जीवों का जन्म मानते हैं।
6. उनका जीवन लक्ष्य सभी जीवों को *'ढाई आषर प्रेम'* का पढ़ाना था।
7. वे राम-नाम के जाप और भक्ति का विशेष महत्त्व मानते हैं।
8. उन्होंने हठयोग की लोक-प्रचलित शब्दावली का भरपूर उपयोग साधनामूलक उक्तियों में किया है यथा सुरति, निरति, बिन्दु, कुंडलिनी, चक्र, इड़ा-पिंगला-सुषम्ना, उन्मन इत्यादि।
9. उनके राम दशरथ-पुत्र न होकर ब्रह्म हैं— *'न दसरथ घर औतरि आया।'*
10. कबीर ने गुरु को गोबिन्द से भी अधिक महत्त्व प्रदान किया है।
11. वे माया को 'महाठगिनी' घोषित करते हैं।
12. वे मस्जिद और मन्दिर दोनों का विरोध करते हैं।

13. वे हिन्दुओं-मुसलमानों को कुरीतियों को अपनाने पर बुरी तरह लताड़ते रहते हैं।
14. वे लोक-धर्म और लोक-ज्ञान से अपने समय के सर्वश्रेष्ठ पैरोकार थे।

इसीलिए कबीर किसी एक मत विशेष के अनुयायी न होकर भिन्न-भिन्न मतों से अच्छी-अच्छी बातें लेकर जीवन में उनकी पैरवी करने वाले व्यक्ति थे। उन्होंने हिन्दू धर्म से अद्वैत सिद्धान्त, वैष्णव सम्प्रदायों की भक्तिमयी उपासना, अहिंसा, सूफ़ी धर्म से प्रेम-भावना को लेकर सबके सम्मिश्रण से एक नया पंथ चला देने की चेष्टा की।[4]

इसी प्रकार सन्त कबीर ने विविध मतों और सम्प्रदायों की नाना नकारात्मक बातों का निषेध करके एक ऐसे नए निर्गुण मत का सर्वोच्च भवन खड़ा कर दिया, जिसकी संरचना में कितने युगों की धर्म साधनाओं के सार तत्त्वों का सुन्दर समन्वय देखा जा सकता है। उनकी सारग्रहिणी प्रतिभा का पता इस बात से चलता है—

'सार-सार को गहि रहे, थोथा देइ उड़ाय।'

इस तरह कोई मौलिक देन न देने पर भी कबीर को सर्वश्रेष्ठ सार-संग्रही माना जा सकता है। इस अनपढ़ फक्कड़ सन्त ने लोक-धर्म के महत्त्वपूर्ण तत्त्वों का सार लिखित ग्रन्थों के स्थान पर लोक-वार्ता के माध्यम से संचित किया। उन्होंने इस बात का विशेष ध्यान रखा कि उनकी किसी भी उक्ति में साम्प्रदायिकता की गन्ध तक न आए। किसी भी प्रकार की भेद-बुद्धि उन्होंने अपनी वाणी में कहीं भी प्रदर्शित नहीं की है। सच तो यह है कि वे लोक-संस्कृति के सर्वश्रेष्ठ गायक और नायक कहे जा सकते हैं। भले ही उनका लक्ष्य मनुष्य को आध्यात्मिक क्षेत्र में दिशा प्रदान करना था, परन्तु ऐसा करते हुए अनायास ही उनकी वाणी में लोक के बहुत से तत्त्व सहज रूप में समाहित हो गए हैं। यथा—उन्होंने अपनी वाणी में जहाँ उत्सव-त्योहारों और संस्कारों का वर्णन किया है। वहाँ विभिन्न रीति-रिवाज़ों, सोलह शृंगारों, शृंगारिक प्रसाधनों—अंजन-मंजन, काजल, सिन्दूर, आभूषण, वस्त्र आदि की भी खुल कर चर्चा की है। साथ ही अस्त्र-शस्त्रों, वाद्य-यन्त्रों का भी उल्लेख किया है। कहीं लोक-कथाओं के अभिप्राय (Motifs) और रूढ़ियाँ हैं और कहीं लोक क्रीड़ाओं और मनोरंजन के विभिन्न साधनों के स्पष्ट उल्लेख किए हैं—कठपुतली, बाज़ीगरी, नट-कला, पतंगबाजी, चौगान का खेल, शिकार, मदिरापान, अफीम, भांग, हुक्का पीना, जुआ जैसे व्यसन, चौपड़ चित्रलेखन, गोष्ठियों का आयोजन इत्यादि। इन सबका सविस्तार विवेचन कबीर वाणी के आधार पर आगे किया जा रहा है।

कबीर वाणी में लोक सांस्कृतिक तत्त्व

सन्त कबीर मनसा, वाचा, कर्मणा लोक से ही सम्बद्ध थे। अन्य सन्तों के समान कबीर की भी साधना लोक और समाज से पलायन न तो करती है और न ही ऐसा करने की भ्रामक शिक्षा देती है। उनका समस्त ज्ञान और साधना शास्त्रों के विरोध में लोक-पथ पर ही धावित होती रही है। सभी सन्तों में उन्होंने कर्म-कांडों के खंडन के सर्वाधिक निदर्शन प्रस्तुत किए हैं। उन्होंने नकारात्मक दृष्टि से ही सही नौ ग्रहों, यज्ञोपवीत, चौका आदि का वर्णन किया है। इसी प्रकार कर्मकांडों के उल्लेखों में हमें लोक जीवन की अनेक झाँकियाँ देखने को मिलती हैं। वैसे भी सन्तों का लक्ष्य तो लोक-जीवन को सामाजिक-सांस्कृतिक चैतन्य से सम्पन्न करते हुए पूरे समाज की 'गुरुमत' के साथ 'हुकूमत' अर्थात् सामाजिक पद-प्रतिष्ठा दिलाना था। इसी अर्थ में सन्त-वाणी-रूप यह लोक-काव्य, यहाँ की लोक संस्कृति का दस्तावेज है।[5]

सन्त कबीर ने इन कर्मकांडों-रूढ़ियों और अन्धविश्वासों को प्रगति के मार्ग और भक्ति के मार्ग की बाधा के रूप में स्वीकार करके वर्णन किया है। रूढ़ियाँ और अन्धविश्वास व्यक्ति और समाज को पूर्वाग्रही और 'डॉगमेटिक' (Dogmatic) बनाते हैं, जो उसके चतुर्मुखी विकास को रोक देते हैं। पूर्वाग्रह व्यष्टि-विकास में सर्वाधिक बाधक हैं। सन्त कबीर ने इसी कारण अपनी वाणी में पूर्वाग्रह के प्रक्षालन के लिए अत्यन्त तीक्ष्ण आघात किए हैं।[6]

गृहस्थ जीवन

गृहस्थ जीवन किसी भी समाज का मूलाधार है। इसी संस्था द्वारा समाज में सभी मूल्यों, मर्यादाओं और नैतिकताओं का प्रसार होता है। स्त्री-पुरुष के जीवन को यही बन्धन उच्छृंखल होने से बचाता है और समाज के लिए आदर्शों का प्रेरणा स्रोत बनता है। भारतीय संस्कृति में जीवन को चार आश्रमों में बाँटते हुए उसमें दूसरे आश्रम के रूप में गृहस्थ की अनिवार्यता का प्रावधान मात्र इसीलिए किया गया क्योंकि इसके बिना मनुष्य को न तो सम्बन्धों के महत्त्व का मालूम पड़ता और न ही मनुष्य मात्र के लिए समर्पण की भावना का विकास होता। इस दृष्टि से गृहस्थ जीवन लोक-जीवन की आधार-शिला है। कबीर आदि सन्तों ने इसे बखूबी पहचाना और इसीलिए उन्होंने अन्य संन्यासियों, भक्तों की तरह ब्रह्मचर्य-जीवन व्यतीत करने का समर्थन न करके उसका कड़ा विरोध किया। उनकी मान्यता थी कि गृहस्थ जीवन में ही परमात्मा उपलब्ध होता है, उसके लिए किसी जंगल या तीर्थ में जाने की आवश्यकता नहीं। हाँ! कबीर उस 'घर' का विरोध करते हैं जो जीव को मोह में बाँधता है। वस्तुतः कबीर गृहस्थ जीवन

का समर्थन करते हुए कहीं कर्म करने को महत्त्व देते हैं, अंध-मोह में फँसे गृहस्थी को तो वे पुकारते हुए कहते हैं--

जो घर फूंके आपणा चलै हमारे साथ!

यहाँ घर मोह का प्रतीक है। इस प्रकार कबीर ने लोक के एक सुदृढ़ आधार गृहस्थ जीवन को अपने ढंग से वाणी दी है।

पारिवारिक सम्बन्ध

कबीर ने आध्यात्मिक यात्रा के अन्तर्गत साधनागत बिम्ब बाँधने के लिए सर्वत्र पारिवारिक सम्बन्धों को प्रतीकों के रूप में प्रयुक्त किया है। इसीलिए आत्मा और परमात्मा के परस्पर सम्बन्धों को व्याख्यायित करने के लिए वे कभी पति-पत्नी का, कभी माँ-पुत्र का, तो कभी पिता-पुत्र का सम्बन्ध प्रतीक रूप में चुनते हैं। इसी प्रकार दोनों के सम्बन्धों के बीच माया की उपस्थिति कभी उनके लिए सौतिया डाह का कारण बन जाती है तो कभी देवर-भाभी या जेठ आदि के साथ के सम्बन्धों में आध्यात्मिक स्थितियों की व्याख्या मिलने लगती है। अतः कबीर-वाणी में आध्यात्मिक यात्रा के लिए मूलतः लोक तत्त्वों के रूप में पारिवारिक सम्बन्ध ही संकेत रूप में सामने आते हैं जो परोक्षतः अपनी तत्कालीन स्थिति का भी संकेत देते हैं। यहाँ हम कुछ उदाहरणों द्वारा उनकी चर्चा कर सकते हैं।

कबीर के अनुसार यद्यपि बहू द्वारा सास-ससुर के नियन्त्रण में रहना और अपनी देवरानी, जेठानी, देवर, जेठ आदि के अनुरूप व्यवहार करना अनिवार्य था, तथापि उस काल में ये बन्धन शिथिल हो रहे थे और पत्नी अपने को पति तक ही सीमित रखने लगी थी। कबीर कहते हैं–

पहली नारि सदा कुलवंती सासू सुसरा मांनै।
देवर जेठ सबनि की प्यारी, पिय कौ मरम न जांनै॥
अब की धरनि धरी जा दिन थैं, पिय सूं बांन बन्यूं रे॥
कहै कबीर भाग बपुरी कौ, आइ रु रांम सुन्यूं रे॥

(क.ग्रं., पद संख्या 229)

बहुएँ प्राय अपनी सासों से सन्त्रस्त रहती थीं, किन्तु ससुर की प्यारी रहती थी। हाँ जेठ का सन्त्रास अवश्य रहता था–

सासु की दुखी ससुर की प्यारी, जेठ के तरसि डरौं रे।

(क.ग्रं. पद संख्या 230)

नववधू और उसकी ननद के बीच कटु सम्बन्ध रहते थे, जिनकी ओर कबीर ने भी एक पद में यों संकेत किया है–

ननद सहेली गरब गहेली। (क.ग्र. पद संख्या 230)

उस युग में इस कटुता और तनाव का मूल बहू और ननद दोनों के अधिकारों और स्थान की समानता हो जाना भी सम्भव है। हाँ, जेठ बहू के लिए सम्मान और सन्त्रास का एक समान पात्र हुआ करता था और आजकल भी ऐसा ही है।

पति भी प्रायः अपनी पत्नी का मुख देखने में ही सुख का अनुभव करते थे।

तृया का बदन देखि सुख पावै, साध की संगति कबहूं न आवै॥
(क.ग्रं. पद संख्या 239)

प्रायः सौतों से ईर्ष्या के कारण कभी-कभी नारियाँ पर-पुरुष की ओर भी आकृष्ट हो जाया करती थीं–

कहु कबीर ज़ब लहुरी आई, बड़ी का सुहाग टरिगो।
लहुरी संग भई जब मेरे, नेंसी अडर धरिगो॥
(रामकुमार वर्मा, सन्त कबीर, राग
आसावरी, पद संख्या 32, पृ. 120)

समग्रतः समाज में पतिव्रता नारियों का ही बाहुल्य था और उन्हीं का सम्मान भी होता था। इसके विपरीत यदि किसी गणिका (वेश्या) के कोई सन्तान हो जाती, तो उसके पिता का नाम देने की समस्या बनी रहती थी–

गनिका कौ पूत पिता कासौं कहै (क.ग्रं. पद संख्या 126)

कबीर ने मातृ-वात्सल्य का सम्मान देख कर ही अपने को हरि-रूपी जननी का 'बालक' घोषित किया है और उससे अपनी भूलों के लिए क्षमा भी मांगी है–

हरि जननी मैं बालिक तेरा,
काहे न औगुण बकसहु मेरा ॥ टेक॥
सुत अपराध करैं दिन केते, जननीं कै चित रहैं न तेते।
कर गहि केस करै जो घाता, तऊ न हेतु उतारै माता।
कहै कबीर एक बुधि बिचावरी, बालक दुखी दुखी महतारी।
(क.ग्रं. पद संख्या 111)

कबीर 'माया' की चर्चा में माता-पिता के सम्बन्धों का झूठा स्वरूप देखने लगते हैं–

माया माता माया पिता, अति माया अस्तरी सुता।
माया मरि करै ब्यौहार, कहै कबीर मेरे रांम अधार॥

उपरोक्त पंक्तियों में कबीर अपनी विवशता प्रकट करते हुए कहते हैं कि मैं माया को छोड़ने का प्रयत्न करता हूं, परन्तु यह माया मुझसे छूटती नहीं है। यह माया बार-बार (विविध रूपों में) मुझे घेर लेती है अथवा मुझे आवृत कर लेती है। इस संसार का समस्त प्रसार मायामय है। माता और पिता भी माया ही है स्त्री, पुत्री आदि अतिशय माया के रूप हैं अर्थात् अत्यधिक मोह-ममता के आश्रय होने के कारण जटिल बन्धन के रूप हैं, ये माया के प्रगाढ़ रूप हैं। कबीर कहते हैं कि माया को मार कर मोह आदि के बन्धन से परे होकर आचरण करता हूँ। मुझे तो राम का भरोसा है–मेरे तो एकमात्र आधार राम हैं।

(क.ग्रं. पद संख्या 84)

परिवार में माँ की ममता विशेष महत्त्व रखती थी। माँ की सार्थकता वे तभी मानते हैं यदि वह किसी ज्ञानी पुत्र को जन्म दे। यदि वह ऐसा नहीं करती, तो इससे तो उसका विधवा होना ही उत्तम है, ऐसी उनकी धारणा है–

जिहि कुलि पुत्र न ग्याँन बिचारी, बाकी विधवा काहे न भई महतारी॥

(क.ग्रं. पद संख्या 125)

कबीर ने कुल मिलाकर परिवार में भारतीय नारी की हीन स्थिति और समाज में उसे भोग-विलास की एक वस्तु के रूप में प्रदर्शित किया है। कुछ समीक्षक कबीर की कुछ उक्तियों के आधार पर उन्हें नारी मात्र का जो निन्दक ठहराया जाता है, वह इसलिए अनुचित है, क्योंकि उन्होंने ही नारी को अपने काव्य में पतिव्रता और सती के रूप में भी चित्रित किया है। यहाँ तक कि हरि को जननी और अपने को पुत्र कह कर इस श्रेष्ठ सम्बन्ध की कल्पना की है।

अतिथि-सत्कार

यह भी भारतीय संस्कृति का एक प्रमुख अंग या पक्ष रहा है। मातृ देवो भव, पितृ देवो भव के साथ 'अतिथि देवो भव' का आदर्श भी प्रत्येक व्यक्ति के लिए मान्य रहा है। गृहस्थ के पाँच महायज्ञों में अतिथि-पूजन को भी एक यज्ञ माना गया है।

सन्त कबीर ने परमात्मा को एक अतिथि के रूप में प्रस्तुत किया है–

घरि परमेसुर पाहुणाँ, सुणौं सनेही दास।
षटरस भोजन भगति करि, ज्यूँ कदे न छाँडै पास॥

कबीरदास कहते हैं कि हे प्रेमी भक्त जनो! मेरी बात ध्यानपूर्वक सुनो। इस हृदयरूपी भवन में प्रभु रूपी अतिथि पधारे हैं। उनकी सेवा में भक्तिरूपी षट्रस व्यंजन प्रस्तुत करो, जिससे वे पाहुने प्रसन्न होकर तुम्हारे घर में हमेशा बने रहें—तुम्हें छोड़कर अन्यत्र कहीं न जाएँ।

(क.ग्रं. साखी, 11/18)

साधक कबीर के साहित्य में सांसारिक मनुष्यों के आतिथ्य-सत्कार से ही तत्कालीन समाज के आतिथ्य का परिज्ञान हो जाता है। कबीर की अभिव्यक्ति है—

दुलहनीं गावहु मंगलचार,
हम घरि आए हो राजा राम भरतार।

रीति रिवाज़

रीति-रिवाज़ उतने ही पुराने हैं जितना मानव जीवन। मनुष्य जीवन में रीति-रवाज़ों का महत्त्व सबसे अधिक है। मनुष्य की व्यक्तिगत एवं सामूहिक आवश्यकताओं की पूर्ति के उद्देश्य से जो ढंग कभी तलाश किए गए थे, वे ढंग अपनी मनोवैज्ञानिक एवं आर्थिक सार्थकता के कारण तथा भौगोलिक परिस्थितियों की अनुकूलता के आधार पर, परंपरा के रूप में प्रचलित हो गए। सभ्यता के विकास के साथ-साथ ये परम्पराएँ शास्त्र-सम्मत होती गईं तथा रस्मों और संस्कारों का रूप धारण कर गईं। अतः मानव की सहज-स्वभाविक आवश्यकताओं की पूर्ति के लिए आदिम समाज ने जिन कर्मों को उचित समझा था, उनकी सार्थकता प्रामाणिक हो गई तथा शनैः-शनैः प्रत्येक अवसर पर समान कर्मों की परम्परा स्थापित हो गई। परम्परा के रूप में प्रचलित यही प्रथाएँ हमारे रीति-रिवाज़ों के रूप में ढल गईं। ये रीति-रिवाज़ हमारी सांस्कृतिक धरोहर भी हैं तथा हमारी पहचान भी हैं।[7]

लोक मानस अतीत से चले आ रहे रीति-रिवाज़ों को अपने कृत्यों का आवश्यक अंग समझकर उसे तोड़ना नहीं चाहता। इस सन्दर्भ में उसकी धारणा प्रगाढ़ हो गई है कि समाज में इनसे अलग रहकर अपने स्वतन्त्र अस्तित्व की कोई कल्पना नहीं कर सकता और उसका जीवन भी विभिन्न प्रकार के लोकाचारों और लोक-संस्कारों से मढ़ता चला जाता है।[8] इस सम्बन्ध में डब्ल्यू.जी. समनर कहते हैं—लोक-मानव को अपने जन्म से लेकर मृत्यु तक जिन रीति-रिवाज़ों, संस्कारों और आचारों के बीच से गुजरना पड़ता है, उनका कोई एक लेखा-जोखा

प्रस्तुत कर सकना बड़ा कठिन है। प्रतिदिन के जीवन में ही क्षौर कर्म से आरम्भ करके स्नान, खान-पान, व्रत-उपवास और शयन आदि तक की अनेक रूढ़ि-ग्रस्त रीतियाँ होती हैं। लोकमानव इनसे पदे-पदे चालित होता रहता है।[9]

रीति-रिवाज़ प्रायः सामूहिक होते हैं, जिनका सम्बन्ध समाज अथवा किसी समूह से रहता है। ये रीतियाँ प्राचीन काल से चली आती रहती हैं जिन्हें समाज का प्रत्येक व्यक्ति अपना पुनीत कर्तव्य समझकर उनका निर्वाह करते चलते हैं। ये तीन प्रकार की होती हैं—संस्कारगत सामाजिक रीति-रिवाज़, व्रत, त्योहार और उत्सव संबंधी सामाजिक रीति-रिवाज़ तथा उद्योग धन्धों से सम्बद्ध सामाजिक रीति-रिवाज़। लोकमत, वेदमत और सन्तमत सभी में प्रयुक्त रीति-रिवाज़ इन्हीं तीनों वर्गों के अन्तर्गत आते हैं। जनसाधारण के बीच जितने भी प्रचलित रीति-रिवाज़ हैं, सबका सम्बन्ध 'लोक' और 'वेद' दोनों से है। लोकमानव इन दोनों को मानकर चलता है। वैदिक रीति-रिवाज़ों में भी कुछ ऐसे रीति-रिवाज़ हैं, जिन्हें लोकमत से उपेक्षित नहीं माना जा सकता है। कुछ ऐसे लौकिक रीति-रिवाज़ अवश्य हैं जो केवल लौकिक हैं, वेद से उनका तनिक भी सम्बन्ध नहीं दिखाई पड़ता और परम्परा से चले आने के कारण वैदिक मतों की भाँति प्रयुक्त किया जाने लगा है।[10]

सन्तों ने शास्त्र और लोक, दोनों ही परंपराओं को स्वीकार किया है। जीवन को सहज रूप में स्वीकार करते हुए वे संसार को छोड़ने के पक्ष में नहीं हैं। इस सांसारिक जीवन में उन्होंने लोक से व्यापक अर्थों में अनेक प्रेरणाएँ प्राप्त की थीं और इसीलिए उनकी वाणी की पृष्ठभूमि नितान्त लौकिक है अर्थात् उनके काव्य में रीति-रिवाज़ों का जो भी रूप मिलता है, वह लोक प्रवाह से ग्रहण किया गया है। वस्तुतः सन्त लोक-जीवन में रमे हैं और उनकी प्रेरणा का मूल-स्रोत यही है।[11]

सन्त कबीर की वाणी में लोक-जीवन के विभिन्न रीति-रिवाज़ों का यथा अवसर वर्णन हुआ है, किन्तु उसमें निरूपित रीति-रिवाज़ लोक-जीवन के बहुत निकट होने के साथ अपने-आप में अनूठे और आध्यात्मिकता का पुट लिए हुए हैं। आपकी वाणी में—संस्कारगत रीति-रिवाज़, ऋतुओं से सम्बन्धित रीति-रिवाज़, व्रत-पर्व और उत्सव सम्बन्धी रीति-रिवाज़ तथा व्यवसाय और उद्योग-धन्धों से सम्बद्ध रीति-रिवाज़ देखे जा सकते हैं। यहाँ हम क्रमशः उनकी चर्चा करेंगे—

कबीर-वाणी में वर्णित विभिन्न संस्कारों से जुड़े रीति-रिवाज़

संस्कार का सामान्य अर्थ शुद्धि अथवा स्वच्छता से है। भारतीय समाज में प्राचीन काल से ही संस्कारों का संयोजित विधान रहा है। जीवन में इसकी संयोजना इसलिए की गई कि मनुष्य का वैयक्तिक और सामाजिक विकास हो सके। व्यक्ति

के असंस्कृत स्वरूप को सुसंस्कृत और अनुशासित करने के निमित्त संस्कारों की नियोजना की गई। मनुष्य का आध्यात्मिक और सांस्कृतिक जीवन संस्कारों की निष्पन्नता से प्रभावित होता रहा है। अतः संस्कार का आधार धर्म है, जिसके माध्यम से मनुष्य अपने जीवन को उन्नत, परिष्कृत और सुसंस्कृत बनाता है।[12] इस प्रकार स्पष्ट है कि संस्कार व्यक्ति के शारीरिक, मानसिक और आत्मिक विकास के लिए एक प्रकार के धार्मिक कृत्य हैं, जो गर्भाधान से लेकर मृत्यु के बाद तक से सम्बन्धित हैं। हिन्दू संस्कार का उद्देश्य केवल औपचारिक दैहिक संस्कार ही न होकर संस्कार्य व्यक्ति के सम्पूर्ण व्यक्तित्व का परिष्कार, शुद्धि और पूर्णता भी है।[13]

कबीर-वाणी में जन्म सम्बन्धी लोक-विश्वास

भारतीय लोक जीवन में जन्म से पहले ही कुछ रीतियाँ निभाई जाती है जिससे संस्कारों को गर्भधारण से आरम्भ हुआ माना जा सकता है। मनुस्मृति (2/16) और न्यायस्मृति (1/15) के अनुसार सोलह संस्कार माने गए हैं—गर्भाधान, पुंसवन, सीमन्तोन्नयन, जातकर्म, नामकरण, निष्क्रमण, अन्नप्राशन, चूड़ाकर्ण, कर्णवेध, उपनयन, वेदारम्भ, समावर्तन, विवाह, वानप्रस्थ, संन्यास और अन्त्येष्टि। इनमें से सामान्य रूप से देखा जाय तो मुख्यतः चार संस्कार विशेष महत्त्वपूर्ण हैं—जन्म संस्कार, उपनयन संस्कार, विवाह संस्कार और अन्त्येष्टि संस्कार। गर्भाधान-संस्कार के विषय में धर्म-ग्रन्थों में वर्णित है कि 'जिस कर्म के द्वारा पुरुष-स्त्री में अपना बीज स्थापित करता है उसे गर्भाधान कहते हैं।'[14] कबीर ने गर्भाधान से लेकर जन्म तक की स्थितियों का प्रसंगानुकूल संकेत किया है। कबीर मानते हैं कि पिता के वीर्य से ही जन्म की प्रक्रिया प्रारम्भ हो जाती है।[15] स्त्री के रज और पुरुष के वीर्य से भ्रूण की रचना होती है।

रज बीरज की कली, तापरि साज्या रूप।

(क.ग्र. साखी, 15/19)

इसी बात को एक दूसरे स्थान पर कबीरदास ने 'माँ का उदर पिता व्यंदू'[16] कहकर गर्भाधान संस्कार का निरूपण करते हुए इसे प्राकृतिक देन से जोड़ा है। यहाँ संस्कारों की चर्चा से थोड़ा विश्राम पाते हुए यह स्पष्ट करना भी आवश्यक है कि कबीर मध्यकालीन समाज में प्रचलित जाति-भेद, छुआछूत आदि का विरोध करते हुए परोक्षतः मनुष्य जन्म की चर्चा अनेक प्रकार से करते हैं, जहाँ संस्कार से भी प्रथम मनुष्य जन्म की सहज प्रक्रिया का संकेत मिलता है।

जिनि नर हरि जठराहं, उदिकंथैं पडं प्रगट कियौ।
सिरजे श्रवण कर चरन, जीव जीभ मुख तास दियौ

उरध पाव अरध सीस, बीस पषां इम रषियौ।
अनं पान जहाँ जरै, तहाँ तै अनल न चषियौ॥
इहि भाँति भयानक उद्र में, उद्र न कबहू छंछरै।

(कबीर ग्रंथावली, साखी, 35/1)

कबीर की दृष्टि में छुआछूत की बीमारी अज्ञानी, पाखंडी ब्राह्मणों द्वारा उत्पन्न की गई थी इसीलिए उन्होंने इस असामाजिक बुराई का खुलकर विरोध किया इसी भेदभाव को समाप्त करने के उद्देश्य से उन्होंने मनुष्य-मनुष्य के बीच के भेदभाव की वास्तविकता को छिपाने वालों को दुष्ट तक कहा। वे मानते हैं कि वेद और कुरान, धर्म और संसार, पुरुष और नारी के आधार पर कल्पित भेद सर्वथा व्यर्थ है। सबमें एक ही शुक्र, एक ही मलमूत्र, एक ही चर्म और एक ही मांस है, सब एक ही ज्योति से उत्पन्न हुए हैं इसीलिए कौन ब्राह्मण और कौन शूद्र है इस प्रकार कबीर ने तत्कालीन समाज का स्पष्ट वर्णन करते हुए कहा है–

गर्भ वास महि कुल नहि जाती। ब्रह्म बिंद ते सब उतपाती ॥
कहुरे पंडित वामन कब के होये। बामन कहि कहि जनम मति खोये ॥
जौ तू ब्राह्मण ब्राह्मणी जाया। तौ आन बाट काहे नहीं आया ॥
तुम कत ब्राह्मण हम कत शूद्र। हम कत लोहू तुम कत दूध ॥
कहु कबीर जो ब्रह्म बिचारै। सो ब्राह्मण कहियत है हमारे ॥

(कबीर ग्रन्थावली, परिशिष्ट, पद-61)

कबीर अपनी आध्यात्मिक यात्रा का महत्त्व स्थापित करने के लिए निरन्तर चौरासी लाख योनियों की भटकन, गर्भावस्था में गर्भस्थ शिशु के कष्टों, प्रसव-प्रक्रिया की तकलीफों आदि का संकेत करते हुए मनुष्य को इन सब तकलीफों से मुक्ति देने के लिए ब्रह्मानन्द में लिप्त होने का संदेश देते हैं। इसी चर्चा के अन्तर्गत वे परोक्षतः मनुष्य जन्म, गर्भावस्था या प्रसव आदि से जुड़े लोक विश्वासों को अपनी वाणी में स्थान देते हैं। उन्होंने माता के उदर में दश मास तक शिशु किस कष्ट और कठिन परिस्थिति से रहता है, उसका वर्णन प्रस्तुत किया है। वे कहते हैं–

गरभ कुंडिनल जब तूं बसता, उरध ध्यान ल्यौ लाया।
उरध ध्यान मृत मंडिल आया, नरहरि नांव भुलाया ॥

(कबीर-ग्रन्थावली, पद 401)

अर्थात् जब तुम गर्भ कुंड में थे तब तुमने (उसके कष्टों से त्राण पाने

के लिए) भगवान् में ध्यान लगाया। फलस्वरूप तुम उससे निकलकर इस मृत्यु लोक में आ गए। यहाँ आकर तुमने हे मानव फिर हरि का नाम (अथवा नृसिंह भगवान् को) भुला दिया है।

वे गर्भवास के कष्ट की याद दिलाते हुए जीव को हरि भजन के लिए सचेत करते हैं कि तू गर्भवास में उलटा लटका हुआ दारुण दुःख भोगता था, तब प्रभु का भजन करता था किन्तु अब बाहर आने पर तू ईश्वर की शक्ति को विस्मृत कर बैठा?

जब दस मास उरध मुखि होते, सो दिन काहे भूल्यौ॥
जौ जारै तौ होइ भसम तन, रहत कृम है जाई।

जन्म के समय जितनी व्यथा हुई थी, मृत्यु के समय भी वैसी ही व्यथा होगी, यह संकेत करते हुए कबीर कहते हैं कि मरने पर तेरा शरीर जब जलाया जाएगा, तब भस्म होकर समाप्त हो जाएगा और यदि जलाया नहीं गया और यों ही पड़ा रहा, तो उसे कीड़े-मकोड़े खा जाएँगे।

(कबीर-ग्रन्थावली, पद-241)

कबीर ऐसे मानवों के कृत्यों पर विस्मित हैं कि माता के उदर में दश-मास मर्मान्त कष्टों का सहन करने पर यह वचन दिया था—कि हे प्रभु मेरे इस कष्ट का निवारण कर हम आपकी भक्ति करेंगे किन्तु आने पर विस्मृत कर दिया।

दस मास माता उदरि राख्या, बहुरि लागी माया।
जल बूंद थैं ज्यनि प्यंड बांध्या, अगिन कुंड रहाया॥

(कबीर ग्रन्थावली, पद 240)

माया में या भोग विलास में आकंठ डूबे रहने वाले मानवों के लिए कबीर की सचेत करने वाली वाणी थी—

द्वादसी भ्रमैं लष चौरासी, गर्भ बास आव सदा मरै।

(कबीर ग्रन्थावली, पद 183)

अर्थात् मनुष्य अपने बारह अंगों की पुष्टि में लगा रहता है और चौरासी लाख योनियों में भटकता रहता है। फलतः वह गर्भवास करता हुआ सदैव आवागमन के चक्कर में पड़ा रहता है।

कबीर ऐसे मानवों को ज्ञान देते हुए स्मृति दिलाते हैं कि—

उदर कूप तजौ गरभ वासा रे, जीव रांम नांम अभ्यासा।

प्रसव के समय नारी को कितनी वेदना और पीड़ा सहन करनी पड़ती है, कबीर नारी की इस प्रसव-पीड़ा को अपनी दृष्टि से ओझल नहीं कर सके हैं। उसे लोकोक्ति के रूप में अभिव्यक्त किया है–

उपजि बिनां कछू समझि न परई, बांझ न जांनै पीरा॥ टेक॥
या बड़ बिथा सोई भल जांनैं, राम बिरह सर मारी।
कैसो जांनै जिनि यहु लाई, कैं जिनि चोट सहारी॥

अर्थात् जिसके हृदय में विरह की यह पीड़ा उत्पन्न नहीं हुई है वह मेरी इस व्यथा को नहीं समझ सकता है। ठीक ही है, बाँझ नारी प्रसव की पीड़ा को नहीं जान सकती है। इस बड़ी व्यथा को वही अच्छी तरह समझ सकती है, जिसको राम के विरह का बाण लगा है। प्रेम की पीड़ा की अनुभूति या तो उसे होती है जिसने यह प्रेम-पीड़ा को उत्पन्न किया है अथवा वह जिसने इसकी चोट को सहन किया है।

(कबीर ग्रन्थावली, पद 284)

काहे पाडे कैसी सुचि कीजै, सुचि कीजै तौ जनम न लीजै।

क्योंकि गर्भवास में मल-मूत्रों के मध्य रहना पड़ता है और प्रसव होने पर असौच माना जाता है। ऐसी स्थिति में कबीर ने पंडितों के पाखंडों पर आघात करते हुए कहा है कि छुआछूत से दूर रहने वालों–पवित्रता की डींग मारने वालों जन्म क्यों लिया?

(कबीर ग्रन्थावली, पद 83)

कबीर छूत की विस्तृत परिधि बताते हुए कहते हैं–

जनमें सूतक मुए फुनि सूतक सूतक परज बिगोई ॥

अर्थात् जन्म से मृत्यु पर्यन्त सूतक ही सूतक है उससे कहाँ तक बच सकते हो? शिशु-जन्म के समय माता और शिशु तो अपवित्र रहते ही हैं, उसके साथ ही बारह दिन तक समस्त परिवार के सदस्य अस्पृश्य समझे जाते हैं इसीलिए कबीर ने जन्म और मृत्यु के समय सूतक रहने का प्रकट किया है।

भारतीय जीवन में पुत्र का जन्म शुभ और खुशी का मौका माना जाता रहा है। पुत्री-जन्म पर खुशी मनाने का कोई उल्लेख नहीं मिलता। जबकि, पुत्र जन्म पर थाल बजाकर खुशी का इज़हार किया जाता था। कबीर का मानना है कि जीवन में खुशी के अवसर प्रायः क्षणिक होते हैं। अतः ऐसे मौकों को विशेष खुशी के रूप से मनाने में कोई सार्थकता नहीं–

बेटा जाया तौ का भया, कहा बजावै थाल।
आवण जाणा है रहा, ज्यों कीड़ी का जाल॥

(कबीर ग्रन्थावली, 46/30 ख प्रति)

बच्चे के जन्म के साथ ही परिवार में छुआछूत की भावना का प्रचार मध्यकाल की विशेष देन है। जन्म अथवा मृत्यु होने पर परिवार में सूतक लगना माना जाता है। शिशु के जन्म के बाद चूँकि कुछ दिनों तक जच्चा को अपावन समझा जाता है, इसीलिए उसे पवित्र करने के निमित्त उससे स्नान, पूजन आदि करवाया जाता है। कबीर 'सूतक' का वर्णन निषेधात्मक ढंग से करते हुए कहते हैं प्रत्येक जगह छूत है। अर्थात् जल में थल में और किरणों में भी छूत है। जन्म में भी छूत है और फिर मरने में भी छूत है इसी बात को स्पष्ट करते हुए कहते हैं—

जल है सूतक थल है सूतक सूतक ओपति होई।
जनमे सूतक मुए फुनि सूतक, सूतक परज बिगोई ॥

(कबीर ग्रन्था. परि. पद 79)

नैनहु सूतकु बैनहु सूतकु, सूतकु स्रवनी होई।
उठत बैठत सूतकु लागै सूतकु परै रसोई ॥

(सन्त कबीर, पृ. 44)

और अन्त में कबीर कहते हैं कि कर्म बंधन में फँसने की विधि तो सभी कोई जानते हैं, मुक्त होने की विधि वही जानते हैं जो राम को हृदय में विचारते हैं, केवल उन्हें ही छूत नहीं लगती—

फासन की विधि सभ कोउ जानै छूटन की इकु कोई।
कहि कबीर राम रिदै विचारै सूतकु तिन्हें न होई ॥

(सन्त कबीर, पद 44)

इसी प्रकार एक अन्य स्थान पर छूत की बात करते हुए कबीरदास पंडित को समझाते हैं कि छूत से कैसे बचा जा सकता है क्योंकि सारा संसार उसी से उत्पन्न हुआ है यदि तुम इससे बचना ही चाहते थे तो फिर गर्भ में क्यों आए—

काहे कौं कीजै पांडे छोति विचारा।
छोतिही तैं उपना सब संसारा॥ टेक॥
छोति छोति करता तुम्हही जाए।
तौ गर्भवास कहे कौ आए॥

जनमत छोत मरत ही छोति।
कहै कबीर हरि की न्रिमल जोति॥

(क.ग्र., पृ. 90)

इसलिए कबीर 'सूतक' का वर्णन अलग ढंग से करते हुए उससे बचने का एकमात्र उपाय परमात्मा की भक्ति को मानते हैं।

कबीर-वाणी में विवाह संस्कार

भारतीय संस्कृति तथा समाज के दृष्टिकोण से विवाह, जीवन का महत्त्वपूर्ण संस्कार होने के साथ ही एक प्रकार का पारिवारिक उत्सव भी है। भारत की प्राचीन संस्कृति में व्यक्ति बाल्यावस्था से लेकर वयस्क होने तक पारिवारिक वातावरण से दूर रहकर एक ऐसे वातावरण में संस्कारित हुआ करता था जो कि उसे सम्पूर्ण जीवन-संग्राम के लिए तैयार करता था और इस प्रकार उसके यथेष्ट पारिवारिक जीवन का आरम्भ जिस महत्त्वपूर्ण संस्कार से होता था, वह विवाह है। भारतीय समाज में विवाह को धार्मिक संस्कार माना गया है। धार्मिक आधार ने विवाह को अत्यन्त पवित्र और उदात्त स्वरूप प्रदान किया। देवताओं का आवाहन करके वर और वधू का वैवाहिक बन्धन अत्यधिक पवित्र, अटल, अविच्छेद्य और गम्भीर माना गया है।[17] इस तरह विवाह जीवन का एक धार्मिक संस्कार होने के साथ-साथ पारिवारिक उत्सव भी है। अतः मनुष्य के यथेष्ट पारिवारिक जीवन का आरम्भ जिस महत्त्वपूर्ण संस्कार से होता है, वह विवाह ही है।[18]

विवाह की पहली रस्म 'सगाई' की है। इस रस्म में वर और कन्या दोनों पक्षों के भाई बांधव आपस में बातचीत करके रिश्ते की बात पक्की कर लेते हैं। विवाह से कुछ दिन पहले वर और कन्या दोनों घरों में गीत गाने का कार्य आरम्भ होता है। जिसमें लड़के के घर गाए जाने वाले गीत 'सुहाग' कहलाते हैं। कन्या के घर में गाए जाने वाले गीतों के द्वारा उसकी विवाह के अनुरूप मानसिकता बनाने के लिए वर कैसा होना चाहिए अथवा ससुराल कैसा होना चाहिए इत्यादि विषयों पर गीत गाए जाते हैं।

सन्त कबीर ने यद्यपि इसका उल्लेख रूपक के माध्यम द्वारा प्रकट किया है, तथापि वह तत्कालीन सामाजिक जीवन का चित्र उपस्थित करने के लिए पर्याप्त है। लोक में गाए जाने वाले 'सुहाग' गीतों में वर का कभी बड़ा होना कन्या को खलता है तो कभी अल्पायु का वर हृदय का जंजाल बन जाता है। इसी भाव को कबीर वाणी में देखा जा सकता है जहाँ विवाह में आयु का अन्तराल उलटे कर्म में अर्थात् कन्या यौवना और पति बालक होता है–

बाबा हमारे ब्याह रच्यो है, वर बालक हूं स्यानी।
सैयाँ हमारे झूले पलना, हमहिं झुलावन हारी ॥
नौवाँ भूले वरिया भूले, भूले पंडित ज्ञानी।
मातु-पिता दोउ अपनि गरज के, हमरो दरद न जानी ॥

(कबीर शब्दा. 2, पृ. 85)

इन पंक्तियों को देखकर अनुभव होता है कि जैसे मध्यवर्गीय सामान्य नायिका की दयनीय दशा किसी *'लोक गीत'* द्वारा प्रकट की जा रही हो कबीर लोक-मानस के भाव को उठाकर बात कर रहे हैं।

कबीर ने 'बीजक' में 'विवाह संस्कार' की रीतियों का वर्णन किया है–

अवधू वै तत्व रावल राता, नाचै बांजन बाजुबराता।
मौरिक माथे दुल्हन दीन्हों, अकथे जोरि कहाता ॥
गड़बक चारन समधी दीन्हों, पुत्र विआहल माता।
दुलहिनि लीपि चौक बैठायो, निर्भय पद पर गाता ॥
भाते उलटि बरातहिं खायो, भली बनी कुसलाता।
पाणि ग्रहण भयो भव मंडन, सुषमणि सुरति समानी ॥

(कबीर-बीजक शब्द 16, पृ. 279)

कबीर ने उक्त पंक्तियों में बारात को मंगल वाद्य बजाते हुए चित्रित किया है। वर के सिर पर मुकुट या मौर बाँधी जाती है और कन्या के सिर पर मौरी बाँधी जाती है। इसके पश्चात् लीप कर वधू को चौक में बैठाकर निर्भय रूप से पाणिग्रहण संस्कार सम्पन्न किया जाता है। कबीर ने बारातियों को भोजन खिलाए जाने की प्रथा का भी उल्लेख किया है। इस प्रकार पाणि-ग्रहण संस्कार आनन्दमय वातावरण में मांगलिक गीतों और प्रक्रियाओं से सम्पन्न किया जाता है।

लोक-जीवन में जब बारात कन्या पक्ष के द्वार पर आती है तो मंगल गीत गाने की प्रथा आज भी निभाई जाती है। इसी भाव को हम कबीर वाणी में भी देखते हैं–

दुलहनीं गावहु मंगलचार।
हम घरि आए हों राजा राम भरतार॥

(कबीर ग्रन्थावली, पृ. 78)

वैवाहिक विधि सम्पन्न करने के लिए विवाह मंडप तैयार किया जाता। विधि के पूर्व ब्राह्मणों द्वारा लग्न लिखा जाता तथा मंगल गान करते हुए कन्या के मस्तक पर हल्दी का लेप किया जाता था। सांसारिक पद्धति के विवाह के

रूपक का निर्वाह करते हुए कबीर कहते हैं–

पंच जनां मिलि मंडप छायौ, तीनि जनां मिलि लगन लिखाई।
सखी सहेली मंगल गावै, सुख दुख माथै हलद चढ़ाई।
नाना रंगैं भांवरि फेरी, गांठि जोरि ब्याबै पति ताई।
पूरि सुहाग भयौ बिन दूलह, चौक कै रंगि धन्यौ सगौ भाई।
अपने पुरिष मुख कबहूँ न देख्यौ, सती होत समझी समझाई।
कहै कबीर हूँ सर रचि मरिहूं तिरौ कंत लेतूर बजाई।

(कबीर ग्रन्थावली, पृ. 141)

सतोगुण, रजोगुण और तमोगुण का मिश्रण ही जीवन-सृष्टि है। यही लगन लिखना है। इसी तरह जीवन में व्यष्टि जीव बारम्बार अपने शुद्ध स्वरूप में प्रतिष्ठित होता रहता है। उस समय उसे आनन्द की अनुभूति होती है। दो कृत्तियों की संधियों में जीव अपने शुद्ध स्वरूप में प्रतिष्ठित होने के आनन्द का अनुभव करता है। जीव और ईश्वर का यह मिलन ही विवाह है और यही लोक जीवन है। जीवन में यह आनन्द इन्द्रियों के माध्यम से प्राप्त होता है। यही मंडप-निर्वाह है।

विवाह-मंडप की तरह ही वेदी का निर्माण करना भी शास्त्रीय विधि का हिस्सा है। इसके पश्चात् वैवाहिक विधि सम्पन्न करने वाला पंडित वैदिक मंत्रों का उच्चारण करता है। सन्त कबीर ने भी ब्राह्मणों द्वारा वेद-मन्त्रों के उच्चारण का यथायोग्य वर्णन किया है–

सरीर सरोवर बेदी करिहूँ, ब्रह्मा वेद उचारा।

(कबीर ग्रंथा, पृ. 78)

उक्त पंक्तियों में कबीरदास ने प्रतीकात्मक शैली में सूक्ष्म व्यापार को मूर्तिमान करने वाले भाव बिम्बों का वर्णन किया है। ब्रह्मा द्वारा वेद-मंत्रों का उच्चारण इसीलिए कराया गया है क्योंकि यह विवाह भौतिक विवाह न होकर एक विशेष प्रकार से आत्म-स्वरूप का ज्ञान हो जाने पर साधक का परमात्म स्वरूप हो जाने का वर्णन है। यही कारण है कि इसी पद में कबीरदास ने बारातियों के साथ-साथ तैंतीस करोड़ देवताओं की उपस्थिति का भी उल्लेख किया है। विवाह के अवसर पर सात भांवरें पड़ती हैं। यहाँ जीव अपने सातों शरीरों (स्थूल, भाव, मानसिक, मेधनि आत्म, अनुत्पादक और अवगत शरीर) को साक्षी करके परमात्मा के साथ एक हो रहा है। वह अपने प्रत्येक आवरण को त्याग कर पूर्ण मोक्ष या निर्वाण को प्राप्त हो रहा है।

इस अवसर पर गांठ बाँधकर भांवर फिरने का वर्णन कबीर वाणी में हुआ है–

रामदेव संग भांवरि लेहूँ, धनि-धनि भाग हमार

(कबीर ग्रन्थावली, पृ. 78, पद संख्या)

अथवा

नाना रंगै भांवरि फेरी, गांठि जोरि बाबै पतिताई।

(कबीर ग्रन्थावली, पृ. 141, पद संख्या)

कबीर ने अपनी इस उक्ति में विवाह-संस्कार का व्यापक चित्र एवं प्रक्रियाएँ चित्रित की हैं–

सन्त कुटुम परिवार, तो मंगल गावहीं।
बहु विधि आरती साजि, तो चौक पुरावहीं।
मोतियन थार भराइ के, कलस लेसावहीं॥[19]

कबीर ने यहाँ बारात का मंगलगान करते हुए पारिवारिक सदस्यों का वर्णन प्रस्तुत किया है। तदुपरान्त नारियाँ आरती सजाकर, चौक पर मोती भरे थालों को सजाकर, कलश लाकर बारातियों का स्वागत करते हैं। यह प्रक्रिया लोक भाषा में 'द्वारचार' की प्रक्रिया कही जाती है।

इसी प्रकार कबीर द्वारा विवाह से सम्बन्धित अनेक प्रतीक और दृष्टान्त लौकिक से अधिक अलौकिक और भौतिक से अधिक आध्यात्मिक अर्थ ही प्रेषित करते हैं। इसी दृष्टि बिन्दु से उनकी सार्थकता कही जा सकती है। विवाह तो उनके लिए एक ऐसा रूपक है, जिसके माध्यम से जीवात्मा और परमात्मा का प्रगाढ़ प्रेम संकेतित किया जा सकता है। ऊपर हमने देखा कि किस तरह कबीर ने विवाह के समय द्वार पर बारात के पधारने के बाद 'मंगल गान' के उपरान्त विवाह वेदी पर मन्त्रों के उच्चारण के साथ यज्ञ और तदनन्तर वर-वधू द्वारा कवि भांवरी में घूमने की भी चर्चा करता है। विवाह से पूर्व लगन लिखाने पाँच जनों द्वारा मंडप छाने और वधू की सखियों द्वारा हल्दी चढ़ाने की रस्म आदि का उल्लेख किया है। वधू के घर बारात पहुँचाने से पूर्व द्वारचार की प्रथा के लिए चौक पूरने की भी बात की है।

विवाह में गवना की रस्म

'गवना' शब्द संस्कृत के 'गमन' का अपभ्रंश रूप है, जिसका अर्थ 'जाना' है। कालान्तर में यह शब्द एक प्रथा-विशेष के रूप में रूढ़ हो गया। 'गवना' विवाह से अलग अपने-आप में एक स्वतंत्र सामाजिक कृत्य है इसमें विवाह की लगभग आधी रस्में एक बार फिर से दुहराई जाती हैं। यह प्रथा तब सम्पन्न होती है जब विवाह के कुछ दिनों अर्थात् विवाह के पश्चात् शीघ्र ही तथा कुछ लोगों

में एक, तीन या पाँच वर्षों के बाद वधू नैहर से ससुराल लाई जाती है।[20] कुछ लोगों में 'गवना' की प्रथा तब पूर्ण समझी जाती है जब बहू दूसरी बार पतिगृह जाती है।[21] इस प्रकार 'गौना' में कन्या को पितागृह छोड़कर वधू बनकर पतिगृह में जाना पड़ता है। कबीर ने कन्या के मन की अभिव्यक्ति का बड़े सुन्दर ढंग से वर्णन किया है—

माता पिता घर जन्य वीति गे, आय गवन नगिचाना।
का लै मिलौ पिया अपन से, करिहौं कौन बहाना॥

(कबीर-ग्रन्थावली-मिश्रित शब्द 4)

उस समय की उसकी मानसिकता का अर्थात् नैहर को छोड़कर ससुराल जाकर रहने-जीने की विवशता को सन्त कबीर ने बड़े ही मार्मिक ढंग से प्रस्तुत किया है। परिस्थितियों वश ऐसे ही एक कन्या की मनःस्थिति जिसने अपने पति को देखा ही नहीं, ससुराल की विषमताओं का उसे अभी पता ही नहीं, भाग्य को कोसती हुई एक नव-विवाहिता की मानसिकता का वर्णन करते हुए कबीर ने लोक धरातल पर उतर कर वर्णन किया है, क्योंकि एक लोक-प्रथा के अनुसार 'गवना' ले जाने से पहले भाई नायन एक गण्ड में साड़ी और अन्य साज सामान लेकर आती है जो इसका प्रतीक होता है कि आप लोग (लड़की वाले) अपनी तैयारी कर लो लड़के वाले आने को तत्पर हैं। इसी भाव का वर्णन कबीर एक पद में करते हैं। नायिका 'गौने की साड़ी' आते ही मायके से निकल कर ससुराल जाने की विवशता का संकेत करती है। वह क्योंकि अभी छोटी आयु की ही है इसीलिए अपने भाग्य की विपरीत स्थितियों के लिए अपनी माँ को भी दोषी मानती है। कबीर वाणी में ऐसे मार्मिक बिम्ब लोक-विश्वास की धरोहर कहे जा सकते हैं—

आई गवनवाँ की सारी, उमरि अब हीं मोरी बारी ॥ टेक॥
साज समान पिया लै आए और कहरिवा चारी।
बाह्मना बेदरदी अंचरा पकरि के जोरत गंठिया हमारी॥
सखी सब पारत गारी॥
बिधि गति बाम कछु समझ परतना, बेरी भई महतारी।
रोइ-रोइ अंखियाँ मोर पोंछत, घरवाँ से देत निकारी।
भई सब कौं हम भारी॥
गवन कराइ पिया लै चाले, इत उत बार निहारी।
छूटत गांव नगर से नाता, छूटे महल अटारी।
करमगति टरै न टारी॥

नदिया किनारे बलम मोर रसिया, दीन्ह घुंघर टारी।
थरथराय तन की पन लागे, काहू ने देखि हमारी।
पिया ले आएं गोहारी।

(कबीर ग्रन्थावली, पृ. 82)

इसी प्रकार लोक में विवाह से पूर्व पिता के घर में कन्या का जीवन और विवाह के बाद वधू रूप में ससुराल जीवन, उसकी विषमताएँ, जिम्मेदारियाँ बन्धन, मायके के खुलेपन की उड़ारियों को भुला न पाना इत्यादि विवशताओं अर्थात् इन दो स्मृतियों के बहुत बड़े अन्तराल को अक्सर हम लोकगीतों में देखते हैं। विवाह से पहले कन्या सखी-सहेलियों के बीच खेल में गुड़िया-गुड्डों के साथ जीवन व्यतीत करती हुई ससुराल के जीवन के बारे में सोचने लगती है। उसे मालूम है कि अनुशासित जीवन का अभ्यास नहीं किया तो ससुराल में जाकर दुःख उठाने पड़ेंगे। वैसे भी पता नहीं किस मानसिकता से जुड़कर लोक-संस्कृति में लड़कियाँ अपने ससुर, जेठ इत्यादि के साथ जाना नहीं चाहतीं। पंजाबी संस्कृति में भी एक लोकगीत इसी भाव को स्पष्ट करता है—

पहली-पहली वारि मैनूं नाई लैण आया
नहीं जांना, नहीं जाना मेरी माए मैं ऐहदे नाल नहीं जाना।
दूजी-दूजी वारि मैनूं सहूरा लैण आया
सहूरा-वे-सहूरा-मन मोहरा
ऐहदे नाल मेरी जांदीऊ-बला ॥

इसी जेठ इत्यादि के साथ भी नहीं जाना चाहती और अन्त में मुझे स्वयं कंत लेने आ गया तो—

तीजी-तीजी वार मैनूं आप लैण आया।
तुर जाना, तुर जाना मेरी माए।
मैं ऐहदे नाल तुर जाना ॥

कहने का भाव है कि जिस किसी भी मानसिकता से जुड़ कर यह टाल मटोला होता रहा उसमें भाव एक ही निहित है कि अभी जाने का मन नहीं। सन्त कबीर की वाणी में भी शायद इसीलिए गवने की बात सुनकर लड़की बार-बार अतिथि विशेष को टालने की बात करती हुई कहती है—

खेल ले नैहरवा दिन चार॥ टेक॥
पहिली पठौनी तीन जन आए नौवा बाह्मन बारि॥
बाबुल जी मैं पैयाँ तोरी लागौ, अबकी गवन दे टारि॥

दूसरी पठौनी आपै आए, लेके डोलिया कहार॥
धरि बहियाँ डोलिया बैठारिन, कोउ न लागै गोहार॥

(कबीर-शब्दावली, पृ. 22)

लोक गीतों में अक्सर देखने को मिलता है कि जिस पितागृह से अथाह प्रेम लड़कियों को होता है, आयु का एक ऐसा पड़ाव आता है जब सखी-सहेलियों से निरन्तर सुन-सुन कर पति के प्रति अनुराग जाग्रत होने लगता है तो उसी कन्या में जो कभी स्वप्न में भी पिता का घर छोड़ने को तैयार नहीं थी उसी के मन में पतिगृह अर्थात् ससुराल जाने के लिए भी उतनी ही उत्सुकता दिखाई देने लगती है—

मेरा चित्त ते होईया ई उदास

पंजाबी लोकगीतों में हमें इस तरह के अनेक उदाहरण मिल जाएँगे जिनमें वही लड़की विरह में जलती दिखाई देती है तो एक दिन दामाद को गवना लेने आया जान कर जब सास डाँटती है कि गवना अभी नहीं, तुम्हें तो हमने बुलाया नहीं जब बुलाएँगे तब आना तो दामाद झट से उत्तर देता है—

अन्दर वड के पूच्छ धी नूं
जिन्ने पा चिट्ठियाँ मंगवाईया।

अर्थात् इस पड़ाव में पहुँच कर कन्या स्मृतियों में पति के साथ रहती है जिन सखी सहेलियों को वह छोड़ना नहीं चाहती थी अब उन्हीं के साथ उनका मन नहीं लगता। सन्त कबीर चाहे आध्यात्मिक साधना की बात कर रहे हैं। आत्मा और परमात्मा के मिलन की बात कर रहे हैं, रहस्यवाद की स्थिति जागरण (जागृति) की बात कर रहे हैं, लेकिन इन सब की आधारभूमि नितान्त लोक जीवन अथवा लोक संस्कृति है, हम उनकी वाणी में ऊपर दर्शाए भाव को इस रूप में देखते हैं—

डंडिया फंदाय धन चल रे, मिलि लेहु सहेली।
दिन दस नैहर खेलि लेरे, सासुर निज भरना।
नैहरवाँ हम कौं नहिं भावै॥ टेक॥
सांई नगरी परम अति सुन्दर,
जहं कोइ जाय न आवै॥

(कबीर शब्दावली, पृ. 63)

अथवा

नैहर सेजियरा कारिरे॥ टेक॥

तनिक जियरवा मोर न लागे।
तन मन बहुत उचाट रे॥

(वही, पृ. 36)

भारतीय लोक-संस्कृति में सुहागनें अपने पति का नाम नहीं लेतीं। एक लोक विश्वास के अनुसार पति का नाम जितनी बार उसकी पत्नी द्वारा लिया जाएगा उतने वर्ष पति की आयु कम होती चलती है और कोई भी सुहागन स्त्री अपने पति की आयु को भला कैसे कम कर सकती है इसीलिए अक्सर औरतें, पति को सम्बोधित करने के लिए 'नणद का वीर' या अपने किसी बच्चे के नाम के साथ 'उसका पिता' कहकर पुकारती अथवा बात करती है। लोक के इसी भाव को हम कबीर वाणी में (कबीर ग्रन्थावली, पद 183) देखते हैं। कबीरदास ने भारतीय संस्कृति के अनुसार इस मानसिक द्वन्द्व को (विवाह, किशोरावस्था तथा परिणीता का मानसिक द्वन्द्व) को भारतीय समाज, लोक-परिवेश के सन्दर्भों के साथ उजागर किया है—

अब मोहि ले चलि नणदके वीर
अपनैं देसा। (क.ग्रन्था., पद 14)

इतना ही नहीं वह केवल वहाँ जाना ही नहीं चाहती बल्कि भारतीय लोक-धन्धों में औरतों के प्रमुख धन्धे सूत कातना, चरखा चलाना आदि का संकल्प भी अपने पति की सौगन्ध खाकर करती है—

चरखा जिनि जरै॥
कातौंगी हजरी का सूत, नणद के भइया की सौं।

(कबीर ग्रन्था., पद 13)

इन पंक्तियों में कबीरदास आध्यात्मिक मिलन की बात करते हुए आत्मबोध की दशा का प्रतीकात्मक निरूपण करते हैं। जीवात्मा एक प्रेमिका (जिसने अभी अपने प्रेमी से प्रेम किया है रसास्वादन नहीं कर पाई) के रूप में कहती है—मेरा यह विवेक शरीर रूपी चरखा नष्ट न हो। मैं अपने प्रियतम की सौगन्ध खाकर कहती हूँ कि मैं इससे शाही दरबार में प्रयोग किए जाने योग्य श्रेष्ठ सूत कातूँगी अर्थात् इस विवेक शरीर के द्वारा मैं केवल वे ही कर्म करूँगी, जो मुझे प्रियतम रूपी परमात्मा की ओर ले जाएँगे—साधना पथ का सुन्दर निरूपण है। विवेक के पश्चात् वैराग्य उत्पन्न होता है। आत्मबोध और भक्ति अन्योन्याश्रित है। लौकिक जगत् में हम समझते हैं कि आत्म बोध के पश्चात् ही भक्ति की उत्पत्ति सम्भव है। परन्तु आत्मिक दृष्टि से भक्ति साधन भी है। उक्त पंक्तियों में कबीर

का तात्पर्य साधन स्वरूपा भक्ति से है, जिसकी साधना से आत्मबोध की प्राप्ति होती है कहने का भाव यहाँ केवल इतना ही है कि कबीर चाहे साधनात्मक भक्ति की बात करते, चाहे आत्मा-परमात्मा के मिलन की बात करते हैं उसके लिए उन्होंने जो भूमि चुनी है वह केवल लोक की ही है इसीलिए उनकी वाणी आज भी प्रासंगिक है क्योंकि वह समाज को आधार बनाकर चली है।

इसी तरह उसी मिलन में आनन्दानुभूति का अनुभव हो सकता है जो अनुराग से उत्पन्न विरहाग्नि से उत्पन्न हो। कबीर इसी तरह ही लौकिक जीवन से दृष्टान्तों को उठाते हुए विभिन्न पड़ावों से होते हुए मिलन तक ले आए हैं। कबीर 'गवने' को आध्यात्मिकता के रंग में रंगते हुए कहते हैं जीवात्मा किस प्रकार स्थूल शरीर को धारण करती है और संसार से लिप्त रहने के बाद वह जीवन की निरर्थकता का अनुभव करती है।

लोक-संस्कृति में हम देखते हैं कि 'गवने' गई वधू किस आनन्द का अनुभव करती शर्माती भी है और पति से दूर भी नहीं होना चाहती। सास और ननद की अधिकारपूर्ण शंकालु दृष्टि उसे सदा घूरती रहती है। वह सहज भाव से अपने पति का मुख भी नहीं देख पाती। इसी भाव को कबीर निम्न पंक्तियों में इस प्रकार कहते हैं—

मै सासने पीव गौहंनि आई ॥
साई संगि साध नहीं पूगी, गयौ जोबन सु पिना की नांई ॥

x x x x

पूरि सुहाग भयौ बिन दूलह, चौक कै रंगि धरयौ सगो भाई
अपने पुरिष मुख कबहूँ न देख्यौ, सती होत समझीं समझाई।
कहै कबीर हूँ सर रचि मरिहूँ तिरौं कंत ले तूर बजाई ॥

सांसारिक पद्धति के विवाह के रूपक का निर्वाह करते हुए कबीर कहते हैं कि मैं अपने प्रियतम के प्रणय का आनन्द लेने के लिए (जगत् रूपी) ससुराल में गौने आई हूँ। परन्तु पति के साथ आनन्द लेने की मेरी आकांक्षा तृप्त नहीं हुई और यह जीवन रूपी यौवन यों ही स्वप्न की भाँति व्यतीत हो गया। पति के वास्तविक सहवास के बिना ही सम्पूर्ण सुहाग व्यतीत हो गया। चौक पर बैठते ही अर्थात् विवाह के होते ही मैंने काम रूपी सगे भाई को पति रूप में वरण कर लिया। अज्ञानी जीवात्मा ने ईश्वर-रूपी अपने पति के वास्तविक दर्शन कभी नहीं किए। परन्तु सच्ची भक्ति न होने पर भी अन्य साधनाओं में फँसी हुई जीवात्मा अपने को सती मानने का दम्भ करती रही। कबीर आगे कहते हैं कि अब मुझे समझ पड़ गई है, अब तो मैं चिता बनाकर मरूँगी और पति को साथ लेकर तुर बजाती हुई भवसागर पार कर जाऊँगी। अर्थात् ज्ञान और प्रेम की

अग्नि में अपने अज्ञान को भस्म करना ही चिता बनाकर मरना है तथा प्रियतम के साथ प्रणय एवं तन्मयता के अनुभव की तुरी बजाकर कंत के साथ तिरना कहा गया है।

इस प्रकार हम देखते हैं कि विवाह के लोक-प्रचलित रीति-रिवाज़ों का वर्णन कबीर वाणी में आया है। यद्यपि कबीर द्वारा वर्णित यह रीति-रिवाज़ प्रत्यक्ष रूप में नहीं कहे गए, इनका लौकिक विवाह के साथ कोई संबंध नहीं है लेकिन फिर भी इनका महल लोक की ज़मीन पर खड़ा है। उपर्युक्त विवाह से सम्बन्धित रीतियों और फिर 'गवना' का निरूपण कबीर द्वारा वर्णित लोकप्रचलित वैवाहिक रीति-रिवाज़ों का साक्ष्य प्रस्तुत करता है। 'गवना' की प्रथा आज भी लोक-जीवन के बीच प्रचलित है। बिना 'गवना' बहू को भाईचारे में शामिल नहीं किया जाता। आज भी चाहे आभिजात्य में इसका रूप बदल चुका है और शादी वाले दिन ही डोली को किसी दूसरे गाँव अथवा दूसरे गाँव की ज़मीन पर एक बार रोक कर उसी दिन वापस लड़की के घर जाकर फिर से विदा होने की रस्म निभाई जाती है लेकिन इसे हम छोड़ नहीं सके। गवना आज भी जाता है केवल उसका रूप बदल गया है।

कबीर वाणी में मृत्यु संस्कार

मानव जीवन में व्यक्ति के जीवन का अन्तिम संस्कार मृत्यु ही है। जीवन में जन्म और विवाह के उपरान्त तीसरी मुख्य घटना मृत्यु मानी गई है। सन्त कबीर ने इस संस्कार के माध्यम से मानव मात्र को उसके जीवन की नश्वरता स्मरण करवाई है। वे जहाँ एक ओर मृत्यु की अवश्यम्भाविता का बार-बार संकेत करके मनुष्य को इस जीवन का सदुपयोग करने के लिए प्रेरित करते हैं, वहीं परोक्ष रूप से मृत्यु से जुड़े अनेक कर्म-कांडों, रीति-रिवाज़ों का संकेत भी सहज रूप से कर जाते हैं। सामान्यतः लोक में प्रचलन है कि मृत व्यक्ति को स्वयं उसके सगे सम्बन्धी भी अधिक देर तक घर में रखने को तैयार नहीं होते और अपने रिवाज़ (हिन्दू रीति से दाह संस्कार तथा मुस्लिम रीति से दफ़नाने की क्रिया) के अनुसार उसका अन्तिम संस्कार कर देते हैं। कबीर वाणी स्पष्टतः इस परम्परा को आधार बताकर मनुष्य को सचेत करती है—

झूठे तन कौ कहा रखइये, मरिये तौ पल भरि रहण न पइये।

(कबीर ग्रन्थावली, पद सं. 93)

मृत्यु को निकट जान कर सम्बन्धी लोग पहले से ही तैयारी शुरू कर देते हैं और मरणासन्न व्यक्ति को भूमि पर उतार दिया जाता है—

लेटयो भोमि बहुत पछितांनौं, लालच लागौ करत घनी।

(पद सं. 96)

घर और पड़ोस के लोग एकत्रित होने शुरू हो जाते हैं और जाने वाले को अन्तिम विदा कहने के लिए कुछ लोग दिल से तथा कुछ लोग ऊपरी ढोंग से रोने का दिखावा करते हैं—

पकरयौ हंस जम ले चाल्यौं, मंदिर रोवै नारि धनी

x x x x

जब जाइ आइ पड़ोसी घेरयौ, छांडि चल्यौ तजि पुरिष पनीं

(पद सं. 96)

इस प्रकार मृत्यु के अवसर पर विभिन्न प्रकार के रीति-रिवाज़ सम्पन्न करते हुए अन्तिम संस्कार की तैयारी की जाती है। इस अवसर पर मृत व्यक्ति को कफन में लपेट कर, पिण्डदान के लिए आटे का पेड़ा तैयार किया जाता है और खाली घड़े में अग्नि रख ली जाती है जिससे शव को जलाया जाता है, फिर अर्थी पर लाद कर श्मशान ले जाते हैं—

पाँच गज दोवटी माँगी, चूंन लीयौ सांनि
वसदर पाषर हाँडी, चल्यौ लादि पलांनि
भाई बंड बोलाई बहु रे, काज कीनौं आंनि॥

(पद 314)

हिन्दू अपनी रीति अनुसार मृत व्यक्ति को जलाते हैं जबकि मुसलमान उसे धरती में गाड़ कर दफ़ना देते हैं—

ये ले जारे वै ले गाड़े, इनि दखिइनि दोऊ घर छाड़े।

(पद सं. 103)

और जिस शरीर को व्यक्ति खूब सजा कर रखता रहता है, अन्ततः वह काठ के संग ज़लने लगता है—

चोवा चंदन चरचत अंगा, सो तन जरै काठ के संगा

(पद सं. 93)

श्मशान घाट पर सम्बन्धी लोग शव के जलने की थोड़ी देर इंतजार करते हैं फिर उनमें से मृत व्यक्ति का पुत्र आदि जलते हुए शव की कपाल क्रिया करता है—

जौर कुटंब आपनौं करि पारयौ, मूड ठोकि ले बाहरि जारया।

(पद सं. 95)

कबीरदास ने मनुष्य को मायावी तत्त्वों के संग्रह से बचने का उपदेश देते हुए उसे सचेत किया कि तुम जितना भी धन संग्रह कर लो किन्तु अन्त समय में 'खाली हाँडी' भी तुम्हारे साथ नहीं जाएगी। यहाँ खाली हाँडी लोक के उस रिवाज़ का संकेत करती है जिसके अनुसार मृत व्यक्ति की श्मशान यात्रा के समय उसके कुटुंबी एक घड़ा साथ ले कर चलते हैं और वह श्मशान घाट पर मृत व्यक्ति के सिर के पास फोड़ दिया जाता है जो उसकी संसार यात्रा के अन्त का संकेत करती है–

माया ऊपरि माया मांड़ी, साथ न चले षोषरी हाँडी।

(पद सं. 128)

धार्मिक विश्वासों गें गृतक की आत्मा की शांति के लिए 'श्राद्ध-कर्म' भी किया जाता है, कबीर का मानना है कि वेद और कुरान लौकिक आचरण का वर्णन करते हैं। इस कारण उनकी बातों को मात्र लोकाचार कहा जाना चाहिए। व्यक्ति अपने सम्बन्धियों के मृत शरीर को जलाकर उसका चिह्न तक मिटा देते हैं और फिर उसके बाद रो-पीटकर उसके प्रति अपनी प्रीति प्रकट करते हैं। पुत्र जीवित पिता को लट्ठ से मारता है और मरने पर उसकी अस्थियों को गंगा के जल में डालने के लिए पहुँचता है। वह जीवित पिता को तो भोजन भी नहीं देता है और मरने पर उसकी बुभुक्षा की शांति करने के लिए पिण्डदान का दिखावा करता है। जीते जी पिता को अनेक दोष देता है और उसके प्रति कटु शब्द कहता है और मरने पर श्राद्ध के नाम पर श्रद्धा की अभिव्यक्ति का स्वाँग करता है। कबीरदास कहते हैं कि इन समस्त बाह्याचारों को देख कर मुझको आश्चर्य होता है। कौए श्राद्ध के जिस अन्न को खाते हैं, उसे पितृ-गण क्यों कर प्राप्त कर सकते हैं ? कबीर के शब्दों में–

ताथैं कहिये लोकाचार,
वेद कतेबक थैं ब्यौहार॥ टेक॥
जारि बारि करि आवै देहा, मूंवाँ पीछैं प्रीति सनेहा॥
जीवत पित्रहि मारहि डंगा, मूंवाँ पित्र ले घालैं गंगा॥
जीवत पित्र कूं अन न ख्वावै, मूंवाँ पाखे प्यंड भरावै॥
जीवत पित्र कं बोलैं अपराध, मूंवाँ पीछैं देहि सराध॥
कहि कबीर मोहि अचिरज आवै, कऊवा खाइ पित्र क्यूं पावै॥

(कबीर ग्रन्थावली पद सं. 356)

चूंकि मृतक संस्कार का सम्बन्ध धर्म-भावना से रहा है, इसलिए मध्यकाल से लेकर अद्यावधि हिन्दुओं और मुसलमानों की मृतक-सम्बन्धी रीति में कुछ विशेष परिवर्तन नहीं हुआ है कबीर कहते हैं–

ताथैं सेवियै नाराइंणां,
प्रभु मेरौ दीनदयाल दया करणां॥ टेक ॥
जौ तुम्ह पंडित आगम जांणौं, विद्या व्याकरणां।

कबीर की दृष्टि में 'मृत्यु' विषय वासनाओं की ज्ञान इन्द्रियों पर नियन्त्रण का होना शरीर की नाशवानता इस कक्कड़ की दृष्टि में वास्तविक मृत्यु नहीं है। इसीलिए बार-बार सचेत करते हुए कहते हैं कि गुरु के सदुपदेश द्वारा वासनाओं से जूझने का आह्वान करते हुए जीवन से मुक्त हो जाएँ और इसी 'मरण' को परमात्मा के साक्षात्कार का द्वार मानते हुए कहते हैं–

जिस मरणै थैं जग डरे, सो मेरे आमंत्र
कब मरिहूं कब देखिहूं, पूरन परमानंद

(क.ग्रं. पद संख्या 45)

लोक-विश्वास

जिस जाति का सांस्कृतिक आधार जितना पुराना होता है, उसमें प्रचलित लोक विश्वास और मान्यताएँ भी उतनी ही गहन और विविध होती हैं। यही कारण है कि भारतीय समाज लोक विश्वासों तथा लोक मान्यताओं की दृष्टि से अत्यन्त समृद्ध है।

भारतीय जन भाग्यवादी धारणा, पूर्वजन्म, कर्म फल, जन्मान्तरवाद, स्वर्ग-नरक के अस्तित्व में आस्था, पाप-पुण्य की धारणा, डाकिनी, भूत, बैताल इत्यादि अति मानवीय शक्तियों में आस्था, मन्त्र-तन्त्र, टोनों-टोटकों, कुदृष्टि, कुत्ते भौंकने जैसे अपशकुनों पर विश्वास इत्यादि से सदा ही जुड़ा रहा है। सन्त काव्य भले ही आध्यात्मिक क्षेत्र से ही सम्बद्ध रहा है, परन्तु जैसा कि हमने अनेकत्र यह सिद्ध किया कि उनकी वैचारिक आधारभूमि लोक की ही रही है अतः उनकी वाणी में लोक-विश्वासों का भी बहुत बड़ा अंश प्राप्त होता है। उन्होंने भले ही समाज को लोक-विश्वासों के अन्तर्गत रूढ़िवादिता, अन्धविश्वास या जादू-टोनों आदि से सचेत करने के लिए निरन्तर उनके विरोध में ही आवाज़ उठाई परन्तु उस प्रक्रिया में लोक-विश्वास अक्सर उनकी चर्चा के केन्द्र में बने रहे। सन्त कबीर भी इस सामान्य तथ्य-कथन के अपवाद नहीं है। वे कहते हैं कि ईश्वर हमारे कर्मों का लेखा-जोखा रखता है। इसलिए अब कुछ कहते ही नहीं बनता है। करोड़ों उपाय

करने पर भी उस हिसाब में ज़रा सा भी अंतर नहीं आ सकता है।

करम करीमां लिखि रह्या, अब कछू न लिख्या जाइ।
मासा घटै न तिल बधे, जौ कोटिक करै उपाइ॥

(कबीर, ग्रं. बेसास कौ अंग, साखी 7)

भाग्यवाद

प्रायः भारतीय जन भाग्य के लेख पर अधिक विश्वास करते आए हैं। उनके अनुसार मानव का समूचा जीवन भाग्य के अनुसार ही निर्धारित और संचालित हुआ करता है। कबीर का कथन है–

जाकौ जेता निरमया, ताकौं तेता होइ।
रंती घटै न तिल बधै, जौ सिर कूटै कोइ॥

अर्थात् ईश्वर ने जिसका जितना भाग्य बनाया है उसको उतना ही देता है न रत्ती घटता है, न तिल भर बढ़ता है, मनुष्य चाहे जितना प्रयत्न कर ले।

(क.ग्रं. अंग 35, साखी 8)

पुनर्जन्म-कर्मफल और जन्मान्तरवाद

भारतीय संस्कृति के अनुसार मानव का जन्म मात्र रज और वीर्य का संयोग ही नहीं है, अपितु उसका समूचा जीवन ही उसके द्वारा पिछले जन्म में किए गए पुण्यों, पापों आदि द्वारा प्रेरित हुआ करता है। कबीर की धारणा है कि पूर्वजन्म में राम की सेवा में चूक होने के कारण ही मुझे नीच जुलाहे की जाति में जन्म लेना पड़ा–

पूरब जनम हम बामन होते, होछे करम तपहीनां।
रांमदेव की सेवा चूका, पकरि जुलाहा कीन्हाँ॥

(क.ग्रन्था. पद 250)

इसी धारणा को कबीर बिल्कुल विपरीत अर्थ में भी लेते हैं। उनका मानना है कि पिंगला नाड़ी इड़ा में समा गई और दोनों एक होकर सुषुम्ना में समाहित हो गईं। इससे परमतत्त्व का साक्षात्कार हो गया है और कबीर के मन की इच्छा पूर्ण हो गई है। यह सब कबीर के पूर्व जन्मों के पुण्यों का ही फल समझना चाहिए–

सूर समांणां चंद मैं, दहूँ किया घर एक।
मनका चयंता तब भया, कछू पूरुबला लेख। ॥

(क.ग्रं. अंग 5, साखी 10)

आवागमन का सिद्धान्त भी इसी ओर संकेत करता है–

बंक नालि जे संमि राखै, तौ आवागमन न होई।

(क.ग्रं. पद 157)

कबीर मानते हैं कि प्रभु की शरण में आने से जन्म जन्मांतर के पाप तत्काल नष्ट हो जाते हैं। उनके अनुसार पूर्व जन्मों में बुरे काम करके पापों की गठरी बाँध रखी थी। परन्तु जब मैं हरि की शरण में गया, तो करोड़ों दुष्कर्मों का फल क्षण भर में नष्ट हो गया।

पहली बुरी कमाइ करि, बांधी विष की पोट।
कोटि करम फिल पलक मैं, (जब) आया हरि की ओट॥

(क.ग्रं. साखी 2/19)

और अंत में कबीरदास कहते हैं कि मैंने सबके पास जाकर तथा समस्त साधनाएँ करके देख लिया। मेरी मनोकामना पूरी नहीं हो सकी। राम के बिना मेरे कर्म का बंधन कौन काट सकता है ? अर्थात् मैंने समझ लिया है कि केवल एक राम ही ऐसे हैं जो कर्म-बन्धन से मुझ को मुक्त कर सकते हैं।

आह नहीं पूरिया रे,
रांम बिन को कर्म काटणहार॥ टेक॥

(क.ग्रं. पद सं. 119)

कबीर कहते हैं कि वे पूर्वजन्म के कर्मों का भोग भोगने के लिए ही थोड़े दिनों के लिए इस जगत् में आए हैं–

कर्म भोग भोगन के आया, दो दिन का मेहमान।

(शब्दामृत-सिन्धु 'उपदेश' प्रकरण, शब्द 2, पृ. 36)

स्वर्ग-नरक की अवधारणा

भारतीय संस्कृति के अनुसार मानव पूर्वजन्मों के अतिरिक्त वर्तमान जीवन में कृत शुभ कर्मों के पुरस्कार स्वरूप मरने के बाद यदि स्वर्ग की प्राप्ति करता है, तो अशुभ कर्मों के दंड-स्वरूप नरक में जाकर अत्यन्त भीषण यन्त्रणाएँ भी सहता है। यमराज और उसके दूतों द्वारा ही ये सब दंड उसे दिए जाते हैं। कबीर भ्रान्तचित्त भक्त से ही पूछते हैं–

गालिब नगरि गाँव बसाया, हाँम कांम अहंकारी।
घालि रसरिया जब जम खैंचे, तब का पति रहै तुम्हारी॥

(क.ग्रं. पद 134)

लेकिन वे यह भी मानते हैं कि सद्‌गुरु की कृपा के कारण मैं स्वर्ग और नरक से दूर ही रहा अर्थात् कर्मों के बन्धनों से मुक्त हो गया। अब तो मैं आरम्भ से अन्त तक अर्थात् सदैव भगवान् के चरण कमलों में ध्यान लगाता हुआ आनन्दमय रहता हूँ।

श्रगनृकथैं हूँ रह्या, सतगुर के प्रसादि।
चरन कवंल की मौज मैं, रहिस्यूं अंतिरु आदि॥

(क. ग्रं. मधि कौ अंग, साखी 6)

हिन्दू समाज में जिस प्रकार स्वर्ग और नरक की परिकल्पना की गई है, उसी प्रकार इस्लाम धर्म में बिहिश्त और दोजख की भी कल्पना हुई है। कबीर ने बिहिश्त और दोजख का उल्लेख किया है। उन्होंने माना है कि जो व्यक्ति धर्म-पथ का अनुयायी है, वह तो बिहिश्त जाता है और जो धर्म भ्रष्ट है, वह दोजख में पड़ता है।

खांहि हलाल हरांम निवारै, भिस्त तितहूँ कौं होई।
पंच तत का मरम ना जानै, दोजगि पड़ि हैं सोई॥

(क.ग्रं., पद 134)

कबीर स्वर्ग की कल्पना बेगमपुरा के रूप में करते हुए कहते हैं कि जिसने शून्य के आसन पर बैठकर साधना के अगम रहस्यातीत रस का प्याला पिया, वह योग की इस मूल युक्ति को पा गया। वह बेगमपुर शहर अर्थात् जिस शहर में कोई गम नहीं है, केवल आनन्द ही आनन्द है, उसमें बिना किसी पन्थ (सम्प्रदाय-विहित उपासनामार्ग) के पहुँच जाता है क्योंकि उसे जगत् जगदेव जगदीश्वर की दया सहज ही मिल ज़ाती है। वहाँ ध्यान के द्वारा वह बिना आँखों की सहायता के ही उस वस्तु को देखता है जिसे अगम और अगाध कहा गया है–

सहर बेगमपुरा गम्मको ना लहै।
होय बेगम्म जो गम्म पावै। गुनाकी गम्म ना अजब बिसराम है,
सैन जो लखै सोइ सैन गावै।

(कबीर, पद संख्या 17)

अतिमानवीय शक्तियों पर विश्वास

लोक विश्वासों का एक सुदृढ़ आधार उनकी अतिमानवीय शक्तियों द्वारा निर्मित होता है। वस्तुतः यह किसी भी जाति की आदिम अवस्था में उसके जीवन का अभिन्न अंग बना रहा है जो धीरे-धीरे उसकी सांस्कृतिक पहचान का बिन्दु बन

जाता है। इसीलिए डाकिनी (डायन) भूत-प्रेत, बैताल आदि अतिप्राकृत शक्तियों में जन साधारण की गहरी आस्था सदा रही है। कबीर कहते हैं—

जिहिं घरि साध न पूजिये, हरि की सेवा नांहि।
ते घर मड़हट सारषे, भूत बसै तिन मांहि॥

(क.ग्र. अंग 30, साखी 3)

जनसाधारण में यह अन्धविश्वास भी प्रचलित है कि डाकिनी (डायन) भयंकर दांतों वाली होती है और जीवों का भक्षण किया करती है। कबीर के शब्दों में—

कबीर माया डाकणीं, सब किसही कौं खाइ।
दांत उपाड़ौं, पापणीं जे सन्तौ नेड़ी जाइ॥

(क.ग्र. अंग 16, साखी 21)

पाप-पुण्य में आस्था

कबीर ने स्वयं को बार-बार 'पापी' और 'गुणहीन' घोषित किया है। कबीर ग्रन्थावली में 'पाप' शब्द 20 बार आया है। उनकी दृष्टि में भक्ति के विरोध में पड़ने वाली प्रत्येक भावना 'पाप' है और भक्ति के अनुकूल पड़ने वाली भावना 'पुण्य' है।

कबीर नाम-माहात्म्य का प्रतिपादन करते हुए कहते हैं कि यदि राम के नाम का स्मरण लेशमात्र भी कर लिया है, तो करोड़ों दुष्कर्म क्षणभर में नष्ट हो जाते हैं। अनेकों युगों तक पुण्य कार्य करते रहने वाले मनुष्य को भी राम के नाम के अभाव में कहीं ठौर नहीं है, अर्थात् उसका कल्याण सम्भव नहीं है। उन्हीं के कथन अनुसार—

कोटि क्रम पेलै पलक मैं, जे रंचक आवै नाउँ।
अनेक जुग जे पुन्नि करै, नहीं राम बिन ठाउँ॥

(क.ग्रं. साखी 2/20)

इसके विपरीत—

सचु पाया सुख ऊपनां, अरु दिल दरिया पूरि।
सकल पाप सहजै गए, जब साईं मिल्या हजूरि॥

(कबीर ग्रं. साखी 5/26)

कबीर सन्तों के समागम को सदैव शुभ मानते हुए कहते हैं कि उनके

द्वारा प्रेमपूर्वक आलिंगन किए गए शरीर के समस्त पाप नष्ट हो जाते हैं–

कबीर सोई दिन भला, जा दिन सन्त मिलांहि।
अंक भरे भरि भेंटिया, पाप सरीरौं जांहि॥

(क.ग्रं. साखी 28/6)

कबीर मानव शरीर के महत्त्व की चर्चा करते हुए कहते हैं कि हे प्राणी! तुम को यह मानव शरीर अनेक पुण्यों के फलस्वरूप प्राप्त हुआ है। तुच्छ स्थानों पर बैठकर पाप कर्म करके इस अवसर को नष्ट मत करो–

डागल उपरि दौड़णा, सुख नीदड़ी न सोइ।
पुनैं पाये द्यौंहड़े, ओछी ठौर न कोइ॥

(कबीर ग्रं., साखी 12/59)

कबीरदास पाप-विनाश के लिए एकादशीव्रत तथा द्वादशी को दान-पुण्य करने का उल्लेख करते हुए कहते हैं कि भगवान् राम की सेवा करना हम भूल गए। अतः भगवान् ने पकड़ कर हमको जुलाहा बना दिया। तुम नवमी के दिन नियमादिक का पालन करते हो। दशमी को संयम करते हो, एकादशी को जागरण करते हो, द्वादशी को दान-पुण्य का अवसर मानते हो और इस प्रकार सब पापों का क्षय करने का साधन करते हो–

नौंमी नेम दसमीं करि संजम एकादसी जागरणां।
द्वादसी दांन पुनि की बेलां, सर्व पाप छयौ करणां॥

(क.ग्रं. पद सं. 250)

कुदृष्टि

कुदृष्टि या बुरी नज़र लगने की धारणा भी प्राचीन काल से ही लोक में विद्यमान रही है। कबीर की मान्यता है कि प्रभु-भक्त पर कुदृष्टि का कभी कोई दुष्प्रभाव नहीं पड़ता।

(शब्दामृत-सिन्धु, शब्द 10, पृं. 6)

शकुन-विचार

लोक-जीवन में शकुन-अपशकुन के विचार की बहुत गहरी भूमिका रहती है। जनसाधारण प्रत्येक कार्य इस विचार से जुड़ कर करता है कि कब शुभ शकुन अथवा घड़ी हो, कब यह कार्य करें। कबीर जैसा साधक भी कहीं इस संस्कार से प्रभावित है, तभी तो वह स्वीकार करते हैं–

दखिन कूंट जब सुनहाँ भूंका, तब हम सुगन बिचारा॥

(क.ग्रं. पद सं. 20)

टोने-टोटके, मन्त्र-तन्त्र का उल्लेख

प्राचीन काल से ही प्रायः अशिक्षित और निम्नवर्गीय जन मन्त्र-तन्त्र और टोने-टोटके करके अनिष्ट या अमंगल का निवारण करने की चेष्टायें करते रहे हैं। यह भी एक प्रकार का अन्धविश्वास ही है। सन्त कबीर भगवद्-विरहानुभूति का वर्णन करते हुए कहते हैं कि विरह रूपी सर्प ने इस शरीर को काट लिया है, इसका विषैला प्रभाव दूर करने में समस्त उपचार निष्फल हो गए हैं–इसमें कोई भी मंत्र काम नहीं कर रहा है। यह निश्चित है कि भगवान् नाम का विरही अधिक समय तक जीवित नहीं रहता है, और यदि जीवित रहता है, तो इस तरह कि सब लोग उसे पागल समझते और पागल कहते हैं–

बिरह भुवंगम तन बसै, मंत्र न लागै कोइ।
राम बियोगी ना जिव, जिवै तो बौरा होइ॥

(कबीर ग्रं. साखी, 3/18)

कबीर तन्त्र-मन्त्र का उल्लेख निम्न रूप में भी करते हैं–

तंत मंत सब ओषधि जाणौ, अंति तऊ मरणां।
राज पाठ स्यंघासण आसण, बहु सुंदरि रमणां॥

(क. ग्रंथा, पद 248)

कबीर के ही एक अन्य कथन में उच्चाटन, मोहन, मारण, वशीकरण आदि मन्त्रों के कुछ प्रमुख प्रकारों का भी संकेत देखा जा सकता है।

(शब्दामृत-सिन्धु, शब्द 10, पृ. 6)

लोक में जड़ी-बूटियों से विष उतारने के अतिरिक्त झाड़-फूंक से विष उतारने वाले को गारुड़ी कहते हैं। कबीर भी लोक के इस पक्ष से अछूते नहीं रहे चाहे उन्होंने इसका वर्णन दूसरी दृष्टि से किया है। वे लिखते हैं–

तुम्ह गारडू मैं विष करमाता,
काहै न जिवावौ मेरे अमृतदाता (टेक)

(कबीर ग्रंथावली, पद 83)

उत्सव और त्योहार

मध्यकाल में भी आज के समान जनसाधारण होली, फाग, दीवाली जैसे त्योहार

धूमधाम से मनाया करते थे। पंजाबी जन जीवन, विशेषतः ग्रामों में जहाँ झूले (हिंडोले) की प्रथा धीरे-धीरे दूरदर्शन आदि की लोकप्रियता के कारण कम या लुप्त प्रायः होती जा रही है, वहाँ तीजों की रीति आज भी गाँवों और नगरों में मनाई जाती नज़र आ सकती है। भारतीय लोक-जीवन में मेलों और उत्सवों की भी खास गहमा-गहमी रहती है। कबीर ने अनेक स्थानों पर हिन्दुओं के अनेक व्रतों की चर्चा की है जिनमें एकादशी व्रत का वर्णन इस प्रकार किया है—

हिन्दू व्रत एकादसि साधै, दूध सिंघारा सेती।
अन्न को त्यागैं मन नहि हटके, पारन करैं सगोती।

(कबीर बीजक, पृ. 36)

कबीर कर्म की श्रेष्ठता का प्रतिपादन करते हुए कहते हैं कि पूर्व जन्म में हम भी ब्राह्मण थे। हमारे कर्म ओछे थे और हम तप से रहित थे। भगवान् राम की सेवा करना हम भूल गए। अतः भगवान् ने पकड़ कर हमको जुलाहा बना दिया। तुम नवमी के दिन नियमादिक का पालन करते हो। दशमी को संयम करते हो, एकादशी को जागरण करते हो, द्वादशी को दान-पुण्य का अवसर मानते हो और इस प्रकार सब पापों का क्षय करने का साधन करते हो। इनसे पुण्य-संचार का अहंकार वहन करते हो, (पर ये पाप-क्षय के पूर्ण एवं सफल साधन नहीं हैं) अतः भव-सागर में डूबने से बचने के लिए कोई अन्य उपाय करना चाहिए जिससे तैर कर इसे पार करके दूसरे किनारे पर पहुँच सके। कबीर का उपदेश तो यही है कि राम-नाम के स्मरण की नाव तैयार करो, इससे इस भवसागर को पार कर सको। कबीर कहते हैं—

पूरब जनम हम ब्रांह्मन होते, ओछै करम तप हींना।
रांमदेव की सेवा चूका, पकरि जुलाहा कीन्हाँ॥
नौंमी नेम दसमीं करि संजम, एकादसी जागरणां।
द्वादसी दांन पुनि की बेलां, सब पाप ष्यौ करणां
भौ बूड़त कछू उपाइ करीजै, ज्यूं तिरि लंघै तीरा।
रांम नांम लिखि भेरा बांधौ, कहै उपदेस कबीरा॥

(कबीर ग्रन्था., पद सं. 250)

बसन्त और फाग

मध्यकाल में नागरिक बसन्त और फाग दोनों पर्व आनन्दपूर्वक मनाया करते थे। कबीर की दृष्टि में बसन्तोत्सव केवल साधु-संगति में ही सम्भव है, अन्यथा भव-बन्धन तो युगों तक नहीं छूटता—

साध संगति मिलि करि बसन्त, भौ बंध न छूटे जुग जुगंत

(पद सं. 381)

कबीर को फिर भी बसन्तोत्सव से भी कहीं अधिक फाग या होली लोकप्रिय रही है। डॉ. ओम प्रकाश शर्मा के शब्द हैं—"सन्तों ने होली खेलने की यौवनपूर्ण मादक अवस्था मानी है। इस अवसर पर सर्वत्र अबीर, गुलाल, चोवा तथा चन्दन दिखाई देता है। प्रिय के संग स्त्रियाँ होली खेलती हैं। इस वातावरण में सभी के हृदय में प्रेम की भावना उत्पन्न होकर मन को उद्वेलित करने लगती है। लोग अगर तथा कुमकुम आदि वस्तुओं से होली खेलते हैं और इस अवसर पर लज्जा का भाव भुला दिया जाता है। फाग का महीना शुरू होते ही होली खेलने का अवसर आ जाता है और विविध रंगों से यह क्रीड़ा होती है।"[22] अपने आराध्य का स्मरण करके कबीर की भी मानसिक अवस्था इसी प्रकार की हो जाती है—

हमसों रहा न जाय मुरलिया कै धुन सुन के।
बिना बसन्त फूल इक फूले भंवर सदा बोलाय॥

(कबीर 68)

जहाँ खेलत बसन्त रितुराज
जहाँ अनहद बाजा बजै बाज

इस सत्य लोक में नित्य बसन्त वर्तमान है वह परमपुरुष नित्य ही जीवप्रिया के साथ फाग खेल रहे हैं।

(कबीर पद संख्या 16)

होली उत्सव के विवेचन में सन्त कबीर जी ने अपना दृष्टिकोण सन्तुलित रखा है। वे सर्वत्र शील-संयम और सदाचारपूर्ण होली खेलने की प्रेरणा देते हैं—

त्रिकुटि महल में बाजा बाजै होत छतीसौं राग।
सुरति सखी जहं देखि तमासा, सतगुरु खेलै फाग॥

(क.ग्रं. पद सं. 144)

कबीर के काव्य में होली खेलने-मनाने के उल्लेख मिल जाते हैं। फागुन (बसन्त) की ऋतु में ही यह त्योहार पूरे उत्साह से मनाया जाता है। चूँकि होली या फाग के अंगभूत ही बसन्तोत्सव का भाव समाहित हो जाता है, इसलिए अन्य सन्तों के समान कबीर ने भी इस उत्सव का अलग से विशेष उल्लेख करना आवश्यक नहीं समझा है।

सावन और हिंडोला

होली और बसन्त उत्सवों के समान ही श्रावण मास में हिंडोला उत्सव का उल्लेख

कबीर वाणी में मिलता है। वर्षा के आगमन के साथ ही, ग्रीष्म ताप से मुक्त होकर, लोक-चेतना हरियाली के बीच, समूह-संवेदना में निमग्न हुई-सी जान पड़ती है। बादलों से झरती हुई फुहार के ऐसे ही मौसम में, लोक-हृदय युगों से 'झूला-उत्सव' का आयोजन करता आ रहा है। "झूले का महत्त्वपूर्ण त्योहार रंगरेलियाँ मनाने के लिए अच्छी सामग्री एकत्रित कर देता था। यौवन के मद में चूर, संसार और संसार की चिन्ताओं से दूर लड़कियाँ झूले झूलती थीं।"[23] कबीर का मन भी उसी प्रकार के हिंडोले पर सवार है–

जहँ चेत-अचेत खंभ दोउ मन रच्या है हिंडोर।

(कबीर पद 16)

सन्त कबीर ने हिंडोला झूलने की रीति का चाक्षुष बिम्ब प्रस्तुत करने के लिए झूले के दो खम्भों, डोरी लपेटने वाले ऊँचे भाग 'मेरु', खम्भों की मध्यस्थ लकड़ी या काठ 'मरुआ' लोहे के 'भँवरे' (घेरे), रस्सी के साथ बाँधे जाने वाले डंडे या बाँस डांडी के अतिरिक्त 'पटली' की भी विशेष रूप से चर्चा की है। हिंडोला भ्रम रूपी पाप-पुण्य, माया, लोभ आदि समुदायों का नाम है जिस हिंडोले में आकर सभी संसारी जीव झूलते हैं–

भरम हिंडोलना, झूलै सभ जग आय।
पाप पुन्न के खंभा दोऊ मेरु माया मांह॥
यहि झूलते की भय नहीं, जो होहिं सन्त सुजान।
कहहिं कबीर सत सुकृत मिलै सौ, बहुरि न भूलै आन॥

(कबीर बीजक, हिंडोला–1)

सभी संसारी जीव इस हिंडोले में झूलते हैं शेषनाग, सूर्य, धरती, पवन, आकाश, चन्द्रमा, जल इत्यादि इसी संसार रूपी झूले में झूलते हैं–

लख चौरासी जीव झूलहिं रविसुत धरिया ध्यान।
कोटि कल्प जुग बीतल अजुहुं न भानै हाल।
धरती अकास दोउ झूलहिं, झूलहिं पवना नीर,
देह धरे हरि झूलहिं ठाढ़े, देखहिं हंस कबीर।

(कबीर वाङ्मय, पृ. 502)

लेकिन सन्त कबीर वास्तविक हिंडोला प्रेम भक्ति को मानते हुए कहते हैं कि प्रेम भक्ति रूपी हिंडोला लगा हुआ है उसमें शुद्ध चेतना अथवा आत्मा रूपी राम झूल रहे हैं। इस हिंडोले में सभी सन्तों को आराम मिलता है–

हिंडोलनां तहाँ झूलै आतम रांम।
प्रेम भगति हिंडोलनां, सब सन्तनि कौ विश्राम ॥ टेक॥

(कबीर ग्रन्था. पद सं. 18)

संसार रूपी नदी के उस पार परमात्मा रूपी पति का हिंडोला है जिस पर उन्होंने बैठने का आसन बिछा रखा है। सन्त लोग उसमें लौकिक भावनाओं से विरक्त होकर मुक्त भाव से झूला झूलते देखे जा सकते हैं वही नारी अथवा आत्मा प्रशंसनीय है जो नित्यप्रति प्रियतम की सेवा के लिए उस हिंडोले पर पहुँचती है—

दरिया पारि हिंडोलना, मेल्या कंत मचाइ।
सोई नारि सुलषणीं, नित प्रति झूलण जाइ ॥

(कबीर ग्रन्था., साखी 52/5)

मूल रूप से यही कहा जा सकता है कि झूले पर प्रायः जीवात्मा रूपी प्रेमिका और परमात्मा रूपी प्रिय के आनन्दपूर्वक झूलने का वर्णन सन्त कबीर ने विशेष रूप से किया है।

लोक-क्रीड़ाएँ और मनोरंजन के अन्य साधन

अन्य सन्त कवियों के समान कबीर ने भी अपने काव्य में नटकला, बाज़ीगरी (नटसारी), कठपुतली, पतंग, शिकार, चित्रालेखन जैसी क्रीड़ाओं और मनोविनोद के विविध साधनों का यत्र-तत्र उल्लेख किया है। उदाहरण के लिए मध्यकाल में घुड़दौड़, तीरंदाज़ी, चौगान, मल्लयुद्ध आदि प्रचलित थे।

नट कला

सन्त कबीर के अनुसार विश्व का यह सारा खेल ही मानो किसी नट द्वारा प्रदर्शित कोई कला ही है। जिसे 'नटसारी' भी कहा जाता है। नट लोग दो तरह से मनोरंजन कराते थे—प्रथम किसी नाटक को अभिनीत करके और द्वितीय बाँस, डोरी के सहारे अपनी कला का प्रदर्शन करके।[24] कबीर ने इन दोनों ही नट-कलाओं को रूपक के रूप में ग्रहण किया है। कबीर भगवान् को नट के रचयिता रूप में प्रस्तुत करते हुए कहते हैं उसने जीव के अनेक वेष (शरीर) बनाए हैं, जिस प्रकार एक नट अनेक वेष धारण करके अनेक प्रतीत होता है।

भेष अनेक एकधूं कैसा, नानां रूप धरै नट जैसा।

(क.ग्रं. पद संख्या 110)

कबीर कहते हैं कि नट नाचता है और दुनिया उसका तमाशा देखती है,

परन्तु जो नाचने वाले को नचाता है उसे कोई नहीं देख पाता है–

बाजी नाचै कौतिग देखा, जो नचावै सो किनहूं न पेखा।

(क.ग्रं., रमैणी 12)

नटकला एक अत्यन्त अभ्याससाध्य कला है। नाम जप के मार्ग की कठिनाई का वर्णन करने के लिए कबीर इसी को प्रतीक रूप में चुनते हैं कि हरि-नाम (राम-नाम) के स्मरण में अनेक कठिनाइयाँ हैं अर्थात् हरि का नाम बड़ी मुश्किल से लिया जाता है। यह उतना ही कठिन है जितना सूली के ऊपर नट विद्या का प्रदर्शन–भाले की नोक पर कलाबाजी करना। ऐसा करते हुए ज़रा सी भी असावधानी होने पर सुरक्षा की कोई संभावना नहीं रह जाती है। इस प्रकार कबीर कहते हैं–

कबीर कठिनाई खरी, सुमिरतां हरि नाम।
सूली ऊपरि नट विद्या, गिरूँ त नाहीं ठाम॥

(कबीर ग्रं. साखी 2/29)

इस प्रकार कबीर इस संसार को नाट्यशाला, जीव को नट तथा ईश्वर की साधना को नट द्वारा किए जाने वाली कठिन कलाबाज़ियों के रूप में सम्बोधित करते हैं। इस सारे कलात्मक कर्म का निर्देशन वह अदृश्य ब्रह्म ही करता है। उक्त समस्त रूपक कबीर लोक के धरातल से उठाते हैं और उन्हें अपनी इच्छानुरूप सही, सहज व सटीक रूप में यथासुवसर प्रयुक्त करते हैं। इस सन्दर्भ में कुछ अन्य उदाहरण भी देखे जा सकते हैं।

जिनि नटवै नटसारी साजी, जो खेलै सो दीसै बाजी।

(क.ग्रं. रमैणी 4)

नट बहु रूप खेल सब जांनै, कला केर गुन ठाकुर मांनै॥
औ खेलै सब ही घट मांही, दूसर कै लेखै कछु नाहीं॥

(क.ग्रं. रमैणी, 10)

बाजीगर संसार कबीरा जांनि ढारौ पासा ॥

(क. ग्रं. पद सं. 92)

बाज़ीगरी

डॉ. ओम प्रकाश शर्मा लिखते हैं–"लोक में बाज़ीगरी का खेल बहुत प्रचलित तथा आकर्षक मनोरंजन का साधन रहा है। मध्ययुग में इसका पर्याप्त प्रचलन रहा है। इसका साक्ष्य सन्तों का काव्य प्रस्तुत करता है। नट-कला के समान बाज़ीगरी के रूपक भी सन्तों ने अपनी अनेक आध्यात्मिक समस्याओं के लिए

प्रयुक्त किए हैं। इनमें इस काल में प्रचलित इस कला का रूप परिलक्षित होता है।"[25]

कबीर संसार की असारता का वर्णन करते हुए कहते हैं कि यह जगत् केवल एक तमाशा है। इसे या तो ईश्वर रूपी बाज़ीगर समझता है अथवा उसका भक्त कोई तत्त्वज्ञ ही जानता है। चेता स्वयं बहुत बड़ा चित्रकार या बाज़ीगर बन जाता है। वह संसार रूपी खेल के प्रति भूल कर भी आसक्त नहीं होता है। इस प्रकार कबीर इस सांसारिक खेल को बाज़ीगर या उसके चेले से संबोधित मानते हैं–

बाजी की बाजीगर जानैं कै बाजीगर का चेरा।
चेरा कबहुँ उझकि न देखै, चेरा अधिक चितेरा॥

(क.ग्र. पद सं. 238)

कबीर सृष्टि के रचनाकार की कला का रूपक बाँधते हुए परोक्षतः बाज़ीगर द्वारा किए जाने वाले विभिन्न कलात्मक प्रदर्शनों को भी अनायास व्याख्यायित कर देते हैं। कबीर कहते हैं–बाज़ीगर डमरू बजा-बजा कर चारों ओर तमाशबीनों की भीड़ जुटा लेता है और अपनी मिथ्या कला के प्रदर्शन से सबको भ्रमित कर दिया करता है। वह कई खेल-तमाशे दिखाता है, स्वाँग रचाता है। कभी धागों में बाँध कर वानर से नृत्य कराता है।

बाजीगर डंक बजाई, सभ खलक तमासैं आई।
बाजीगर स्वाँग सकेला, अपने रंग रंगै अकेला॥

(क.ग्र. परिशिष्ट सं. 116)

पतंग उड़ाना

पतंग उड़ाने का शौक मध्यकाल से ही चला आया है तथा ये बहुरंगी कागज़ से निर्मित होती हैं। कबीर ने इसका भी मनुष्य शरीर के साथ रूपक बाँधते हुए अप्रत्यक्ष वर्णन किया है। वे जीवन की निस्सारता बताकर भगवद् भक्ति की प्रेरणा प्रदान करते हुए कहते हैं कि यह शरीर रूपी कागज़ की पतंग नष्ट हो जाएगी। जब तक प्राण रूपी हवा है तभी तक यह पतंग रूपी शरीर गतिमान है। इसको संचालित करने वाली डोरी उस स्वामी के हाथ में है। वह उस डोरी को लिए हुए पतंग की भाँति इस शरीर को नचाता रहता है।

प्राण वायु के थक जाने पर यह शरीर रूपी पतंग क्रिया-शून्य हो जाती है इसके निर्जीव हो जाने पर प्राणी सिर धुनकर रोता है।

बिनसि जाइ कागद की गुड़िया,
जब लग पवन तबै लग उड़िया॥ टेक॥
गुड़िया कौ सबद अनाहद बोलै, खसम लियें कर डोरी डोलै।
पवन थक्यो गुड़िया ठहरानीं, सीस धुनै धुनि रोबै प्रांनी॥
कहै कबीर भजि सारंग पानी, नहीं तर है है खैंचा तानीं॥

(क.ग्र. पद सं. 91)

चौगान का खेल

यह खेल मध्यकालीन मुसलमान शासकों के काल में विशेष रूप से लोकप्रिय था। लाहौर में घोड़े पर चौगान (polo) खेलते समय ही कुतुबुद्दीन एबक की मौत हुई बताई जाती है। तुर्कों की विशेष रुचि इस खेल में थी और आगे चलकर इस क्रीड़ा का विशेष प्रचलन हुआ।

सन्त कबीर ने आध्यात्मिक रूप प्ररतुत करते हुए चौगान के मैदान में लकड़ी के बल्ले की सहायता से गेंद खेलने का उल्लेख किया है। यथा—

ज्ञान कर ज्ञान का गेंद कर सुरत का दंड कर,
खेल चौगान, मैदान माहीं।

इस खेल के सन्दर्भ में सुन्दरदास ने लिखा है कि चौगान की गेंद अत्यन्त चलायमान होती है—

देह सूं ममत्व पुनि गेह सूं ममत्व।
सुतदारा सूं ममत्व, मन माया में रहतु है॥
थिरता न लहै जैसे, कुंदुक चौगान माहिं।
कर्मनि के बस मारयो थका कूं बहतु है॥

(सुन्दर बिलास, छन्द 2)

भक्ति गेंद चौगान की भावै कोइ लै जाय।
कह कबीर कछु भेद नहिं कहा रंक कह राय।

(कबीर वचनावली, 73)

चौपड़ या चौसर

चौपड़ आर्थिक दृष्टि से सम्पन्न लोगों का खेल है। इसे बौद्धिक खेल माना जाता है। यह खेल बिसात पर चार गोटियों से खेला जाता है।

कबीर आध्यात्मिक चौपड़ खेलने का उपदेश देते हुए कहते हैं—चौराहे पर चौपड़ सुशोभित है। इसके नीचे-ऊपर बाज़ार लगा हुआ है। कबीरदास राम के

भक्तों से कहते हैं कि हे सन्तो! विवेकपूर्वक इस चौपड़ के खेल को खेलना चाहिए। कबीर ने उपरोक्त पंक्तियों का उल्लेख इस प्रकार से किया है–

चौपड़ि माँड़ी चौहटै, अरध उरध बाज़ार।
कहै कबीरा राम जन, खेलौ सन्त विचार॥

(क.ग्रं. गुरु. 1/31)

कबीर आध्यात्मिक चौपड़ का निर्देशन करते हुए कहते हैं कि शरीर रूपी चौपड़ है। प्रेमरूपी पासा है। सद्गुरु ने बताया कि सफल दाव लाने के लिए पासे को किस प्रकार फेंकना चाहिए। कबीरदास गुरुदेव के निर्देशानुसार पासा फेंककर इस आध्यात्मिक चौपड़ को खेल रहा है और सफलता प्राप्त कर रहा है।

पासा पकड़्या प्रेम का, सारी किया सरीर।
सतगुर दाव बताइया, खेलै दास कबीर॥

(क.ग्रं. गुरु. 1/32)

यदि खेलते समय कभी खिलाड़ी का दाव चूक जाए, तब भी वह निरन्तर खेलते हुए अपनी विजय के प्रति आशान्वित रहता है। कबीर उपदेश करते हैं कि इसी प्रकार की लौकिक थोथी आशाओं का त्याग करके मात्र राम की ही आस करनी चाहिए।

आसा फिरि फिरि मारसी, ज्यूँ चौपड़ की सारि॥

(क.ग्रं., 11/11 ख प्रति)

कबीर चौपड़ के खेल को निम्न रूपक में भी बाँधते हैं–

चौपड़ खेल होत घट भीतर, जन्म की पासा ढारा।
दम-दम की कोई खबर न जाने, करि न सकै निरूआरा।

(कबीर बीजक, शब्द 37)

द्यूत-क्रीड़ा

इस खेल की गणना व्यसनों में होती है और 'द्यूत' संस्कृत तत्सम शब्द का ही तद्भव रूप है 'जुआ' शब्द। इस खेल में कौड़ी द्वारा दांव फेंक कर व्यक्ति के सौभाग्य-दुर्भाग्य का निर्णय किया जाता है। जुए में पराजय का दुष्फल निराशा और धन-क्षय के रूप में देखा जाता है। कबीर की धारणा है कि सम्पन्न से सम्पन्न व्यक्ति भी अन्त में इस संसार से हारे हुए जुआरी के समान उठ खड़ा होता है–

आवत संग न जात संगाती, कहा भयो दरि बाँधे हाथी ॥
कहै कबीर अंत की बारी, हाथ झाड़ि जैसे चले जुआरी ॥

(कबीर वाङ्मय, सबद 92)

कबीर के लिए मनुष्य जीवन जुए के समान है। यदि हम उसका सदुपयोग न करें तो मानव अपने जन्म को ही मानो जुए में हार बैठता है। मानव को तो अपने प्रभु स्वामी के सम्मुख सर्वस्व हार देना चाहिए। प्रभु के लिए तो लौकिक द्यूत-क्रीड़ा निरी निरर्थक ही है। उसके भजन, कीर्तन, गुणगान, नाम-स्मरण के बिना मानव का यह समस्त जीवन ही किसी जुआरी के प्रयास-सा निरर्थक सिद्ध होता है।

कबीर समाज को उद्‌बोधित करते हुए कहते हैं कि जुआरी होने पर मैं मृत्यु को ही दाँव पर लगाकर हार जाऊँगा—

बनिजारा है तन कूं बनिजूं, जुवारी है जम हारूं॥

(क.ग्रं. पद सं. 389)

चित्रालेखन

मध्ययुग में चित्रकला का विशेष विकास हुआ माना जाता है। संस्कृत ग्रन्थों यथा अभिज्ञानशाकुन्तलं, उत्तर रामचरित, रत्नावली, मालती माधव, कर्पूरमंजरी नाटकों और कादम्बरी, हर्षचरित कथा—सरित्सागर, नैषधीयचरित आदि में चित्रालेखन-कार्य के उल्लेख मिलते हैं। कबीर भगवान नाम के बिना जीवन को व्यर्थ मानते हुए कहते हैं कि बड़े-बड़े स्वच्छ भवन एवं महल जो मिट्टी के सुन्दर रंगों द्वारा चित्रित हैं उन सबको एक दिन यमराज रौंद डालेगा, क्योंकि उन पर राम का नाम अंकित नहीं है।

ऊँचा मंदर धौलहर, मांटी चित्री पौलि।
एक रांम के नांव बिन, जंम पाड़ैगा रौलि॥

(कबीर ग्रं. अंग 46, साखी 18)

सन्त कबीर भी चित्र बनाने वाले चतुर चितेरे की विशेष चर्चा करते हुए कहते हैं कि जिसने सृष्टि का यह चित्र बनाया है, वह सच्चा सूत्रधार है। वे व्यक्ति ही वास्तव में ज्ञानी हैं, जो इस संसार को चित्रवत (मिथ्या) समझते हैं। कबीर कहते हैं—

जिनि यहु चित्र बनाइया, सो साचा सुतधार।
कहै कबीर ते जन जले, जे चित्रवत् लेहि विचार॥

(क.ग्रं. रमैणी 31)

शिकार

आध्यात्मिक मार्ग की चर्चा में शिकार सबसे सशक्त बिम्ब प्रस्तुत करता है क्योंकि माया रूपी शिकारी जीवात्मा को उसी प्रकार धोखे से अपने जाल में उलझा लेता है जैसे निरीह जानवर को अभ्यस्त शिकारी। इस प्रकार शिकार-वर्णन जहाँ एक ओर लोक की रुचि को वाणी देता है वहीं आध्यात्मिक मार्ग की कठिनताओं की ओर भी संकेत देने में सक्षम है।

कबीर ने शिकार के बिम्ब को दो अर्थों में प्रयुक्त किया है। एक, माया रूपी शिकारी मोहग्रस्त जीव का शिकार करता है तथा दूसरा ज्ञानवान जीवात्मा विषय वासनाओं का शिकार करता है। कबीर अधिकतर इस दूसरे बिम्ब को ही प्रस्तुत करते हैं।

कबीर योग-साधन की महिमा बताते हुए कहते हैं कि इस जीवन रूपी वन में विषयों के सघन शब्द हो रहे हैं और उनकी प्राप्ति के लिए पाँचों इन्द्रियाँ झगड़ रही हैं। इन्द्रियाँ रूपी हिरन इन विषयों की ओर भागते हैं अथवा विषयासक्ति मृग इस शरीर में विचरण कर रहे हैं और वासना रूपी खरगोश ने इस शरीर को घेर रखा है। परन्तु साधक जीवात्मा रूपी शिकारी इन्हें नष्ट करने में सक्षम होते हुए भी इन पर बाण नहीं चलाता है। कबीर का कथन है–

रौहै मृग ससा बन घेरै, पारधी बांण न मेलै।
सायर जलै सकल बन दाझै, मंछ अहेरा खेलै॥

(क.ग्रं. पद सं. 9)

कबीर संसार की क्षणभंगुरता का वर्णन करते हुए कहते हैं कि शिकारी ने वन में आग लगा दी। उसमें रहने वाले जीव-जन्तु चिल्लाने लगे कि हमने जिस वन में खेल किये हैं, हाय वही वन अब जल रहा है।

अहेड़ी दौं लाइया, मृग पुकारे रोइ।
जा बन में क्रीला करी, दाझत है बन सोइ॥

(क.ग्रं. साखी 4/8)

इसी प्रकार एक स्थान पर जीवन्मुक्त साधक ज्ञान के धनुष को लेकर खड़ा हो गया है। अभी तक इस जीवात्मा को जो भेदबुद्धि रूपी शिकारी बाँधे हुए थे, वह अब भाग गया है। अर्थात् जीवात्मा अज्ञान की नींद में सोते हुए से ज्ञान में जाग गई और ऐसा लगा मानो सूर्योदय होते ही रात्रि का अन्धकार भाग गया हो।

मृतक उठ्या धनक कर लीयै, काल अहेड़ी भागा॥

(क.ग्रं. पद सं. 6)

मादक द्रव्यों का सेवन

प्रत्येक युग में मानव अफ़ीम, भांग, मदिरा, हुक्के आदि का सेवन करता रहा है। कबीर ने भी भांग, हुक्के आदि का स्पष्ट उल्लेख किया है। भांग को किसी पात्र में घोंटकर फिर उसे साफी से छाना जाता है। हुक्के से नेचा जुड़ा रहता है और चिलम भर कर उसे मुख से पीया जाता है, ऐसा कबीर का कथन है तथा कबीर स्पष्ट करते हैं कि भांग, मछली और सुरा-पान का जो-जो लोग उपभोग करते हैं, वे तीर्थ, व्रत तथा नियमादि का पालन करते हुए भी सभी रसातल को चले जाएँगे–

कबीर भांग नाछुली सुरापानि जो जो प्रानी खांहि।
तीरथ बरत नेम कीए ते सभै रसातल जांहि॥

(सन्त कबीर, पृ. 272)

कबीर ने सभी व्यसनों में सर्वाधिक मदिरापान का ही उल्लेख किया है। वे कहते हैं कि प्रेम-रस रूपी मदिरा का पीना आनन्ददायक होता है। यह और बात है कि मदिरा देने के बदले 'कलाली' हमारे सिर की ही माँग किया करता है। लौकिक अर्थ यह निकाला जा सकता है कि मद्यप द्वारा कलाली को सर्वस्व न्यौछावर कर दिया जाता है। कबीर ने कलाली की भट्ठी पर जुटने वाले जन-समूह का भी उल्लेख किया है।

कबीर भाठी कलाल की बहुतक बैठे आइ।

(क.ग्रं. साखी, 6/3, पृ. 42)

इस प्रकार कबीर समाज के दुर्व्यसनों को अपने मन्तव्य के लिए सहज ही प्रयोग कर लेते है। इस चित्रण में कबीर शराब की भट्ठी चढ़ाना, उसके आसपास शराबी लोगों का मंडराना तथा शराब पीकर होश गंवा बैठना–सभी कुछ समेट लेते हैं–

अवधू मेरा मन मतिवारा,
उन्मनि चढ़या मगन रस पीवै त्रिभवन भया उजियारा
गुड़ करि ग्यान ध्याँन कर महुवा भव भाठी करि भारा
सूषमन नारी सहजि समाँनी, पीवै पीवनहारा॥

(क. ग्र. पद सं. 72)

वेशभूषा

किसी भी समाज की पहचान जहाँ उसके वैचारिक धरातल से जुड़ी रहती है, वहीं उसके पहरावे से भी उसकी पहचान उभरती है। लोक के इस महत्त्वपूर्ण अंग को कबीर अपनी आध्यात्मिक यात्रा के अन्तर्गत अनेक स्थानों पर प्रतीक रूप में प्रयुक्त करते हैं। ऊजल कपड़ा, श्वेत वस्त्र, सिर पर पगड़ी या मुँह में पान-सुपारी जहाँ उच्च वर्ग का प्रतीक हैं (भले ही वह वैचारिक दृष्टि से नास्तिक हो) वही चीथड़े, काले, मैले कपड़ों से निम्न समाज के लोगों की पहचान होती है। कबीर वाणी से कुछ उदाहरण देखे जा सकते हैं—

उजल कपड़ा पहरि करि, पान सुपारी खांहिं।
एकै हरि का नाँव बिन, बाँधे जमपुरि जाहिं॥

(क.ग्रं. साखी 12/54)

एकनि दीना पांट पटंबर, एकनि सेज निवारा।
एकनि दीनीं गरै गूदरी, एकनि सेज पयारा॥

(क. ग्रं., पद 105)

भगति हजारी कपड़ा, तामैं मल न समाइ।
साषित काली काँबली, भावै तहाँ बिछाइ॥

(क. ग्रं. साखी 28/13)

कहत कबीर सुनौं रे सन्तौ, मेरी मेरी सब झूठी।
चड़ा चींथड़ा चूहड़ा ले गया, तणीं तणगती टूटी॥

(क. ग्रं. पद सं. 105)

सेवैं सालिगरांम कूं, माया सेती हेत।
वोढ़ें काला कापड़ा, नांव धरावैं सेत॥

(क. ग्रं. साखी 23/7)

शृंगार-प्रसाधन

मानव अपनी मूलभूत आवश्यकताओं की पूर्ति करने के अनन्तर अपनी अभिरुचियों का भी उत्तरोत्तर परिष्कार करता जाता है। शृंगार-प्रसाधन के रूप में नारी के 'सोलह सिंगार' की चर्चा प्राचीन काल से चली आई है। कबीर को भी नारी-सौन्दर्य से सम्बन्धित सोलह शृंगारों का ज्ञान था। उनके मतानुसार पतिव्रता नारी के लिए अवश्य इनकी कोई उपादेयता नहीं होती, क्योंकि वह हर रूप में अपने साजन को प्रिय होती है—

जौ पैं पिय के मनि नहीं भाँयें,
तौ का परोसनि कैं हुलराये॥ टेक॥

का चूरा पाइल झमकायें कहा भयो बिछुवा ठमकांयें॥
का काजल स्यंदूर कै दीयैं सोलह स्यंगार कहा भयौ कीयैं॥

कबीर कहते हैं कि यदि नारी पूरे मनोयोग के साथ सोलहो शृंगार करके अपने शरीर को सजा ले और यदि वह प्रियतम को अच्छी न लगे, तो उसका साज-शृंगार व्यर्थ है–

नबसत साजे कांमनीं, तन मन रही सँजोइ।
पीव कै मनि भावै नहीं परम कीये क्या होइ॥

(क.ग्रं. साखी 24/23)

कबीर संसार की असारता का प्रतिपादन करते हुए कहते हैं कि इस शरीर का साज-शृंगार किसलिए किया जाए? यह शरीर जल-भुनकर राख की ढेरी हो जाएगा। जिस शरीर पर सुगन्धित द्रव्यों और चन्दन का लेप किया जाता है, वही शरीर चिता में लकड़ियों के साथ जल जाता है–

कारनि कौंन संवारै देहा,
यहुतनि जरि बरि ह्वै है षेहा॥ टेक॥
चोवा चन्दन चरचत अंगा, सो तन जरत काठ कै संगा॥

(क.ग्रं. पद सं. 295)

वे मोतियों की माला, हार, माणिक, रत्न, प्रवाल आदि की भी चर्चा करते हैं, चाहे इनका प्रयोग समाज के उच्च वर्गों द्वारा ही अधिक हुआ करता था।

दैनिक उपयोग के पदार्थ

कबीर वाणी का मर्म जितना गहरा है, उसका फलक उतना ही व्यापक है। कबीर बात तो अपने ईश्वर की, भक्ति की या जीवनोपयोगी मूल्यों की करते हैं, परन्तु उनमें सहज रूप से अपने लोक ज्ञान के अनुरूप दैनिक जीवन की अनेक वस्तुओं तथा सन्दर्भों को भी अपनी आवश्यकतानुरूप प्रयोग करते चलते हैं। कहा जा सकता है कि कबीर से लोक का कोई भी पक्ष छूटा नहीं है। बीमार आत्मा की बात करते हुए जड़ी बूटियों का सन्दर्भ–

परबति परबति मै फिर्‌या, नैन गँवाये रोइ।
सो बूटी पांऊँ नहीं, जातैं जीवनि होइ॥

(क.ग्रं. साखी 3/40)

जंगल में घूमने वालों के लिए सहज उपलब्ध खाद्य कंदमूल की चर्चा–

कबीर जोगी बनि बस्या, षणि खाये कंद मूल।

(क. ग्रं. साखी 47/2)

संसार की नश्वरता के सन्दर्भ में महल, माड़ी, छपरी छप्पर, देहली आदि के संकेत—

मैड़ी महल बावड़ी छाजा, छाडि गए सब भूपति राजा॥

अर्थात् पृथ्वीपति राजाओं को भी अटारी, महल, बावड़ी, छज्जा आदि सभी कुछ यहीं छोड़ जाना पड़ा है।

(क. ग्रं. पद सं. 100)

जिहिं घरि साध न पूजिये, हरि की सेवा नांहि।
ते घर मड़हट सारषे, भूत बसै तिन मांहि॥

(क.ग्रं. साखी 30/3)

सन्तहीन घरों की तुलना के लिए श्मशान की व्याख्या—

कहत कबीर सुनौं रे सन्तौ, मेरी मेरी सब झूठी।
चड़ा चींथड़ा चूहड़ा ले गया, तणीं तणगती टूटी॥

(क. ग्र. पद सं. 105)

आदि उनके ज्ञान-वैविध्य पर पर्याप्त प्रकाश डालते हैं।

उद्योग धन्धे

कबीर वाणी में हमें तत्कालीन समाज में प्रचलित लगभग सभी उद्योग धन्धों से जुड़ी जातियों का विवरण मिल जाता है, जो एक साथ उन जातियों की पहचान व उन द्वारा किए जाने वाले उद्योग-धन्धों पर पर्याप्त प्रकाश डालता है। रूई के उद्योग धन्धों में सूती कपड़ों की बुनाई की कारीगरी उस समय उन्नत अवस्था में थी। कबीर जुलाहे थे, इसलिए उन्हें रूई के उद्योग-धन्धे का विशेष परिज्ञान था और उन्होंने इस धन्धे की अपने साहित्य में अन्य धन्धों की अपेक्षा व्यापक चर्चा की है। इस चर्चा में उन्होंने रूई की कताई तथा बुनाई की भी चर्चा की है।

सूत कातने की प्रथा प्राचीन काल से रही है। यह ग्रामीण-उद्योग का एक महत्त्वपूर्ण अंग रहा है। प्रायः चरखे से सूत कातने का काम स्त्रियाँ करती थीं। कबीर अपनी आत्मा को संबोधित करते हुए कहते हैं कि मेरा मन ही चरखा है और जीभ ही सूत पूरने वाला तकुली है। हे आत्मा रूपी बहू तू राम का नाम लेती हुई इस चरखे के द्वारा भक्तिमय जीवन के सूत कात।

सासू कहै काति बहू ऐसैं, बिन कातैं निसतरिबौ कैसैं॥
कहै कबीर सूत भल काता, रहटां नहीं परम पद दाता।

(क.ग्रं. पद सं. 228)

चरखा जिनि जरै।
कातौंगी हजरी का सूत, नण्द के भइया की सौं।

(क.ग्रं. पद सं. 13)

कबीर ने सूत कातने की प्रत्येक विधियों का वर्णन किया है। इस उक्ति में वे 'तकुआ' का उल्लेख करते हुए कहते हैं कि मन के बताये हुए मार्ग पर मत चलो अर्थात् मन के आवेग के अनुसार वासना पूर्ति में मत लगो। इस मन को संसार से खींचकर चैतन्य में इस प्रकार विलीन कर दो जिस प्रकार कातने वाला सूत को वापिस खींच कर तकुए पर लपेट देता है—

मन कै मतैं न चालिये छाँड़ि जीव की बांणिं।
ताकू केरे सूत ज्यूं, उलटि अपूठा आंणिं॥

(क. ग्रं. साखी 13/1)

कताई के साथ ही बुनाई का भी प्रचार समाज में प्रचलित था। कबीर स्वयं इस कार्य से बहुत निकट का परिचय का था। नीचे दी गई पंक्तियों से स्पष्ट परिलक्षित होता है कि कबीर कोरी या जुलाहा का काम किया करते थे—

को बीनैं प्रेम लागी री माई को बीनैं।
रांम रंसाइण माते री, माई को बीनैं॥ टेक॥
पाई पाई तू पुतिहाई, पाई की तुरियाँ बेचि खाई री, माई को बीनैं॥
ऐसैं पाई पर बिथुराई, त्यूं रस आनि बनायौ री, माई को बीनैं।
नीचै तांनां नाचै बांनां, नांचै कूंच पुराना री, माई को बीनैं॥

कबीर के वर्णन के लिए कुलाल का रूपक अपनी लौकिक पृष्ठभूमि के कारण काफी आकर्षक रहा है। कबीर के काव्य में कुलाल के चाक, मिट्टी, मृत्भाण्ड का व्यापक सन्दर्भ मिलता है। कुम्भकार मिट्टी के विविध प्रकार के बर्तन गढ़ता है।

कुम्भकार मिट्टी को डालकर उसे जल से सींचकर मिट्टी को कंकड़ादि से रहित कर चिकनी और महीन बना लेता है। उसके पश्चात् चाक पर चढ़ाता है फिर—

माटी सकल संसारा, बहु बिधि भांडे घडे कुँभारा।

(क.ग्रं. पद सं. 53)

कुम्हार अनेक प्रकार के कुम्भ निर्मित करता है और उन निर्मित कुम्भों

पर चित्रकारी भी करता है–

कुंभरा एक कमाई माटी, बहु विधि जुगति बणाई॥

(क.ग्र. पद सं. 105)

तत्पश्चात् कुम्हार इन समस्त कुम्भों को आवाँ में पकाने के पूर्व ही थापी से उन्हें गढ़ता है–

यहु तन काँचा कुंभ है चोट चहूँ रिसि खाई॥

(क.ग्रं. साखी 12/38)

कुम्हार कुम्भ को निर्मित करने के बाद आंवे में उसे पकाता है, उसी प्रकार विधाता भी मानव की रचना कर उसे जठराग्नि में पकाता और रक्षा करता है। कबीर कहते हैं–

कबीर हरि रस पौं पिया, बाकी रही न थाकि।
पाका कल्स कुंभार का, बहुरि न चढ़ई चाकि॥

इस प्रकार आध्यात्मिक व्यंजना के लिए कबीर ने कुम्भकार की जाति का पूरा रूपक तैयार किया है।

लोहे की कारीगरी का पर्याप्त वर्णन हमें कबीर के काव्य में देखने को मिलता है। उस समय फौलादी लोहे के अस्त्र-शस्त्र तथा अन्य वस्तुएँ कौशल के साथ निर्मित की जाती थीं। भट्ठी में लोहे के दो टुकड़ों को तपाकर लुहार उनको ठोंक-पीटकर ऐसा आकार दे देता है कि कोई उस सन्धि को नहीं पहचान सकता है। इसका वर्णन करते हुए कबीरदास कहते हैं–

ज्यूं मन मेरा तुझ सौं यौं जे तेरा होइ।
ताता लोहा यौं मिलै, संधि न लखई कोइ॥

(क.ग्रं. साखी 56/7)

निहाई पर तप्त लोहे को रखकर गुरु हथौड़े से किस प्रकार पीटा जाता है, इसका वर्णन करते हुए वे लिखते हैं–

कबीर केवल राम की, तूँ जिनि छाड़ै ओट।
घण अहरणि बिचि लोह ज्यूं, घणीं सहै सिर चोट॥

(क.ग्रं. साखी 12/51)

लुहार कोयला जलाकर अपनी भट्ठी को गरम करता है। इस क्रिया का भी वर्णन कबीरदास ने लुहार की भट्ठी को काल के रूप में किया है–

दौं की दाधी लकड़ी ठाढ़ी करे पुकार।
मति बसि पड़ौ लुहार कै, जालै दूजी बार॥

(क.ग्रं. साखी 46/10)

स्वर्णकार की जाति अपने कला-कौशल के लिए मध्यकाल में विशेष ख्याति प्राप्त कर चुकी थी। उनके सोने के जड़ाऊ काम और नक्काशकारी के आभूषण उस युग के नागरिकों को विशेष प्रिय थे।

कबीरदास ने उस समय के स्वर्णकारी के संबंध में अपने साहित्य में कतिपय उपकरणों का चित्रांकन किया है। यथा—स्वर्णकार स्वर्ण को अग्नि में तपा-तपाकर अपनी कारीगरी से उसे ऐसा शुद्ध बना देता है कि वह कसौटी पर खरा उतरता है—

कसणीं दे कंचन किया, ताइ लिया ततसार॥

(क.ग्रं. साखी 1/28)

उन्होंने यह भी उल्लिखित किया है कि स्वर्ण निर्मित आभूषण पिघलकर पुनः स्वर्ण में परिवर्तित हो जाते हैं—

जैसे बहुकंचन के भूषन, ये कहि गालि तवाँवहिगे।

(क.ग्रं. पद सं. 150)

साधक कबीर ने साधना के माध्यम से स्पष्ट किया है कि—

अब घटि प्रगट भये रांम राई, सोधि सरीर कनक की नांई ॥ टेक ॥
कनक कसौटी जैसे कसि लेइ सुनारा, सोधि सरीर भयो तन सारा ॥

(क.ग्रं. पद सं. 17)

इस काल में लकड़ी के कारीगर कुशल एवं परिश्रमी थे। कबीर ने अपने साहित्य में इस उद्योग के विषय में बहुत कम चर्चा की है। कबीरदास ने अपनी एक अभिव्यक्ति में आपत्ति के प्रतीक में बढ़ई के आरा का वर्णन किया है—

यहु मन दीजे तस कौं, सुठि सेवग भल सोइ।
सिर ऊपरि आरास है, तऊ न दूजा होइ ॥

अर्थात् यह मन उसको समर्पित करना चाहिए जो ईश्वर का सच्चा और अच्छा भक्त हो। सच्चा ईश्वर भक्त कभी भी अपने मार्ग से विचलित नहीं होता है, भले ही उसके सिर को आरे से चीर डाला जाए।

(क.ग्रं. साखी 26/4)

कसाइयों का धन्धा पशुओं को मार उनका मांस बेचना है। कबीर के युग में भी यह धन्धा प्रचुर मात्रा में प्रचलित था। कसाइयों के पशु वध करने की प्रक्रिया को कबीरदास ने अपनी एक साखी में काल के प्रतीक के रूप में निरूपित किया है—

कबीर हरि सूं हेत करि, कूड़ै चित्त न लावा ॥
बांध्या बार षटीक कै, तापसु किती एक आव ॥

(क.ग्रं. साखी 46/27)

चमड़े के उद्योग एवं कार्य करने वाले को चर्मकार कहा जाता है, जो समाज में अन्त्यज जाति मानी जाती है। इसके विषय में कबीर ने एक जगह अपने साहित्य में सहज साधना के वर्णन में चमार के प्रतीक के रूप में अपने को वर्णित किया है—

आवध रांम सबै करम करिहूं,
सहज समाधि न जमथैं डरिहूं ॥ टेक ॥
कुभरा है करि बासन धरिहूं, धोबी है मल धोऊँ।
चमरा है करि रंगौ अघौरी, जाति पांति कुल खोऊँ ॥

(क.ग्रं. पद सं. 389)

कबीर ने धोबी के व्यवसाय का उल्लेख उपमा और रूपक के रूप में प्रस्तुत किया है। जिस प्रकार धोबी गन्दे कपड़ों के मैल उतार कर उसे श्वेत और स्वच्छ बना देता है, उसी प्रकार हरि-साधना में लीन मानव का मन उज्ज्वल और पवित्र हो जाता है तथा आपत्तियाँ और बाधाएँ नष्ट हो जाती हैं—

मैं बौरी मेरे रांम भरतार, ता कारंनि रचि करौ स्यंगार ॥
जैसे धुबिया रज मल धौवै, हर तप रत सब निंदक खोवै॥

(क.ग्रं. साखी 13/11)

हीरे, मोती तथा जवाहरात बहुमूल्य रत्नों के व्यवसायियों को जौहरी कहा जाता है या रत्नों को परखने वाले को जौहरी कहा जाता है।

प्रभु-मिलन की सुखद अनुभूति का वर्णन करते हुए कबीरदास ने अपने को जौहरी के रूप में प्रस्तुत किया है—

अंमृत बरिसै हीरा निपजै, घंटा पड़ै टकसाल।
कबीर जुलाहा भया पारषू, अनभै उतर्या पार॥

(क.ग्रं. साखी 5/47)

अपनी अभिव्यक्ति में कबीर ने नासमझ एवं मूर्ख जौहरी का वर्णन करते हुए कहा है कि–

एक अचंभा देखिया, हीरा हाटि बिकाइ।
परिषणहारे बाहिरा, कौड़ी बदलै जाइ॥

(क.ग्रं. साखी 48/2)

भारतवर्ष में उपवन और वाटिकाएँ अतीतकाल से रही हैं। परन्तु बाग बगीचों की जो परंपरा मुगल काल से प्रारंभ होती है वह इनसे भिन्न है। कबीर ने सर्जन की परिकल्पना से माली को परमात्मा के रूप से स्वीकार किया है जो सृष्टि रूपी बाग को सींच कर रक्षा करता है और अवसर आने पर वह माली के समान प्राणी रूपी फूलों को चुन भी लेता है–

माली आवत देखकर, कलियन करी पुकार।
फूले-फूल चुन लिए, काल्हि हमारी बारि।

माली के साथ मालिन का भी उल्लेख हुआ है, क्योंकि फूलों के कार्य में वह अपने पति की सहयोगिनी है, सहधर्मिणी है। वह देव-पूजा के लिए उपवन से पुष्प और पत्ते चुनती है, इसी कारण कबीर उससे कहते हैं–

भूली मालिनी हे गोव्यंद जागतौ जगदेव, तूं करै किसकी सेब॥
भूली मालनि पाती तोड़ै, पाती पाती जीब।
जा मूरति कौं पाती तोड़ै, सो मूरति नर जीव॥

(क.ग्रं. पद सं. 198)

सन्त कबीर ने एक स्थान पर सिकलीगर के द्वारा मसकला फेर कर दर्पण बनाने का भी उल्लेख किया है–

सतगुर ऐसा चाहिए, जैसा सिकलीगर होइ।
सबद मसकला फेरि करि, देह द्रपन करै सोइ॥

अर्थात् सतगुर को सान रखने वाले कारीगर की तरह होना चाहिए। जिससे वह उपदेश रूपी सान के पत्थर द्वारा पाप-रूपी मैल हटाकर साधक की काया को दर्पण की भाँति निर्मल कर दे।

(क.ग्रं. साखी 40/3)

उपर्युक्त आजीविका के साधनों तथा उनसे निर्मित तथा सामाजिक वर्गों के अतिरिक्त अन्य व्यवसाय भी उस युग में आजीविका के साधन रूप में प्रतिष्ठित थे।

चिकित्सा करने वाले वैद्य का उल्लेख करते हुए कबीरदास कहते हैं–

होई अरोगि बूंटी घसि लावै, गुर बिन जैसै भ्रमत फिरै।
है हाजिर परतीति न आवै, सो कैसें परताप धरै॥

(क.ग्रं. पद सं. 183)

कबीर भगवान् के प्रति अपनी निष्ठा व्यक्त करते हुए एक स्थल पर सेवक-सेविकाओं का उल्लेख करते हुए कहते हैं–

मैं गुलांम मोहि बेचि गुंसाई,
तन मन धन मेरा रांमजी कै तांई।

कबीर कहते हैं हे प्रभु! मैं आपका क्रीत दास हूँ, मेरा तन-मन-धन सब कुछ आपके साथ ही है। आप चाहें तो मुझे बेच दें। (क.ग्रं. पद सं. 113)

कबीरदास अज्ञानी साधक को एक नादान व्यापारी के रूप में सम्बोधित करते हुए कहते हैं–

तब काहे भूलौ बनजारे,
अब आयौ चाहै संगि हंमारे॥ टेक॥
जब हंम बनजी लौंग सुपारी, तब तुम्ह काहे बनजी खारी॥

(क.ग्रं. पद सं. 291)

मन बनजारा जागि न सोई,
लाहे कारनि मूल न खोई॥ टेक॥

(क. ग्रं. पद सं. 367)

लोक-कलाएँ

सन्त कबीर ने अपनी वाणी में स्थान-स्थान पर जिन कलाओं से जुड़ी वस्तुओं के उल्लेख किए हैं, उनसे लोक-संस्कृति के कला पक्ष के अनेक आयाम उद्घाटित होते हैं। आगे इन्हीं के कुछ निदर्शन प्रस्तुत हैं–

भवन-निर्माण (वास्तुकला)

मध्ययुग का स्थापत्य कबीर वाणी में साकार हुआ है। वे ऊँची मीनारों, धवलग्रहों, बावड़ियों, मन्दिरों और महलों के साथ-साथ मन्दिरों के बाहर की ऊँची देहलियों और उन पर फहराने वाली ध्वजाओं के भी उल्लेख करते हैं। कबीर कहते हैं कि देव मन्दिर के भीतर ही देहरी है जिसका तिल के समान विस्तार अर्थात् जैसे तिल

में ही तेल होता है, उसी प्रकार देव मन्दिर में ही देवता समाविष्ट है। उसी में पत्र, जल आदि पूजा की सामग्री है और उसी में पुजारी भी समाया हुआ है—

देवल माहैं देहुरी, तिल जेहै बिसतार।
माहैं पाती मांहिं जल, माहैं पूजणहार॥

(क.ग्रं. साखी 5/42)

कबीर फहराने वाली ध्वजाओं का उल्लेख करते हुए कहते हैं कि यह शरीर मंदिर है और मन उसकी ध्वजा है। वह ध्वजा विषय वासनाओं की हवा से फहरा रही है। ध्वजा के फहराने के साथ यदि मन्दिर भी हिलने-डुलने लगे तो समझ लेना चाहिए कि वह बिल्कुल नष्ट हो जाएगा—

काया देवल मन धजा, बिषै लहरि फहराइ।
मन चाल्याँ देवल चलै, ताका सर्बस जाइ॥

(क.ग्रं. साखी 13/28)

साथ ही विशाल सौधों (सुधा अर्थात् चूने से पुते हुए धवल ग्रहों) में मिट्टी के प्लास्टरों पर बने भित्तिचित्रों की भी चर्चा करते हुए कहते हैं कि बड़े-बड़े स्वच्छ भवन एवं महल जो मिट्टी के सुन्दर रंगों द्वारा चित्रित हैं उन सबको एक दिन यमराज रौंद डालेगा, क्योंकि उन पर राम का नाम अंकित नहीं है—

ऊँचा मंदिर धौलहर, मांटी चित्री पौलि॥
एक रांम के नांव बिन, जंम पाड़ैगा रौलि॥

(कबीर ग्रं. साखी 46/18)

इसी प्रकार कबीर राजाओं के महलों में बनी बावड़ियों और छज्जों का वर्णन करते हैं—

मैड़ी महल बावड़ी छाजा, छाड़ि गए सब भूपति राजा॥
कहै कबीर रांम ल्यौ लाई, धरी रही माया काहू खाई॥

(कबीर ग्रं. पद सं. 100)

इसके अतिरिक्त कबीर ऊँचे महलों में गोल-गुम्बज तथा उन पर कलश-निर्माण से संबंधित समकालीन वास्तुकला का भी उल्लेख करते हुए कहते हैं कि—

बिष के बन मैं घर किया, सरप रहे लपटाइ।
ताथैं जियरै डर गह्या, जागत रैंणि बिहाइ॥

(कबीर ग्रं. साखी 46/28)

मूर्तिकला

यद्यपि कुछ मुगल शासकों ने मन्दिरों का मूर्ति-भंजन करके इस काल को विशेष क्षति पहुँचाई, तथापि उदार शासकों ने मूर्तिकला के स्वच्छन्द विकास को प्रोत्साहित ही किया। देव-प्रतिमाओं में हथौड़े, छैनी आदि से आकृतियों का उत्कीर्णन किया जाता था।

कबीर ने मूर्तिपूजा का खंडन करते हुए एक पद में उस मूर्तिकार को प्रस्तुत किया है, जिसने मूर्ति बनाने के उपकरणों से काम लेते-लेते स्वयं भी सीधे उस मूर्ति पर पैर धर कर उसे गढ़ा है। कबीर कहते हैं कि यदि यह मूर्ति सच्ची और शक्ति सम्पन्न होती, तो छाती पर पैर रखने वाले उस कारीगर को अवश्य ही खा जाती। इस मूर्ति के ऊपर लड्डू, मिठाई, लपसी आदि के रूप में बहुत सा पुजापा चढ़ाया जाता है। पुजारी इस मूर्ति की पूजा करके इस मूर्ति की आँखों में धूल झोंक कर इस समस्त चढ़ावे को लेकर चलता बनता है—

टांचणहारै टांचिया, दै छाती ऊपरि पाव।
जे तूँ मूरति सकल है, तौ घड़णहारै कौ खाव॥
लाडू लावण लापसी, पूजा चढ़ै अपार॥
पूजि पुजारा ले गया, दे मूरति कै मुहि छार॥

(कबीर ग्रं. पद सं. 198)

समग्रतः कबीर वाणी में मूर्ति-कला सम्बन्धी संकेत विरल ही हैं।

चित्रकला

कबीर-काल में चित्रकला की विशेष उन्नति न होने का दोष मुस्लिम शासकों के माथे नहीं मढ़ा जा सकता। कबीर एक साखी में द्वारों पर मिट्टी के प्लास्टर पर भित्ति चित्रों के अंकन का स्पष्ट संकेत करते हुए कहते हैं—

ऊँचा मंदिर धौलहर, मांटी चित्री पौलि।
एक रांम के नांव बिन, जंम पड़ेगा रौलि॥

(कबीर ग्रं. साखी 46/18)

कबीर के कुछ अन्य दोहों से चित्रकला और चित्रकारों के प्रति सम्मान भाव ही ध्वनित होता है, स्पष्ट उल्लेखों का फिर भी अभाव ही रहा है।

संगीत-कला

सन्त कबीर की वाणी में संगीत के सात स्वरों और 36 राग-रागिनियों की प्रतिष्ठा

के कुछ संकेत मिलते हैं—

सातों शबद जु बाजते, घरि घरि होते राग।
ते मन्दिर खाली पड़े, बैंसण लागे लाग॥

अर्थात् जिन महलों के द्वार पर सप्त स्वरों का राग बजता था अर्थात् सब प्रकार का संगीत चालू रहता था तथा जिनके प्रत्येक भाग में नाच रंग हुआ करते थे उन वैभवपूर्ण महलों में आज कोई रहने वाला नहीं है और अब कौए बैठने लगे हैं।
(कबीर ग्रं. साखी 12/4)

जिनके नौबत बाजती, मैंगल बँधते बारि।
एकै हरि के नाँवै बिन, गए जन्म सब हारि॥

अर्थात् जिन लोगों के दरवाज़ों पर वैभव सूचक नगाड़े सदैव बजा करते थे और मदमस्त तथा साधारण हाथी सदैव झूमा करते थे, उन लोगों ने ईश्वर के भजन बिना अपने समस्त जीवन को व्यर्थ ही गँवाया। (साखी 12/2)

ढोल दमामा दुड़बडी, सहनाई संग भेरि।
औसर चल्या बजाइ करि, है कोई राखै फेरि॥

अर्थात् सब लोग अपनी सामर्थ्य के अनुसार अपने वैभव का प्रदर्शन करते हैं—ढोल, नगाड़ा, डुगडुगी, शहनाई तथा भेरी बजाते हैं। परन्तु जब मृत्यु आती है, तो इन सबके बजते हुए भी व्यक्ति को ले जाती है और किसी प्रकार का वैभव-प्रदर्शन उसको रोकने में असमर्थ रहता है। (साखी 12/3)

लोक-वादन

संगीत की साधना कलाकारों द्वारा मुख्यतः मन्दिरों और राजदरबारों में ही हुआ करती थी। जहाँ तक संगीत के वाद्य-यंत्रों के नामोल्लेख का प्रश्न है, वे या तो विश्व की नश्वरता के सन्दर्भ में हुए हैं, या फिर आध्यात्मिक साधना के प्रतीकों के रूप में हुए हैं यथा तन्त्री, रबाब के उल्लेख देखें—

सब रंग तंतरबाब तन, बिरह बजावै नित्त।
और न कोई सुणि सकै, कै साईं कै चित्त॥
(कबीर ग्रं. साखी 3/20)

इसी प्रकार कबीर जंत्र (वाद्य-यन्त्र) का स्पष्ट नामोल्लेख करते हुए कहते हैं—

कबीर जंत्र न बाजई, टूटि गए सब तार।
जंत्र बिचारा क्या करै, चलै बजावणहार॥

(कबीर ग्रं. साखी 46/20)

तार से बजाए जाने वाले वाद्य 'तन्तु' वाद्य कहलाते हैं, जिनमें 'जंत्र' के अतिरिक्त कबीर ने रबाब, कींगरी (किन्नरी) और तंबूरा (तूंबा) के भी नामों का स्पष्ट उल्लेख किया है–

1. सब रंग तंत रबाब तन, बिरह बजावै नित्त।

(साखी, 3/20)

2. जगत् गुरु अनहद कींगरी बाजै, तहाँ दीरघ नाद ल्यौ लागै।

(कबीर ग्रं. पद सं. 153)

जगत् के गुरु अर्थात् परमात्मा अनहदनाद की वीणा (बाजा) बजा रहे हैं। उसी के दीर्घनाद में साधक जीव की लौ लग गई है। त्रिकुटी में आसन जमा लेने पर गगन-मंडल में होने वाला शृंगीनाद सुनाई देने लगता है।

(कबीर ग्रं. पद सं. 153)

धरती अरु असमान बिचि, दोई तूंबड़ा अबध
षट दरसन संसे पड़्या, अरु चौरासी सिध।

(कबीर ग्रं. पद सं. 31/11)

जंत्री जंत्र अनूपम बाजै,
ताका सबद गगन मैं गाजै॥ टेक॥
सुर की नालि सुरति का तूंबा, सतगुर साज बनाया।
सुर नर गण गंध्रव ब्रह्मादिक, गुर बिन तिनहूँ न पाया॥

(कबीर ग्रं. पद सं. 295)

साधो, यह तन ठाठ तँबूरे का।
ऐंचत तार मरोरत खूँटी निकसत राग हजूरे का॥
टूटे तार बिखरगे खूँटी हो गया घूरम-घूरे का।
कहै कबीर सुनो भाई साधो, अगम पंथ काई सूरे का।

(कबीर ग्रं. पद सं. 39)

इस वीणा के संबंध में कबीर इसी पद में कहते हैं–

जिभ्या तांति नासिका करहीं माया का मैंण लगाया।
गमां बतीस मोरणां पांचौ, नीका साज बनाया॥

जंची जंत्र तजै नही बाजै, तब बाजै जब बावै।
कहै कबीर सोई जन साचा, जंत्री सूं प्रीति लगावै॥

यहाँ 'जंत्री' का अर्थ है—वादक, बजाने वाला, 'गगन' का लक्ष्यार्थ है, सहस्रार चक्र। 'करही' एक प्रकार की खूँटी है। मैंण का अर्थ है 'मोम'। 'गमाँ' का अर्थ है—गमक उत्पन्न करने वाला। तार कसने वाली खूँटियों को 'मोरणां' कहा जाता है।

(कबीर ग्रं. पद सं. 195)

कुछ वाद्य यन्त्र चमड़े द्वारा सुन्दर नाद उत्पन्न करते हैं, ये परस्पर आघात करके बजाये जाते हैं। यथा ढोल, दमामा, भेरी, नौबत, डिमडिमी (दुड़बुड़ी)।

जिनके नौबति बाजती, मैंगल बँधते बारि
एकै हरि के नाँव बिन, गए जन्म सब हार!!

(कबीर ग्रं. पद सं. 12/2)

x x x

ढोल दमामा दुड़बड़ी, सहनाई संगि मेरि,
औसर चल्या बजाइ करि, है कोइ राखै फेरि!!

(क.ग्रं. पद सं. 12/3)

'नौबत' को ही दमामा या नक्कारा (नगाड़ा) भी कहते हैं। इसके अतिरिक्त कबीर ने पखावज, आवज और मृदंग नामक चर्मावृत्त वाद्यों का भी नामोल्लेख किया है यथा—

1. जैसे, मंदला तुमहि बजावा, तैसैं नाचत मैं दुख पावा।

अर्थात् जैसे आप (प्रभु) ने ताल से मंदला बजाया, उसी की ताल के अनुसार नाचते हुए मैंने दुःख ही पाया। (क.ग्रं. पद सं. 78)

2. कहै कबीर नट नाटिक थाके, मदला कौंन बजावै।

(क. ग्रं. पद सं. 92)

3. ताथैं मोहि नाचिबौ न आवै,
मेरो मन मंदलान बजावै।

(क.ग्रं. पद सं. 281)

सुंनि मंडल मैं मंदला बाजै, तहाँ मेरा मन नाचै।

(क.ग्रं. पद सं. 72)

परस्पर आघात द्वारा स्वर उत्पन्न करने वाले 'ताल-वाद्यों' को कांस्य वाद्य

भी कहा जाता है। कबीर ने एक पद में उसके 'नाद' की बात स्पष्ट रूप से की है–

कंसा नाद बजाइ ले, धुंनि निमसिले कंसा।
कंसा फूटा पंडिता, धुंनि कहाँ निबासा॥

(क.ग्रं. पद सं. 154)

शिखर-वाद्य में कबीर ने तूर (तूर्य), वेणु, (वंशी), सिंगी (शृंगी) और शंख सभी का यथाप्रसंग नामोल्लेख किया है। यथा–

इहि बनि बाजै मदन भेरि रे, उहि बनि बांजै तूरारे।

(पद सं. 76)

1. *जे मन लागै एक सूँ, तौ निरबाल्या जाइ।*
तूरा दुइ मुखि बाजणाँ, न्याइ तमाचे खाइ॥

(क.ग्रं. साखी 11/12)

2. *पहुप बिना एक तरवर फलिया, बिन कर तूर बजाया॥*

जीवात्मा ब्रह्म-ज्ञान पाकर कहती है मानो कोई वृक्ष बिना फूल आए ही यकायक फल देने लगा हो अथवा किसी के हाथों का सहारा लगाए बिना ही तुरही बजा दी हो।

(क.ग्रं. पद सं. 6)

(i) अनहद बेन बजाइ करि, रह्या गगन मठ छाइ ॥
(ii) नटवर पेषि पेषनां पेषै, अनहद बेन बजावै ॥

(क.ग्रं. पद सं. 162)

(iii) हमसों रहा न जाय मुरलिया कै धुन सुन के

(कबीर, 4067)

सिंगी (शृंगी)

(i) गगन ही भाठी सींगी करि चूंगी, कनक कलस एक पावा।।

सन्त कबीर कहते हैं कि त्रिकुटी में आसन जमा लेने पर गगन-मंडल में होने वाला शृंगीनाद सुनाई देने लगता है और साधक उसी शब्द में लवलीन हो जाता है।

(क.ग्रं. पद सं. 153)

(ii) ढोल दमामा दुड़बड़ी, सहनाई संगि भेरि।

औसर चल्या बजाइ करिं, है कोई राखै फेरि ॥

(क. ग्रं. साखी 12/3)

(iii) क्या सींगी मुद्रा चमकांये, क्या विभूति सब अंगि लगायें।

(पद 355)

'शहनाई' का पिछले उदाहंरण में उल्लेख हुआ है। इसी प्रकार कबीर के एक शब्द में 'शंख' की चर्चा हुई है।

(शब्दामृत-सिन्धु, देह तत्त्वादि प्रकरण, शब्द 10, पृ. 174)

सन्त कबीर द्वारा निर्दिष्ट इन सांगीतिक संकेतों से पता चलता है कि विभिन्न वाद्यों का नृत्य और गायन से घनिष्ठ सम्बन्ध रहता था। नृत्य सदैव वाद्यों की लय और ताल के अनुसार ही हुआ करता था। उस काल के ये वाद्य लोक में सर्वजनप्रिय थे और सभी का मन मोह लेते थे। कबीर ने इन वाद्यों का प्रयोग मात्र मनोरंजन के साधन-स्वरूप नहीं किया है, अपितु अपनी अध्यात्मपरक साधना और भक्ति के अलंकार या साधन रूप में इनकी चर्चा की है। एक स्थल पर कबीर वाद्यों की संगति या साज़ द्वारा सामूहिक वाद्य (orchestia) के अस्तित्व की ओर संकेत करते हुए कहते हैं कि बत्तीस दाँत ही गमक पैदा करने वाले गामा हैं तथा पाँचों ज्ञानेन्द्रियाँ ही तारों को कसने वाली खूँटियाँ हैं। इस प्रकार यह शरीर रूपी बाजा बहुत ही सुन्दर बना हुआ है–

गमाँ बतीस मोरणां पांचौ, नीका साज बनाया ॥

(क.ग्रं. पद सं. 195)

लोक-नृत्य

कबीर की वाणी में इस 'ललित कला' से संबंधित सीधे उल्लेख तो नगण्य ही हैं। एक पद में नाना रूपवेशधारी नट का वर्णन ध्यातव्य है–

कहै कबीर नट नाटिका थाके, मदला कौंन बजावै।
गए पषनियाँ उझरी बाजी को काहू कै आवै॥

(क. ग्रं. पद सं. 92)

इसी प्रकार पद संख्या 281 की कुछ पंक्तियाँ इस प्रकार हैं–

ताथैं मोहि नाचिबौ न आवै,
मेरो मन मंदलांन बजावै।

कठपुतलियों के नृत्य का भी उल्लेख ध्यातव्य है–

पाँच पच्चीस पतुरियाँ नाचै मनुवा ताल लगावै॥

(शब्दामृत-सिन्धु, शब्द 12, पृ. 175)

वस्तुतः कबीर संसार में बार-बार के 'आवागमन' को एक प्रकार का नीरस नृत्य ही मानते हैं और इस नृत्य से दुःख पाने-भोगने की बात स्वीकार करते हैं और आगे से स्वयं को ऐसे वेश और रूप धारण न करवाने की विनती सर्वसमर्थ प्रभु से करते हैं। कबीर के ऐसे सूक्ष्म संकेतों से उनके काल की नृत्य-कला की यत्किंचित झलक ही मिलती है।

लोक-गीत

सन्त कबीर एक शास्त्रीय संगीतज्ञ न होकर एक साधारण लोक-गायक थे। यही कारण है कि श्रेण्य (classical) संगीत की बारीकियों से वे लगभग अछूते ही हैं। फिर भी लोक-गीतों की सहजता उनमें अवश्य मिल जाती है।

जीवात्माएँ अपने घर प्रभु रूपी भरतार (वर) के पहली बार पधारने पर मंगलाचार गाती हैं–

दुलहनी गावहु मंगलचार,
हम घरि आए हौ राजा रांम भरतार।

(क.ग्रं. पद सं. 1)

सन्त धरमदास कहते हैं कि स्वयं साहिब कबीर सोहिला गाकर सुनाते हैं–

साहेब कबीर सोहर गाइ सुनावल हो।[26]

सोहर या सोहिलो शिशु-जन्म के शुभ अवसर पर गाया जाने वाला एक विशुद्ध लोकगीत ही है, जिसकी ओर धरमदास ने चेतावनी में स्पष्ट संकेत किया है।

मै बुनिकर सिरांना हो राम, नालि करम नहीं ऊबरे ॥ टेक ॥
दखिन कूंट जब सुनहा भूँका, तब हम सकुन बिचारा।
लरके परके सब जागत हैं, हम घरि चोर पसारा हो राम
तांना लीन्हाँ बांना लीन्हाँ लीन्हें गीड के पऊवा ॥

(क.ग्रं. पद सं. 20)

लोका तुम्ह ज कहत हौ नंद कौ नंदन, नंद कहौं धूं का कौ रे।
धरीन अकास दोऊ नहीं होते, तब यह नन्द कहायौं रे॥ टेक ॥
जांमै मरै न संकुटि आवै, नांव निरंजन जाकौ रे।
अविनासै उपजै नहिं बिनसै सन्त सुजस कहै ताकौ रे।
कंकर कूई पतालि पनियाँ, सूने बूंद बिकई।
वजर परौ इहि मथुरा नगरी, कान्ह पियासा जाइ रे।
इहि बंनि खेलै राही रुकमीन, उहिषंनि कान्ह अहीरा रे।

आसि पासि तुरसी कौ बिरबा माहि द्वारिका गांऊ रे।

इसी भाव और संगीतात्मकता से जुड़ा हुआ लोकगीत मिलता है—

कंकड कुइया रे, पनिया मोलि बिकाय रे
डाडी जारौं वा देस जहाँ परदेसी पियासो जाई रे।

निष्कर्ष

सन्त कबीर मूलतः कवि न होकर एक क्रान्तिकारी समाज सुधारक ही थे। फिर भी उनकी भक्ति और योग-साधना की वीथियों में लोक-संस्कृति की चमचमाती मणियाँ कौंधती हुई नज़र आ जाती हैं। इनसे निम्नवर्गीय लोक-जीवन से उनके सीधे जुड़ाव और लगाव के स्पष्ट प्रमाण मिलते हैं। अध्यात्म जगत् के होकर भी वे उसके माध्यम से अपने युग की लोक रुचियों को ही प्रतिबिम्बित कर रहे थे, मानो उनका काव्य गानरा सरोवर का निर्मल जल हो।

गुर उपदेस भरी ले नीरा, हरषि हरषि जल पीवै कबीरा ॥
(क.ग्रं. पद सं. 140)

समग्रतः कबीर की वाणी अपने युग के इतिहास की सच्ची कहानी सुना रही है। इसमें उनके काल का लोक-जीवन और संस्कृति जस-की-तस शीशे-सी उतरती चली आई है। इनकी वाणी में राजनीतिक गलियारों के मोड़ चाहे कम-से-कम उभरे हों, परन्तु जनसाधारण, गुण-दोष, सुख-दुःख, आशा-निराशा, रहन-सहन, खान-पान, रीति-रिवाज़, लोक-विश्वास, पौराणिक सन्दर्भों का ज्ञान, पारिवारिक संबंध अन्यान्य विषयों पर सधुक्कड़ी भाषा में लिखा गया है।

सन्दर्भ

1. ओम प्रकाश शर्मा, सन्त साहित्य की लौकिक पृष्ठभूमि (इलाहाबाद : हिन्दुस्तान एकेडमी, प्रथम संस्क. 1965), पृ. 312
2. सत्येन्द्र, मध्ययुगीन हिन्दी साहित्य का लोक-तात्त्विक अध्ययन (आगरा : विनोद पुस्तक मन्दिर, 1960), पृ. 99
3. वही, पृ. 318
4. परशुराम चतुर्वेदी, उत्तरी भारत की सन्त परम्परा, पृ. 183
5. रमेशचन्द्र मिश्र, सन्त साहित्य और समाज, पृ. 549
6. प्रताप जी चौहान, कबीर साधना और साहित्य, पृ. 512
7. नरेश, हमारे रीति-रिवाज़ (चंडीगढ़ : हरियाणा साहित्य अकादमी, 1990), पृ. 6
8. पद्मावत का लोकतात्त्विक अध्ययन, पृ. 87

9. डब्ल्यू. जी. समनर, फ़ोकवेज, 1906, पृ. 4
10. पद्मावत का लोकतात्त्विक अध्ययन, पृ. 88
11. सन्त साहित्य की लौकिक पृष्ठभूमि, पृ. 229
12. जयशंकर मिश्र, प्राचीन भारत का सामाजिक इतिहास, पृ. 232
13. डॉ. राजबली पाण्डेय, हिन्दू संस्कार, पृ. 29
14. पूर्व मीमांसा, अध्याय 1, पद 4
15. कबीर वाङ्मय, सबद 223
16. कबीर ग्रन्थावली, पृ. 181
17. जयशंकर मिश्र, प्राचीन भारत का सामाजिक इतिहास, पृ. 250
18. सन्तकाव्य में प्रतिबिम्बित भारतीय संस्कृति एवं समाज का स्वरूप, पृ. 247
19. उद्धृत आर्या प्रसाद त्रिपाठी, कबीर साहित्य का सांस्कृतिक अध्ययन, पृ. 322
20. पद्मावत का लोकतात्त्विक अध्ययन, पृ. 103
21. ग्रियर्सन, बिहार पीजैंट लाइफ, पृ. 360
22. ओम प्रकाश शर्मा, सन्त-साहित्य की लौकिक पृष्ठभूमि, पृ. 237
23. मध्यकालीन भारत की सामाजिक और आर्थिक अवस्था, पृ. 44
24. डॉ. लक्ष्मीचन्द, कबीर और जायसी : ग्राम संस्कृति, पृ. 82
25. ओम प्रकाश शर्मा, पूर्वोक्त, 242
26. (संपा.) वियोगी हरि 'सन्तसुधासार' (प्रथम संस्करण, दूसरा खण्ड), धरमदास, सोहर, पृ. 17

3

कबीर-वाणी में लोक-प्रचलित काव्य-रूप

मध्यकाल में कबीर आदि निर्गुणिया सन्तों ने रमते जोगियों की सी जीवन-शैली में विचरण करते हुए अपने अनुभव एकत्र किए और उन्हें बिना किसी शास्त्रीय अपेक्षा के लोगों तक प्रेषित किया। 'मसि-कागद' को छुए बिना मनुष्य-जीवन के सूक्ष्म सत्यों को व्यक्त करने के लिए इनके तर्क भी अपने थे और भाषा भी अपनी। बिम्ब भी अपने और काव्य-रूप भी अपने। इनके संचयन का स्रोत था--लोक। लोक ने जो अनुभव किया, जिस पर अपनी स्वीकृति की मुहर लगाई और जिसे अपने कोश में संचित करने की आवश्यकता अनुभव की—इन्होंने उसके संवाहक बनते हुए, वही संग्रह किया और संग्रह करने के लिए माध्यम भी उसी द्वारा प्रदत्त काव्य-रूपों को चुना। इस दृष्टि से निर्गुणिया सन्तों में विशेष रूप से कबीर, अपनी वाणी में अधिकांशतः उन्हीं काव्य-रूपों का प्रयोग करके चले हैं, जिन्हें लोक ने न केवल स्वीकारा है अपितु उन पर अपना रंग भी चढ़ाया है। इसीलिए सन्त कबीर ने शिष्ट साहित्य की कवित्त-सवैयों और छप्पयों की शैली नहीं अपनाई, अपितु सिद्धों, नाथों, सन्तों और भक्तों की डगर पर चलते हुए उन्होंने लोक-प्रचलित काव्य-रूपों का ही दामन थामने में अपनी भलाई समझी। यही कारण है कि हर्षोल्लास और शृंगार रस की प्रस्तुति के लिए बहुप्रयुक्त काव्य-रूपों में उन्होंने अध्यात्म; भक्ति और ज्ञान की बातों को ढालते हुए उन्हें अपने युग की मांग के अनुरूप मधुर और सरस बना दिया। यह एक प्रकार से नया होते हुए भी सफल और सार्थक प्रयोग सिद्ध हुआ। इस प्रकार कबीर द्वारा गृहीत काव्य-रूप उनके युग की अपेक्षाओं पर पूरे और खरे उतरते हैं।

कबीर ने अपनी अभिव्यक्ति को सरस और प्रभविष्णु बनाने के लिए एक ओर तो परंपरागत काव्य-रूप 'साखी' (दोहा) का दामन थामा, दूसरी ओर सहजता और सांगीतिक मधुरता का समावेश करने के लिए गेय पदों के साथ-साथ चांचर, वसन्त, हिंडोला जैसे काव्य-रूप भी अपनाये।

चूंकि वह आडम्बर और योग-साधना का युग था, इसलिए कला-पारखी कबीर ने 'उलटबांसियों' और 'दृष्टकूट' जैसे क्लिष्ट काव्य-रूपों की चकाचौंध

से भी जनता को चौंधियाने का उपक्रम किया। उस काल के सामान्य जनों के लिए कदाचित् उनके द्वारा प्रयुक्त रहस्यवादी प्रतीक उतने दुर्बोध न थे, जितने कि वे आज हैं।

नाथ पंथियों से कबीर ने साखी, सबदी, पन्द्रह तिथि, सप्तवार जैसे काव्य-रूप ले लिए। इतना ही नहीं, उन्होंने तिथि, वार आदि काव्य-रूप भी प्रयुक्त किए। इसी प्रकार उन्होंने वर्णों पर आधारित संख्यामूलक काव्य-रूपों यथा चौंतीसा, बावनी आदि का भी प्रयोग किया।

उनका युग जिन रूपों से प्रभावित हो सकता है, कबीर उन्हीं रूपों को अपनाने के लिए तैयार हैं। यदि उनका युग विषहरे और साँप का विष उतारने वाले लोगों की 'बिरहुलियों' से प्रभावित हो सकता है, तो वह भी ज्ञान की 'बिरहुलियाँ' गा सकते हैं। यदि उनका युग चांचर, हिंडोला और वसन्त गाकर मग्न हो सकता है, तो कबीर भी इन जन-मन-स्पर्शी काव्य-रूपों में अपनी बात जनता के सामने रख सकते हैं। आज भी यह बात देखी जा सकती है। आर्य समाजी प्रचारक सिनेमा-गीतों की तर्जों पर अपने उपदेश देते यत्र-तत्र मिल जाएँगे। ऐसा क्यों है जबकि वे सिनेमा जैसी चीज़ों के कट्टर विरोधी हैं ? कारण यही है कि वे इन रूपों की जन-मन स्पर्शिता जानते हैं। कबीर के विषय में भी यह बात ठीक उतरती है।[1]

कबीर ने अपने युग में शोषण की प्रतीक ब्राह्मण जाति को काव्य-रूप 'विप्रमतीसी' का आश्रय लेकर आड़े हाथों लिया है। इस काव्य-रूप के माध्यम से उस युग की सामान्य जनता की विप्र कुल-जाति के प्रति अपार घृणा-भावना की ही व्यंजना हुई है।

प्रायः एक ही काव्य-रूप शिष्ट वर्ग और निम्न वर्ग के हाथों में पड़ कर भिन्न-भिन्न रूपाकार धारण कर लेता है। उदाहरणतः यदि अभिजातवर्गीय कवियों द्वारा रचित दोहों में आलंकारिक चमत्कार, भाषिक परिष्कार, रस और ध्वनि की शास्त्रीय नियोजना देखी जा सकती है, तो सिद्धों, सन्तों आदि निम्नवर्गीय कवियों के दोहों में भाषा-शैली और अलंकार-योजना की अनगढ़ता और सैद्धांतिक शिथिलता नज़र आती है। इनके द्वारा गृहीत 'दोहा' वस्तुतः 'साखी' ही है। कबीर ने लोक-साहित्य और लोक-गीतों में स्वेच्छानुसार चुनाव किया है। डॉ. नज़ीर मुहम्मद की ही यह निष्कर्षपरक टिप्पणी है—"यह सब चुनाव कबीर के वक्तव्य, उनके अपने व्यक्तित्व, एक विशेष परंपरा और युग के अनुरूप हुआ है। इन सब में उनका युग ही बोलता है। कबीर अपने युग की आवश्यकता थे और उनके काव्य-रूप उनकी आवश्यकता।"[2]

कबीर ने 'बीजक' ग्रन्थ में जो काव्य-रूप ग्रहण किए हैं, उनकी संख्या ग्यारह है और ग्रन्थ में सभी रचनाएँ इन्हीं ग्यारह शीर्षकों तले समेटी गई हैं—

1. रमैनी 2. शब्द या पद 3. ज्ञान-चौंतीसा 4. विप्रमतीसी 5. कहरा 6. बसन्त 7. चांचर 8. वेली 9. बिरहुली 10. हिंडोला 11. साखी।

लोक-प्रचलित काव्य-रूपों का एक ही स्थान पर ऐसा संकलन अन्य ग्रन्थों में प्रायः दुर्लभ ही है। सूफ़ी कवि मलिक मुहम्मद जायसी के 'पद्मावत' में जहाँ 'बारहमासा' नामक लोक-गीत पद्धति का प्रभाव स्पष्ट रूप से लक्षित होता है, वहाँ दोहा-चौपाई वाली 'रमैणी' के अतिरिक्त 'अखरावट' और 'महरी बाईसी' काव्य-कृतियों में अन्य काव्य-रूप देखे जा सकते हैं।

कबीर जैसे सन्तों ने अपने निर्गुण मत के प्रचार-प्रसार के निमित्त लोक कथाओं, लोक-गीति-शैलियों, लोकोक्तियों आदि को खुलकर प्रयुक्त किया है। जनसामान्य की रुचि के अनुरूप होने के कारण इनके पद, सबद या भजन आज तक जनता में गाए जाते हैं। गीत-शैलियों के अनुसार ही लौकिक काव्य-रूपों में भी विविधता देखने को मिलती है। यहाँ हम कबीर द्वारा प्रयुक्त विभिन्न काव्य-रूपों को दो प्रकार से समझने का प्रयास करेंगे। प्रथम अंश में सामान्यतः कवि द्वारा प्रयुक्त काव्य-रूप के स्वरूप तथा उसके लौकिक आधार पर ही चर्चा को केन्द्रित किया जाएगा, जबकि द्वितीय अंश में इन काव्य-रूपों में प्रयुक्त विभिन्न छन्दों के लोकपरक रूप को उद्घाटित किया जाएगा।

(क) कबीर वाणी में प्रयुक्त विभिन्न काव्य-रूप

साखी—सन्त कबीर ने इस काव्य-रूप का सर्वाधिक प्रयोग किया है। प्रायः कवि निजी अनुभवों की प्रामाणिकता के लिए पूर्ववर्ती महापुरुषों, गुरुओं आदि को 'साक्षी' (गवाह) बना कर, उनके नाम की दुहाई देते रहे हैं। व्यावहारिक जीवन में कोई भी समस्या आने पर ऐसी 'साखी' हमारा सच्चा मार्ग-दर्शन कर सकती है। 'कबीर-बीजक' की एक साखी में भी इसे 'ज्ञान की आँख' कह कर इसके इसी रचना-प्रयोजन की बात की गई है—

साखी आँखी ग्यान की, समुझि देखु मन माँहि,
बिन साखी संसार का, झगरा छूटत नांहि॥ 353॥[3]

साखियों की रचना का आरम्भ कदाचित् गुरु गोरखनाथ जैसे योगियों के काल से और 'जोगेश्वरी साखी' जैसे पद्य-संग्रहों, नामदेव जी की 'साखी' जैसे हस्तलिखित ग्रन्थों से माना जा सकता है। ये साखियाँ सूत्रों के समान अल्पाक्षर, असंदिग्ध और साखत् हुआ करती हैं। बिहारी के दोहों के समान इन साखियों को भी 'देखन में छोटी लगैं, घाव करैं गंभीर' कहा जा सकता है। इन साखियों को अधिकतर 'दोहा' छन्द में ही लिखा गया है।

कबीर की साखियों में अन्य छन्द भी मिलते हैं यथा—सोरठा, चौपाई, श्याम

उल्लाल, हरिपद, गीतिका, सार, छप्पय इत्यादि। अतः 'साखी' को सदैव 'दोहा' और 'दोहरा' का समानार्थक नहीं माना जा सकता। 'दोहरा' एक पुराना छन्द भी है और उसी का दूसरा नाम 'दोहा' बाद का विकसित रूप है। अपभ्रंश भाषा का सर्वाधिक लोकप्रिय छन्द 'दूहा' ही था। संस्कृत में इसकी-सी लोकप्रियता 'श्लोक' छन्द को और प्राकृत भाषा में 'गाथा' छन्द को मिली है। अपभ्रंश में इसे 'दोहा-बन्ध' और 'दूहा-विद्या' नामों से भी अभिहित किया गया। तदनन्तर बौद्ध-सिद्धों, जैन-मुनियों, सूफ़ी कवियों, कबीर-बीजक और गुरु गोबिन्द सिंह कृत 'दशम ग्रन्थ' में 'दोहरा' नाम ही अपनाया गया है।

'साखी' या 'दोहे' को 'गुरु ग्रन्थ साहिब' में 'सलोक' नाम दिया गया है, जिसका मुख्य कारण संस्कृत का लोकप्रिय 'श्लोक' छन्द ही है। हाँ, राजस्थानी भाषा के 'सलोका' के साथ इसका कोई दूर का सम्बन्ध भी नहीं प्रतीत होता। 'कबीर-ग्रन्थावली' में समस्त साखियाँ 'अंगों' के शीर्षकानुसार विभाजित की गई हैं। रज्जब ने दादू दयाल की वाणी का संग्रह प्रस्तुत करते समय इसी प्रकार का सर्वप्रथम वर्गीकरण किया और उसे एक अन्य नाम 'अंगवधू' भी दिया था। आचार्य परशुराम चतुर्वेदी की टिप्पणी है—" 'अंग' शब्द के विषय में अनुमान किया गया है कि वह साखी-स्वरूप गुरुदेव के शरीर के विविध भांगों का परिचायक है।" आगे स्वयं इस मत का खंडन करते हुए लिखते हैं—अधिक सम्भव है कि 'अंग' शब्द वस्तुतः उन विविध विषयों के लिए व्यवहृत हुआ हो, जिन पर कबीर साहब ने समय-समय पर साखियाँ कही होंगी। स्वयं कबीर साहब ने 'अंग' शब्द का प्रयोग अपनी एक 'साखी' में 'लक्षण' (या विषय) के अर्थ में किया है।[4]

निरवैरी निहकांमता, सांई सेती नेह।
बिषिया सूं न्यारा रहै, सन्तनि का अंग एह।[5]

अतः 'अंग' का अर्थ गुरुदेव के दैहिक अंग कदापि नहीं किया जा सकता, क्योंकि किसी संग्रह (यथा 'कबीर-ग्रन्थावली') में अंगों की संख्या 59 है, अन्य किसी संग्रह में यही संख्या 84 भी है। दूसरे, परवर्ती काल में अरिल्ल, झूलने, सवैये आदि छन्द में लिखित रचनाएँ भी अंगों के शीर्षक से वर्गीकृत की गई हैं। 'कबीर-ग्रन्थावली' में अंग-संबंधी यह विभाजन नितान्त निर्दोष इसलिए नहीं कहा जा सकता, क्योंकि एक तो अंग के अंतर्गत संगृहीत साखियाँ दूसरे किसी अंग के अन्तर्गत भी रखी जा सकती हैं, दूसरे चूंकि सभी साखियाँ उपदेश-प्रधान ही हैं, अतः 34वें अंग का शीर्षक 'उपदेश कौ अंग' रखना समुचित नहीं है। इसी प्रकार 'अंग' का मूल अर्थ 'लक्षण' या 'स्वरूपगत विशेषता' ही होना चाहिए, जिसे भूलकर प्रकरण, भाग, विषय जैसे अन्य अर्थ किए जाते रहे हैं।

कबीर के दोहे अपभ्रंश, वीर गाथाओं (यथा चन्दबरदाई-कृत 'पृथ्वीराज रासो') और अमीर खुसरो के दोहों का ही विकास प्रतीत होते हैं। इन दोहों में हरि-भक्ति विषयक सिद्धान्त-निरूपण और प्रेम-वंदना आदि के दर्शन होते हैं। कबीर के काल में इन साखियों की रचना का विशेष प्रचलन था। स्वयं कबीर ने आत्म ज्ञान से शून्य लोगों द्वारा भी साखी, सबदी गाते फिरने का संकेत किया है–

माला पहिरे टोपी पहिरे छाप तिलक अनुमाना।
साखी सबदी गावत भूले आतम खबर न जाना॥

इस प्रकार, नाथपंथियों से लेकर आज तक 'दोहा' जैसे लघु छन्द में रचित उपदेशात्मक वचनों की परम्परा ही 'साखी' के नाम से अभिहित है। कबीर ने लिखा है–

साखी कहै, गहै नहीं, चाल चली नहिं जाय।
सलिल मोह नदिया बहै, पांव नहीं ठहराय॥

अतः कबीर के अुनसार 'साखी' के कथन मात्र से भी बढ़ कर उस पर चिन्तन-मनन करके उसके उपदेशानुसार आचरण करना ही महत्त्वपूर्ण हुआ करता है।

पद (सबद)–कबीर के समूचे काव्य में 'पद' या 'शब्द' (सबद) की विशेष लोकप्रियता रही है। कहीं-कहीं इनके लिए 'वाणी' शब्द का भी प्रयोग किया गया है। 'गुरु ग्रन्थ साहिब' तथा 'कबीर-ग्रन्थावली' में इन्हें क्रमशः 'वाणी' और 'पद' ही कहा गया है। 'कबीर-बीजक' में इन्हीं को 'सबद' कहा गया है, किन्तु पूर्वोक्त दोनों ग्रन्थों के समान इनका विभाजन रागों के अनुसार नहीं किया गया है। जहाँ तक पदों के किसी एक निश्चित क्रम का प्रश्न है, इसका अभाव तो तीनों ही ग्रन्थों में खलता है। बौद्धों और सिद्धों के चर्या पदों या चर्या गीतियों में कबीर के इन गेय पदों के मूलांकुर देखे जा सकते हैं।

वेदों में उदात्त, अनुदात्त, स्वरित के विधान के कारण सूक्तों में काव्य और संगीत के समुचित ताल-मेल से पूर्ण सन्तुलन बना रहा है। ऋग्वेद में जिस 'गायत्री' नामक छन्द को वरीयता प्रदान की गई है, वह भी 'गाने योग्य, जो गाया जाए' अर्थ में ही है। ऋग्वेद की उषा-सम्बन्धी ऋचाओं, यम-यमी-प्रसंग, उर्वशी-पुरुरवा-प्रसंग में तो गीतात्मक तत्त्व हैं ही, समूचा सामवेद भी गायन-प्रधान ही है। ऋग्वेद के ही मन्त्रों को एक संगीतात्मक सूत्र में निबद्ध करके 'सामवेद' में रख दिया गया है। इस प्रकार काव्य और गेयता का सम्बन्ध वेदों से शुरू होकर आगे बढ़ता है तथा भरतमुनि (नाट्यशास्त्र) के काल तक सात स्वरों की

नियोजना रूढ़ हो जाती है। राजा हाल-कृत 'गाथा सप्तशती', गोवर्धनाचार्य-कृत 'आर्यासप्तशती', शूद्रक-कृत 'मृच्छकटिक', श्री हर्ष-कृत 'रत्नावली', महाकवि कालिदास के सभी नाटकों और काव्यों; विशेष रूप से 'मेघदूत' रचना पर गीतिकाव्यात्मक शैली का प्रभाव रहा है।

इसके अनन्तर सहजयानी सम्प्रदाय के सिद्धों ने राग और ताल पर आधारित पदों का प्रणयन किया। गायक और 84 सिद्धों में लुइपा, विरुपा, काण्हपा, डोम्बिपा के नाम विशेषतः उल्लेख्य हैं। इनके चर्या पद राग-रागिनियों पर ही आधारित थे। इन्हीं से प्रेरित होकर कबीर ने पदों या शब्दों की रचना की। इनसे पूर्व संस्कृत कवि क्षेमेन्द्र-रचित ग्रन्थ 'दशावतार चरित' और 12वीं शती के जयदेव-कृत 'गीत गोविन्द' को भाषिक माधुर्य और स्वरगत कोमलता के लिए विशेष ख्याति मिल चुकी थी। आगे चलकर मैथिल कवि विद्यापति की पदावली भी विशेष लोकप्रिय हुई। अमीर खुसरो ने झूले के लोक-गीतों में सर्वप्रथम टेक शैली का प्रयोग किया। टेक की आवृत्ति से पदों में संगीतात्मकता की अभिवृद्धि हो जाती है। सिद्धों के गेय पदों में दार्शनिक सिद्धान्त-निरूपण की प्रवृत्ति के प्रधान होने से जो शुष्कता आ जाती थी, उसे खुसरो ने मर्मस्पर्शी शब्द-योजना, टेक आदि से दूर किया। कबीर ने भी यही शैली अपनाई। मध्ययुग वस्तुतः 'गीतिकाव्य का स्वर्णयुग' घोषित किया जा सकता है।

आचार्य परशुराम चतुर्वेदी के मतानुसार दक्षिण भारत में—"स्वामी रामानुजाचार्य के दादा-गुरु नाथमुनि (मृत्यु सं. 937) ने सर्वप्रथम 'नाडियार प्रबन्धम्' (4000 भजनों का संग्रह) के नाम से संगृहीत किया था और जिनका पाठ वहाँ आज भी होता है। वे भजन प्रसिद्ध आलवार भक्तों की रचनाएँ हैं...पीछे आने वाले भक्त कवियों की ऐसी रचनाएँ उक्त प्रबन्ध-पद्धति का ही न्यूनाधिक अनुसरण करती हैं।"[6]

इन्हें बौद्धों के पूर्वोक्त चर्या पदों का विकसित रूप कहा जा सकता है। जयदेव, विद्यापति, चण्डीदास आदि के गेय पद भी उसी परंपरा की अगली कड़ियाँ हैं। कबीर के गेय पद भजनों के वर्ग में रखे जा सकते हैं। 'कबीर-ग्रन्थावली' के पदों में आसावरी, रामकली, केदारा, सोरठी जैसे रागों के शास्त्रीय नामों को शीर्षक बनाया गया है।

इस प्रकार 'कबीर-बीजक' के शब्दों में राग-रागिनियों का निर्देश न होने पर भी इन्हें उस काल में लोक-प्रचलित गीत-रूपों पर आधारित माना जा सकता है। यहाँ 4-5 पदों को अपवाद माना जा सकता है, शेष लगभग सौ पदों में 'सार' छन्द का ही प्रयोग विशेष रूप से ध्यातव्य है। इस छन्द में 16-12 मात्राओं के मध्यवर्ती विश्राम से कुल 28 मात्राएँ होती हैं और अन्त में दो गुरु स्वर रखे जाते हैं। यद्यपि यहाँ सार छन्द की ही लय दृष्टिगत होती है, तथापि मात्राओं

की संख्या सर्वत्र एक समान नहीं रही है। ऐसा प्रतीत होता है कि कबीर-काल में जन-समाज में 'भजन' और उनसे मिलते-जुलते धार्मिक गीतों का अधिक प्रचलन था। प्रातःकाल आज की तरह लोग प्रभातियाँ गाते घूमते होंगे।

डॉ. रवीन्द्र 'भ्रमर' का मत है—सम्भव है कि ये भजन और प्रभातियाँ कबीर के समकालीन लोक-जीवन में भी गेय रही हों और बीजक के शब्दों की रचना इसी लोक-प्रचलित गान-शैली को आधार बनाकर की गई हो। 'प्रभाती' के पद निम्नलिखित 'लय' में गाए जाते हैं—

प्रात समय रघुनाथ जगावैं कौशल्या महतारी॥[7]

इस पंक्ति से 'बीजक' के चौथे शब्द की अग्रलिखित पंक्तियों की लय की तुलना करने पर पूर्वोक्त कथन की सत्यता की पुष्टि हो जाएगी—

आसन मारि डिंम धरि बैठे मन में बहुत गुमाना।
पीपर पाथर पूजन लागे तीरथ बर्त भुलाना॥
माला पहिरे टोपी पहिरे छाप तिलक अनुमाना।
साखी सबदी गावत भूले आतम खबरि न जाना॥[8]

इसी प्रकार सन्त कबीर से पहले साधु जन सब्दियाँ भी गाया करते होंगे। कबीर के काल में 'गीत' शब्द भी प्रचलित रहा होगा। 'कबीर-बीजक' में सबदों और साखियों के गाए जाने के संकेत मिलते हैं।

'कबीर-ग्रन्थावली' में 'वचन' या 'उपदेश' के अर्थ में ही 'सबद' शब्द का प्रयोग हुआ है। यथा—

(1) अणी सुहेली सेल की, पड़तां लेइ उसास।
चोट सहारे सबद की, तास गुरु मैं दास॥[9]

29वें पद में भी उनका कथन है—

(2) रे तैं जोग जुगति जान्याँ नहीं,
तैं गुर का सबद मान्याँ नहीं॥[10]

फिर भी पदों के लिए 'गेयता' उनकी पहली शर्त ही कही जाएगी। कई बार कबीर एक ही पद में दोहा, सरसी, शुभगीता, रूपमाला, सार आदि एकाधिक छन्दों का भी मिश्रण कर देते हैं, यथा पद संख्या 13, 60 और 210 में द्रष्टव्य है। कबीर के जिन पदों में मात्र एक ही छन्द का विधान हुआ है, वहाँ वह उपमान, रूपमाला, विष्णुपद या सार छन्द में ही देखने को मिलेगा। इनसे कवि की इन छन्दों के प्रति विशिष्ट रुचि का ही रेखांकन होता है।

चूंकि कबीर के पद अनेक विधियों से गाए जा सकते थे इसलिए उनके विभिन्न संग्रहों में उनका वर्गीकरण भी विभिन्न दृष्टियों से हुआ है। कबीर के इन पदों की शैली का प्रभूत प्रभाव सन्त धर्मदास जैसे अनेक कवियों के पदों पर स्पष्ट रूप से देखा जा सकता है।

रमैणी--'कबीर-बीजक' में कुल चौरासी रमैणियों का संकलन हुआ है, जबकि 'कबीर-ग्रन्थावली' में इन सात रमैणियों को ही संकलित किया गया है—1. राग सूहौ 2. सतपदी रमैणी 3. बड़ी अष्टपदी रमैणी 4. दुपदी रमैणी 5. अष्टपदी रमैणी 6. बारहपदी रमैणी और 7. चौपदी रमैणी। इनमें सर्वप्रथम रमैणी तो मूलतः एक 'पद' ही है, जिसे संग्रहकर्त्ता ने भ्रान्ति से रमैणी खंड के आरम्भ में ही रख दिया है। अतः इस ग्रन्थ में कुल रमैणियाँ छह ही मानी जानी चाहिए।

'बीजक' ग्रन्थ में जो रमैणियाँ संगृहीत हैं, उनमें अपभ्रंश के कड़बकों से जन्मी और विकसित दोहा-चौपाई शैली का ही आश्रय ग्रहण किया गया है। स्वयंभू-कृत 'पउमचरिउ', तुलसीदास-कृत 'रामचरितमानस' और जायसी-कृत 'पद्मावत' में भी यही शैली मिलती है।

अपभ्रंश के कवि 10-12 चौपाइयों के अनन्तर उल्लाला या धत्ता की योजना करते थे। अपभ्रंश के अल्लिलह छन्द को हिन्दी के चौपाई छन्द का मूल आधार या रूप माना जा सकता है। जहाँ पहले के अन्त में दो लघु स्वर रखने का विधान है, वहाँ दूसरे अर्थात् चौपाई के अन्त में गुरु स्वर रहता है। अपभ्रंश में 10-10 या 12-12 अल्लिलह छन्दों या पज्झटिका छन्द के बाद दो पंक्तियों वाला छन्द रखने की शैली का नाम ही 'कड़बक'-शैली था। कहीं-कहीं दोहे का प्रयोग भी 'ध्रुवक' के रूप में हुआ मिल जाता है। इस प्रकार अपभ्रंश-साहित्य में दोहे-चौपाई लिखने की यह शैली ही 'रमैणी' काव्य-रूप की आधार-शिला मानी जा सकती है।

अपभ्रंश के 'चौपाई' छन्द में प्रत्येक चरण में 15 मात्राएँ होती हैं, तुकान्त में एक गुरु + एक लघु रखने का नियम है। 'चौपाई' नाम में जैसे एक मात्रा अधिक है, ठीक वैसे ही इसके प्रत्येक चरण में भी 16 मात्राएँ होती हैं और तुकान्त का अन्तिम लघु स्वर यहाँ गुरु कर दिया जाता है। जहाँ तुलसीदास ने चौपाइयों के मध्य 'अर्धाली' रख दी है, वैसा जायसी ने बहुत कम किया है।

आचार्य हज़ारीप्रसाद द्विवेदी के अनुसार सिद्ध सरहपाद और इसी प्रकार पूर्वी भारत के बौद्ध सिद्धों ने दोहा-चौपाई की इस शैली का सूत्रपात किया था। गोरखनाथ की वाणियों में भी यह शैली खोजी जा सकती है—"कबीर ने तो निश्चित रूप से इस पद्धति का व्यवहार किया था।"[11]

स्वयंभू देव के 'पउमचरिउ' ग्रन्थ के बाद मुल्ला दाऊद-कृत 'चन्दायन'

नामक ग्रन्थ की प्रसिद्धि का प्रमुख श्रेय उसकी इसी दोहा-चौपाई शैली को ही देना चाहिए। तदनन्तर लखनसेनि-कृत 'हरिचरित्र विराट पर्व' (रचनाकाल सं. 1488) और ईश्वरदास-कृत 'सत्यवती कथा' (सन् 1510 ई.) भी इसी शैली में लिखित ग्रन्थ हैं।

'रमैणी' नाम का प्रत्यक्ष सम्बन्ध 'रामायण' से भी माना जाता है। ध्वनि-विकास के नियमानुसार रामायण > रामायणी > रमयनी > रमैनी, रमैणी सम्भव ही है। 'रामायण' मूलतः एक कथाकाव्य है, जबकि रमैणियों में भी कहीं-कहीं कथा का सूक्ष्म सूत्र मिलता है। 'कबीर-बीजक' की दूसरी 'रमैणी' में सृष्टि के विकास की कथा पिरोई गई है, यथा–

जीव रूप एक अंतर बासा। अंतर जोति कीन्ह परगासा॥
इच्छा रूपि नारी अवतरी। तासु नामु गाइत्री धरी॥
तेहि नारी के पूत तीनि भाऊ। ब्रह्मा, बिस्नु महेसुर नाउं॥
फिर ब्रह्मा पूछल महतारी। को तोर पुरुष केकरि तुम नारि॥
तुम हम हम तुम अवर न कोई। तुमहि से पुरुष हमहि तोरि जोई॥[12]

निष्कर्षतः यह अनुमान सहज ही लगाया जा सकता है कि 'ढोला मारू' या 'आल्हा' जैसे लोक-प्रचलित काव्यों से यात्रा करती हुई दोहा-चौपाई की यह लोकप्रिय शैली शिष्ट लेखकों के साहित्य में भी प्रवेश कर गई होगी। इसके समानान्तर लोक में गीतिमूलक तथा कथामूलक शैलियाँ भी प्रचलित रही होंगी। इन सभी के मध्य दोहा-चौपाई की इस शैली से ही 'रमैणी' भी किसी विशेष प्रयोजन या लक्ष्य को सामने रखकर लोकप्रिय हो गई होगी। स्तुति वर्णन, उपदेशपरकता, लोक का उपकार या हित-साधन जैसा कोई भी प्रयोजन हो सकता है। कबीर के ही कथन इस अनुमान की पुष्टि में प्रस्तुत किए जा रहे हैं–

1. *अदबुद रूप जात कै बानी, उपजी प्रीति रमैनी ठानी।*[13]
2. *जाकर नाम अक हुआ रे भाई, ताकर काह रमैनी गाई।*[14]
3. *जो मिलिया सो गुरु मिलिया, सीख न मिलिया कोय।*[15]
4. *छः लाख छानबे रमैनी, एक जीव पर होय।*[16]

'कबीर-बीजक' की रमैणियों में दो साखियों के मध्य अधिकतम 13 अर्धालियों की योजना हुई है और न्यूनतम 2 अर्धालियाँ आई हैं। दूसरी ओर 'कबीर-ग्रन्थावली' की रमैणियों में 82 तक अर्धालियाँ मिल जाती हैं। 'दुपदी रमैणी' देखी जा सकती है। यहाँ रमैणियों की न्यूनतम संख्या 3 है। पंक्तियों की अधिक संख्या के आधार पर ही एक रमैणी का नाम 'बड़ी अष्टपदी' रखा गया है।

चौंतीसा—इस काव्य-रूप में वर्णमाला के स्वरों को छोड़ कर 34 व्यंजनों के आधार पर रचना की जाती है। फ़ारसी काव्यों में 'अलिफ़नामा' शैली और अंग्रेज़ी काव्यों में एल्फ़ाबेट सांग (Alphabet Song) की शैली से इस चौंतीसा काव्य-रूप की तुलना की जा सकती है।

'कबीर बीजक' में 'ग्यान चौंतीसा' आया है। इसके आरम्भ में 'ॐ' शब्द ('ओम्' का 'अ' अक्षर) का प्रयोग किया गया है—

ओं ऊँकार आदि जो जाने।

चौंतीसा में कुल 69 पंक्तियाँ हैं। कुछ संस्करणों में 20 पंक्तियों के बाद एक साखी भी है। 'बीजक', 'आदि ग्रन्थ' और 'कबीर-ग्रन्थावली' की कुछ ही पंक्तियों में समानता मिलती है, अन्य पंक्तियाँ पर्याप्त भिन्न हैं। 'ॐ' को छोड़ कर इन तीनों ही कृतियों में अक्षरों की कुल संख्या 34 है, जिससे नामकरण का औचित्य प्रमाणित होता है। प्रायः परस्पर संवादों द्वारा उपदेश देने की प्रवृत्ति ही सर्वत्र परिलक्षित होती है। 'बीजक' के 'ग्यान-चौंतीसा' में चौपाई छन्द की झलक मिलती है, चाहे इस छन्द के नियमों का सर्वत्र कठोरता से पालन नहीं किया गया है। एक उदाहरण द्रष्टव्य है—

च चा रचित चित्र है भारी, तजि विचित्र चित राखि चितेरा॥
चित्र विचित्र रहै औडेरा तजि विचित्र चित राखि चितेरा॥[17]

कहते हैं कि असम प्रान्त के प्रख्यात भक्त कवि शंकरदेव (सं. 1506-1626 वि.) एक बार यात्रा करते हुए जब काशी पधारे, तब वे सन्त कबीर-कृत इस 'चौंतीसा' काव्य-रूप से इतने प्रभावित हुए कि इसी के तौल पर उन्होंने स्वयं भी क, ख, ग से आरम्भ करके 'चतिहा' काव्य-रूप की रचना कर डाली थी। उसमें कुल 36 पंक्तियाँ थीं।

कहीं-कहीं प्रभु-नाम के स्मरणार्थ भी वर्णमाला के अक्षरों का ऐसा ही व्यवहार लोक में किया जाता है। हिन्दी काव्यों में 'चौंतीसा' से मिलते-जुलते अन्य काव्य-रूप हैं—बावनी (बावन अखरी) ककहरा, अखरावट, अलिफ़नामा इत्यादि।

अलिफ़नामा—बंगाल के अनेक मुस्लिम कवियों ने वर्णमाला के अक्षर-क्रमानुसार कुछ काव्य लिखे हैं, इसीलिए आचार्य हज़ारीप्रसाद द्विवेदी की टिप्पणी है—"सम्भवतः इस प्रथा का प्रचार मुस्लिम सूफ़ी सन्तों ने ही किया था।"[18]

डॉ. रामकुमार वर्मा ने कबीर द्वारा रचित 'अलिफ़नामा' नामक एक रचना

का नाम लिया हैं। इसमें कुल 34 पद्य हैं और 'ज्ञानोपदेश' ही इस कृति का प्रमुख उद्देश्य है।[19]

वास्तव में कबीर के 'अलिफ़नामा' में प्रत्येक पद अरबी वर्णमाला के अक्षर से आरम्भ किया गया है।

डॉ. रवीन्द्र 'भ्रमर' की टिप्पणी है "इस पुस्तक की एक अन्य प्रति भी उपलब्ध हुई है—जिसका नाम है—'अलि.नामा कबीर का।' इसमें 34 के बदले 41 पद्य हैं। वर्णमाला के अक्षरों से आर. करके पद्य लिखने की प्रथा का निर्वाह इसमें भी किया गया है।"[20]

यही काव्य-रूप जायसी के 'अखरावट' ग्रन्थ में भी अपनाया गया है।

बावनी—कबीर-बीजक में इस काव्य-रूप का अभाव है। 'आदि ग्रन्थ' में 'बावन अषरी' और 'कबीर-ग्रन्थावली' में 'बावनी' नाम से अवश्य यह काव्य-रूप मिलता है। अखरावट, बारह (या बारा) खड़ी आदि इसी के अन्य नाम कहे जा सकते हैं। इसी से मिलती-जुलती रचनाएँ गुजराती भाषा में कक्क, कक्कक, मातृका और फ़ारसी में अलिफ़नामा, सीहर्फी और पंजाबी में भी बावन आक्खरी, सीहर्फ़ी नामों से उपलब्ध होती हैं। शिशुओं को हिन्दी वर्णमाला का अच्छी तरह अभ्यास और ज्ञान कराने के लिए प्रत्येक व्यंजन को लेकर उसके साथ बारी-बारी से प्रत्येक मात्रा जोड़ते हुए शब्द-रूप चलाए जाते हैं, ताकि शिशुओं को ये रूप बनाने आ जाएँ। यथा—क = क, का, कि, की, कु, कू, के, कै, को, कौ, कं, कः।

इसी का नाम 'बारहखड़ी' है। हिन्दी की वर्णमाला में कुल 16 स्वर और 36 व्यंजन हैं। 'कबीर-ग्रन्थावली' में हरेक वर्ण को लेकर द्विपदी (दो चरणों वाली) रचनाएँ लिखी गई हैं। यहाँ 'बावनी' नामक इस काव्य-रूप का एक निदर्शन प्रस्तुत है—

क का कंवल किरणि में पावा, अरिससि बिगास सेपट नहीं आवा।
अस जे जहाँ कुसुम रस पावा, तौ अकह कहा कहि का समझावा॥[21]

पूर्वोक्त स्वर और व्यंजनों का योग 'बावन' होता है, सो प्रत्येक वर्ण से आरम्भ करके रची गई द्विपदियों की शैली भी 'बावनी' नाम को सार्थक कर सकती थी, किन्तु कबीर की बावनी में 'ॐ अंकार आदि में जाना' और 'ॐ ऊकार करै जस कोई' में 'ॐ' शब्द का प्रयोग होता है, जो 53वाँ अक्षर होने के कारण अतिरिक्त ही ठहरता है। कबीर ने त्र, ज्ञ व्यंजनों के साथ-साथ समस्त स्वरों को भी प्रयुक्त नहीं किया है। इस प्रकार केवल 34 अक्षरों को आधार बनाने पर भी इस रचना का 'बावनी' नाम मात्र रूढ़ि-निर्वाह ही कहा जाएगा। 'बावन' की संख्या को आंखों से ओझल करके रचनाकारों ने कदाचित् 'चौंतीसा' की लोकप्रिय शैली का अन्धानुकरण मात्र ही किया है।

'कबीर-ग्रन्थावली' और 'आदि ग्रन्थ' में रचनाओं की प्रस्तुति अक्षरों के पंजाबी उच्चारण यथा क-का, ख-खा के अनुरूप ही हुई है। एक और अन्तर यह है कि जहाँ कबीर-ग्रन्थावली में 'ङ' और 'ञ' के स्थान पर केवल 'न' वर्ण से ही रचना शुरू की गई है, वहाँ 'य' के बदले 'ज', 'श' के बदले में 'स' और 'क्ष' के बदले में 'ख' (ष) अक्षर प्रयुक्त किए गए हैं। दूसरी ओर 'आदि ग्रन्थ' में ऐसा व्यंजन-परिवर्तन न करके अद्यतन उच्चारण का ही अनुकरण किया गया है।

श्री अगरचन्द नाहटा के मतानुसार पृथ्वीचन्द्र जैन ने 'मातृका प्रथमाक्षर दीर्घक' से ही 'बावनी' काव्य-रूप का श्रीगणेश किया था। उसमें कुल 58 दोहे संकलित हैं और कृति की रचना सं. 1400 में हुई थी। जहाँ उसकी रचना केवल दोहों में ही की गई थी, वहाँ कबीर इस छन्द-सीमा से नहीं बंधे हैं। वास्तव में 'बावनी' काव्य-रूप में दोहों के अतिरिक्त कुंडलियाँ, छप्पय, कवित्त, सवैये जैसे अन्य छन्द भी अपनाए जाते रहे हैं।

सन्त भीषजन ने अपने नाम पर 'भीष बावनी' कृति की रचना सं. 1683 वि. में रची थी। उसमें अक्षरों की कुल संख्या 50 थी और 'ऊँकार' भी उसी में अन्तर्भूत था। 'अ' से लेकर 'अः' के अतिरिक्त वहाँ ऋ, ॠ, ऌ, ॡ चारों वर्ण भी हैं। ये सभी संस्कृत वर्णमाला के हैं। आज देवनागरी लिपि ने इनमें से केवल 'ऋ' वर्ण को ही अंगीकार किया है और शेष तीनों वर्ण छोड़ दिए हैं।

'बावनी' के प्राचीन साहित्य में स्वामी अग्रदास द्वारा रचित 'हितोपदेश', 'उपखाण बावनी' (रचनाकाल सं. 1662) के बाद भूषण कवि द्वारा रचित 'शिवा बावनी' प्रसिद्ध ग्रन्थ विशेष रूप से उल्लेखनीय है।

कहरा—'कबीर-बीजक' में 'कहरा' नामक काव्य-रूप मिलता है। 'आदिग्रन्थ' में 'राग बिलावल' का सर्वप्रथम पद 'कहरा' ही है।

'कहरा' शब्द के ये अर्थ किए गए हैं—उपदेश, कहारों का गीत, जन्म-मरण रूपी 'कहर' (प्रकोप) इत्यादि। आचार्य परशुराम चतुर्वेदी के मतानुसार 'कहरवा' लोक-गीत की तर्ज़ पर गाए जाने के कारण ही इस काव्य-रूप को 'कहरा' कहा गया है। डॉ. नज़ीर मुहम्मद के अनुसार—"वैसे भी यह 'कहरवा' नामक ताल में आसानी से निबद्ध किया जा सकता है। कबीर पंथियों में इसे प्रातःकाल गाया जाता है।"[22]

वास्तव में 'कहरा' काव्य-रूप में ताल, लय और नृत्य तीनों की ही त्रिवेणी रहती है। प्रायः कहार जातीय लोग नाचते-गाते हुए 'कहरा' गाया करते हैं। वे डफ़, ढोल, मृदंग जैसे वाद्यों के ताल पर नाचते-झूमते 'कहरा' गाते हैं। कबीर-बीजक से एक दृष्टान्त अवलोकनीय है—

ताल झांझ भल बाजत आवै कहरा सम कोई नाचे हो।
जेहि रंग दुलह बियाहन आएँ, दुलहिन तेहि रंग रांचे हो॥[23]

'कहरा' से 'ककहरा' का कदापि भ्रम नहीं होना चाहिए, क्योंकि वह एक अलग काव्य-रूप है। 'ककहरा' की रचना-शैली 'अखरावट' की सी हुआ करती है।

'कहरा' में अधिकतर 16-14 की यति से कुल 30 मात्राएँ ही मिलती हैं। हाँ, सर्वत्र इस नियम का बन्धन नहीं है। प्रत्येक पंक्ति के अन्त में गुरु मात्रा के बाद गे, हे या हो आने चाहिए। बसन्त काव्य-रूप के ही समान 'कहरा' में भी लोकगीतों के अनुरूप भाषागत मधुरता, सरलता और सरसता हुआ करती है। कबीर जैसे सन्तों ने 'कहरा' को भजन-गान के सांचे में ढालने का काम किया है। कबीर के 'कहरा' में 'महरा' शब्द की आवृत्ति से सांगीतिक लय और प्रवाह में अभिवृद्धि की गई है। 'महरा' का शाब्दिक अर्थ प्रधान, श्रेष्ठ, गुरुपाद आदि ही है।

कबीर के 'कहरा' की एक पंक्ति देखें–

दास कबीर कीन्ह यह कहरा,
महरा माहि समाना हो।[24]

समग्रतः 'कहरा' एक लोकनृत्य गानपरक काव्य-रूप है। बीजक में इस नाम से कुल 12 पद सम्मिलित हैं।

तुलसीदास की 'विनय पत्रिका' पुस्तक में 10 पंक्तियों वाला एक ऐसा पद है, जिसे यद्यपि 'कहरा' या 'कँहरवा' तो नहीं कहा गया है, तथापि कथ्य और शिल्प के आधार पर यह 'कहरा' से ही समानता रखता है और इसमें एक बार 'कँहार' जाति का भी स्पष्ट रूप से नामोल्लेख हुआ है।[25]

कबीर ने एक 'कहरा' में राम-नाम के स्मरण के बिना अपना जीवन व्यर्थ ही नष्ट करने वाले जीवों को ज्ञानोपदेश दिया है–

राम नाम बिनु, राम नाम बिनु, मिथ्या जनम गमाई हो।
सेमर सेइ सुआ जौं जहड़ें, ऊन परे पछिताई हो।
जैसे मदपि गाँठि अरथ दें, धरहु कि अकिल गमाई हो।
स्वादे वोद्र भरे धौं कैसे, ओसे प्यास न जाई हो।
दरब हीन जैसे पुरुषरथ, मनहीं माहि तबाई हो।
गाँठि रतन भरम नहिं जानै, पारखि लीन्हा छोरी हो।
कहहि कबीर यह अवसर बीते, रतन न मिलै बहोरी हो॥[26]

यहाँ पंक्तियों के अन्त में 'कँहरवा' लोक-गीत की 'हो' टेक दर्शनीय है। लोक में इस ढर्रे के भजन विशेष रूप से प्रचलित रहे हैं–

ऐसा ज्ञानी मिला गुरु मेरा, भोग में जोग बताया रे।

'कहरा' को नाचते हुए आनन्दपूर्वक गाने की पुष्टि कबीर के एक 'कहरा' की इन पंक्तियों से हो जाती है–

ताल झाँझ भल बाजत आवै
कहरा सम कोई नाचे हो।
जेहि रंग दुलह बियाहन आए।
दुलहिन तेहि रंग राँचे हो॥[27]

थिंती–'तिथिवार' शब्द का ही तद्भव रूपी शब्द 'थिंती' एक देशज प्रयोग कहा जा सकता है। 'गोरखबानी' में 'पन्द्रह तिथि' नाम से उपलब्ध रचना में अमावस्या से लेकर पूर्णिमा (पून्यं, पूनो) तक 16 तिथियों का समावेश हुआ है। इसी से सादृश्य रखने वाली 'थिंती' नामक रचना केवल आदिग्रन्थ में ही देखने को मिलती है। वहाँ इसका आरम्भ जिस 'सलोक' से होता है, उसकी प्रत्येक पंक्ति में 14-15 की यति से 29 मात्राएँ होती हैं और छन्द भी दोहा नहीं है, न ही सर्वत्र मात्राओं की संख्या और क्रम एक समान रहे हैं।

सलोक के एकदम बाद 'थिंती' आरम्भ होती है। इसमें दो पंक्तियों के बाद पदों की तरह एक 'रहाउ' द्वारा विराम की योजना की गई है। 'गोरखबानी' के ही समान भाव की अभिव्यक्ति थिंती की अन्तिम पंक्ति में हुई है। थिंती में कुल पंक्तियों की संख्या 36 है।

उक्त भाव-सादृश्य के लिए उदाहरण प्रस्तुत है–

भया भीर तब आछै धीर। अनंत सिधा श्री गोरष पीर। 17/2।[28]
आदि अंति मधि होइ रहिआ थीर। सुख सागर महि स्यहि कबीर॥16॥[29]

इसमें अधिकांशतः चौपाई छन्द ही प्रयुक्त हुआ है, जिसमें 15-15 मात्राएँ और अन्त में एक गुरु और एक लघु रहता है। केवल दो पंक्तियाँ 16-16 मात्राओं वाले चौपाई छन्द की मिलती है। यथा–

त्रितीया तीन सम करि लिआवै,
आनन्द मूल परम पदु पावै॥[31]

वार–'थिंती' के बाद आदिग्रन्थ में 'वार' शीर्षक से थिंती की ही तरह रागु गउड़ी में एक रचना मिलती है। 'कबीर-ग्रन्थावली' में भी यही रचना थोड़े अन्तर अर्थात् पाठ-भेद से 'राग बिलावल' में दृष्टिगत होती है। हाँ, 'बीजक' में इस ढंग की कोई भी रचना नज़र नहीं आती।

तिथियों और दिनों (वारों) के नामों को आधार बना कर ऐसी रचनाएँ सामने

आती हैं। 'वार' का अर्थ सप्ताह के सात दिनों से ही है। हाँ, आदित्य (आदित) के समान 'शनि' शब्द प्रयुक्त न करके 'थावर' शब्द प्रयुक्त हुआ है। यथा–

थावर थिर करि घटि में सोई, जोति दीवटी मेल्है जोइ।[31]

शेष सोम, मंगल, बुध, बृहस्पति तथा शुक्र के नाम देकर दो-दो पंक्तियाँ रखी गई हैं। प्रथम पंक्ति में ही 'रहाउ' आ जाता है। 'वार' में आध्यात्मिक ज्ञानोपदेश ही प्रधान है। कदाचित् रचनाकार सीख देना चाहता है कि प्रतिदिन प्रभु-स्मरण करते रहना ही जीव-मात्र का कर्त्तव्य है।

'गोरखबानी' में 'वार' शैली की रचना 'सप्तवार' नाम से मिलती है। वहाँ भी टेक वाली पंक्ति आरम्भ में है और 'आदित' से लेकर 'सुक' तक छह वारों के नाम क्रमशः ले-ले कर रचना की गई है। उसका प्रभाव 'कबीर-ग्रन्थावली' में द्रष्टव्य है–

आदित करै भगति आरम्भ, काया मंदिर मनसा थंम।
अखंड अहनिसि सुरष्या जाइ, अनहद बेन सहज मैं पाइ॥[32]

'आदि ग्रन्थ' में भी रचना का प्रारंभ आदित्य (रवि) वार से ही किया गया है। प्रायः समूची 'वार' में 'चौपाई' छन्द का ही प्रयोग हुआ है, जिसके प्रत्येक चरण में 15-15 मात्राएँ होती हैं और अन्त में एक गुरु और एक लघु की योजना होती है। हाँ, कहीं-कहीं अपवाद रूप में चौबोला छन्द भी प्रयुक्त है, जिसमें 15-15 मात्राओं के अन्त में गुरु-लघु न होकर लघु-गुरु को देखा जाता है। यथा–

सुरखी पांचउ राखौ सबै।
तउ दूजी द्रिसटि न पैसे कवै॥[33]

यों समूची रचना में इस चौबोला छन्द में मात्र आठ पंक्तियाँ ही हैं और 'वार' की कुल पंक्तियाँ 34 हैं।

'कबीर-ग्रन्थावली' में राग बिलावल में नियोजित 'वार' रचना का समारम्भ चौपाई छन्द की 'टेक' से होता है। बाकी पंक्तियाँ 'चौपाई' छन्द में ही हैं। कुछ पंक्तियाँ चौबोला छन्द में हैं। पंक्तियों की कुल संख्या सत्रह है।

बसन्त–विद्यापति आदि के समान सन्त कबीर ने भी 'बसन्त' काव्य-रूप के आधार पर बसन्त के पद लिखे हैं। ताल, लय और मात्राओं की संख्या की दृष्टि से इन सभी की बसन्त-सम्बन्धी रचनाएँ लगभग एक समान हैं। 11वीं शती ई. के अपभ्रंश-कवि अबदुर्रहमान की 'सन्देश रासक' कृति में बसन्त काव्य-रूप की शैली देखी जा सकती है। इसी श्रेणी में लक्ष्मी वल्लभ-कृत 'अध्यात्म फागु' जयवन्त सूरि-कृत 'स्थूलिभद्र कोशा प्रेम विलास फागु' आदि रचनाएँ आती हैं। उसी वर्ग में कबीर-बीजक का 'बसन्त' भी आता है। लय की एकरूपता का मुख्य

कारण पद्धड़िया या पद्धरी छन्द में पुरानी फाग रचनाओं की नियोजना की है। चूंकि समस्त रागों में इस छन्द का विधान किया जा सकता है, इसीलिए कवियों ने बसन्त-काव्य रूप की रचना के लिए इसी छन्द का आश्रय ग्रहण किया। यह वही छन्द है, जिसमें चन्दबरदाई ने वीर रसपूर्ण काव्य की भी रचना की थी। बसन्त काव्य-रूप में ढल कर वही छन्द कोमल, सरस और सुमधुर भावों का प्रकाशन करने लगा। कबीर का एक बसन्त प्रस्तुत है—

रसना पढ़ि लेहु सिरी बसन्त।
सुनि जाइ परिहौ जम के फंद॥
मेरु डंड पर डंक दीन्ह।
अस्ट कवँल परजारि दीन्ह॥
ब्रह्म अगिनि कीयो परगास।
अरध उरध तहँ बहै बताख॥[34]

'कबीर-बीजक' में 'बसन्त' शीर्षक के अंगभूत कुल 12 रचनाओं का संकलन किया गया है। जिनमें 4, 5, 7, 10 पंक्तियाँ हैं—अर्थात् आकारगत विषमता ही है। 'आदिग्रन्थ' में राग बसन्त में कुल 8 पद हैं। 'कबीर बीजक' की रचनाएँ भी इसी राग में कही जा सकती हैं। इनका मुख्य प्रतिपाद्य कबीर की अन्य रचनाओं वाला ही है। ब्रज का फागु-काव्य इसी के समानान्तर है बसन्त ऋतु में ही गाए जाने के कारण इसके अन्य नाम बसन्त, धमाल, धमार, होली आदि भी हैं। धमाल, धमार जैसे शब्द 'कोलाहल' के अर्थ में लोक-प्रचलित रहे हैं। होली के आसपास ढप बजा कर 'बसन्त' गाया जाता है, जिससे इसकी 'होली' संज्ञा सार्थक होती है। इस प्रकार कबीर ने अपने समय में प्रचलित लोकप्रिय काव्य-रूप को उठा कर अपने कथ्य के सांचे में ढाल लिया, अपनी रुचि के शीशे में पूरी तरह से उतार लिया।

कबीर के बसन्त गीत गेय हैं और शास्त्रीय संगीत के आधार पर राग बसन्त की त्रिताल में इन्हें सरलता से बांधा जा सकता है।

डॉ. नज़ीर मुहम्मद लिखते हैं—राग बसन्त एक सम्पूर्ण राग है जिसमें कोमल ऋषभ (रे), तीव्र मध्यम (म) एवं शुद्ध निषाद (नि) का प्रयोग विशेष मधुर, चमत्कारपूर्ण एवं कठिन है। त्रिताल में 16 मात्राएँ होती हैं, जिसके बोल हैं—धा धिन धिन धा। धा धिन धिन धा। धा तिन तिन ता। ता धिन धिन धा। इसमें पहली मात्रा पर ताली, पाँचवीं पर ताली, नवीं पर खाली और तेरहवीं पर फिर ताली होती है। तीन भरी और एक खाली होने के कारण ही इसका नाम 'त्रिताल' है।[35]

'कबीर-ग्रन्थावली' में 'बसन्त' शीर्षक वाले पदों से पहले दो पंक्तियों की 'टेक' मिलती है। अतः अनुमान है कि ये पद गेय ही रहे होंगे।

'बसन्त' गीतों में ऐसे ही छन्द प्रयुक्त किए गए हैं, जिनमें प्रत्येक पंक्ति की अन्तिम मात्रा गुरु न होकर लघु ही है। यथा 14-14 मात्राओं और अन्त में गुरु-लघु वाले कज्जल छन्द के निदर्शन प्रस्तुत हैं–

बिनु तरवर फूले अकास सिव विरंचि तहँ लेहि बास। (14-14)
पनियाँ अन्दर धरे न कोय, पौन गहै कस मलिन धोय। (15-14)[36]

पद्दड़िया छन्द को पद्धरि भी कहते हैं और इसे बसन्त राग का एक प्रधान छन्द माना जाता है। इसमें प्रत्येक चरण में 16-16 मात्राओं के बाद अन्त में एक जगण ।ऽ। की योजना की जाती है। इसी प्रकार कबीर ने 'बसन्त' काव्य-रूप में चौपाई (15-15, अन्त में गुरु-लघु) और 'सार' जैसे छन्द (16-12, अन्त में दो गुरु) का प्रयोग किया है। केवल 'सार' छन्द में ही चरणान्त में गुरु (दीर्घ) मात्रा हुआ करती है। यथा कबीर के अंतिम बसन्त की दो पंक्तियाँ देखें–

कुमरा ह्वै करि बासनि धरिहू धोबी ह्वै मल धोऊँ॥
चमरा ह्वै करि रंगौं अधोरी, जाति पांति कुल खोऊँ॥[37]

कबीर की इन 'बसन्त' नामक रचनाओं में उपहासास्पद बातें भी आ गई हैं, गंभीरता का अभाव है और छन्द भी चौपाई और पद्धरि जैसे छन्दों के तालमेल से तैयार किए गए हैं।

आचार्य परशुराम चतुर्वेदी की यह टिप्पणी महत्त्वपूर्ण है–

"इन पद्यों की एक विशेषता यह भी है कि ये लोक गीतों जैसे जान पड़ते हैं और इनकी भाषा में भी भोजपुरी का प्राधान्य है। यदि इन्हें रूपक मानकर इन पर विचार किया जाए, तो इनके भीतर हमें स्वानुभूतिपरक 'नित्य बसन्त' और 'सामान्य बसन्त' इन दोनों का भी वर्णन मिल सकता है।"[38]

चाँचर–'चाँचर' शब्द संस्कृत तत्सम शब्द 'चर्चरी' का ही तद्‌भव रूप है। इसका एक अर्थ गीत-नृत्यपूर्ण सामूहिक गान-पद्धति भी है। मूलतः यह एक 'बसन्त-गीत' ही है। यह रचना नाच-नाच कर गाई जाती है। 'चर्चरी' शब्द का एक अर्थ वह चौक भी है जहाँ एकत्र होकर लोग नाचते-झूमते गीत गाया करते हैं।

'कबीर-बीजक' में 'चाँचर' नाम से दो काव्य-रूप मिलते हैं, जिनमें पंक्तियों की संख्या और छन्द असमान हैं। पहले चाँचर में माया के कार्यों यथा होली खेलने का बखान किया गया है। यहाँ 25 पंक्तियाँ हैं और दोहा जैसे छन्द प्रयुक्त किए गए हैं। दूसरे चाँचर में कबीर मन को संबोधित करते हुए उसे चेतावनी देते हैं। यहाँ कुल पंक्तियाँ 28 हैं। यहाँ जिस दो पंक्तियों वाले छन्द का प्रयोग किया गया

है, उसकी पंक्ति में 13+8 और दूसरी पंक्ति में 15+8 मात्राओं की योजना की गई है। 'मन बौरा हो' टेक-सी पंक्ति हरेक-पंक्ति के अन्त में सांगीतिक मधुरता और लय की अनुपम सृष्टि करती है। इस रचना की 8 पंक्तियाँ 'आदि ग्रन्थ' के 57वें पद में 'रागु गउड़ी' में मिलती-जुलती सी हैं। 'मन बउरा रे' शब्दों की आवृत्ति पंक्ति के अन्त के स्थान पर ठीक बीच में की गई है। उदाहरण प्रस्तुत हैं–

कालबूत की हस्तिनी मन बौरा हो।
चित्र रचौ जगदीस समझ मन बौरा हो।
कम्भ अन्ध गज बस परे मन बौरा हो।
अंकुस सहिया सीस समुझ मन बौरा हो।[39]

x x x

कालबूत की हस्तनी मन बउरा रे चलतु रचिओ जगदीस।
काम सुआइ गज बसि पर मन बउरा रे अंकुस सहओ सीस॥[40]

'आदिग्रन्थ' में पहले से दसवें चरण तक इसी प्रकार 'मन बउरा रे' की बीच-बीच में लयपूर्ण आवृत्ति होती जाती है। केवल तीसरे चरण में 'रहाउ' रहने से ऐसा नहीं हुआ है।

सम्भवतः 'चर्चरिका' नामक ताल में गाए जाने के कारण ही 'चाँचर' नाम चल निकला होगा। बसन्तोत्सव की वेला में गाए जाने के कारण इस काव्य-रूप का विषय आरम्भ में 'होली' त्योहार से जुड़ा होगा। जिनदत्त सूरी की रचना 'चर्चरी' नाम से मिलती तो है, किन्तु उसका छन्द दूसरा है। कबीर से पहले 'चाँचर' में होली खेलने वाली माया का मानवीकरण विशेष रूप से श्लाघ्य है। मूलतः यह एक शृंगार प्रधान काव्य-रूप है, जिसका कबीर के काल में अत्यधिक प्रचलन था। इसे कबीर ने अपने आध्यात्मिक उपदेश वाले साँचे में ढाल लिया है।

हिंडोला–भारत में चौमासे में हिंडोले के जो गीत गाए जाते हैं, वही सन्तों द्वारा प्रयुक्त 'हिंडोला' काव्य-रूप के मूलाधार माने जा सकते हैं। अष्टछाप के कृष्णभक्त कवि हों या तुलसीदास, सभी ने इस लोकप्रिय गीत-पद्धति को ग्रहण करके रचनाएँ की हैं। कबीर के 'बीजक' में भी 'हिंडोला' शीर्षक से 3 पद मिलते हैं। पहले पद में कबीर ने इस विश्व रूपी विशाल हिंडोले का रूपक मनोरम ढंग से बाँधा है। पाप और पुण्य के स्तम्भों से लटकी हुई सारी जगत् ही भ्रम के झूले पर मानो झूलती चली जा रही है–

भरम हिंडोला ना, झूलै सब जग आय।
पाप पुन्य के खम्भा दोऊ, मेरू माया मांह।

लोभ मरुवा विषै भँवरा, काम कीवा ठानि।
सुभ असुभ बनाय डाँडी, गहै दोनों पानि।[11]

जहाँ पहले 'हिंडोला' पद में 19 पंक्तियाँ हैं, वहाँ दूसरे और तीसरे पद में केवल 8-8 पंक्तियाँ ही हैं। कबीर ने मूल रूप से शृंगार रस के झूला-गीतों पर अध्यात्म का रंग और रस चढ़ा डाला है। सृष्टि वाला रूपक हमें 'कबीर-ग्रन्थावली' के 18वें पद में भी अंशतः मिल जाता है। यद्यपि यहाँ भी खंभों के रूपाकार की सदृशता ध्यान खींचती है, तथापि योग-साधना के आंगिक विवेचन से इस पद की पार्थक्याश्रयी विशेषता ही रेखांकित होती है।
समग्रतः हिंडोला काव्य-रूप भी मौखिक-रूप से प्रचलित झूला गीतों के लोक-पक्ष की ही गवाही भरने वाला माना जाएगा। यद्यपि हिंडोला पदों की अधिक रचना 'रूपमाला' छन्द (14+10 = 24 मात्राएँ) में ही दीख पड़ती है, तथापि कहीं-कहीं 16+11 मात्राओं वाले 'सरसी' छन्द जैसे अन्य छन्द भी मिल जाते हैं। दो पंक्तियाँ प्रस्तुत हैं—

धारति अकास दोऊ झूलहिं झूलहिं पवना नीर।
देह धरे हरि झूलहिं ठाढ़े देखहि हंस कबीर॥[12]

यद्यपि संगीत शास्त्र में 'हिंडोला' नामक एक प्रख्यात राग भी है, जो वसन्त ऋतु में ही गाया जाता है, परन्तु उसका इस विवेच्य काव्य-रूप से दूर का भी कोई सम्बन्ध नहीं है। कबीर ने तो सृष्टि रूपी विशाल हिंडोले को जीवों के 'आवागमन-चक्र' के रूप में प्रस्तुत करके अपनी मनोहारिणी कल्पना का ही स्पष्ट साक्ष्य प्रस्तुत किया है। चूंकि लोक में सावन मास के गीतों को 'कजली' कहा जाता है, इसलिए साहित्य या काव्य में आकर 'हिंडोला' पद या गीत खड़े हो जाते हैं और ठीक वैसी ही महत्ता और लोकप्रियता के अधिकारी हो जाते हैं।

बेलि—उपनिषदों में अध्यायों और उनके विभागों के नाम 'वल्ली' (= लता, बेल) शब्द से रखे जाते थे। साहित्य को एक 'उद्यान' (उपवन) मानकर उसके अंगों को वृक्ष के अंग 'लता' के नाम से भूषित किया गया था। यही 'वल्ली' अपभ्रंश से होता हुआ राजस्थानी तक एक स्वतन्त्र काव्य-रूप के तौर पर विकसित हुआ। (संस्कृत) वल्ली > (प्राकृत) वेल्ली > (हिन्दी) वेलि, बेलि। ध्वन्यात्मक विकास इस प्रकार सम्भव है—वल्ली > विला > बिलाअ > बिल्ल > बेल्लि, बेलि।

'विलास' शब्द से 'बेलि' व्युत्पन्न नहीं हुआ है।

राजस्थान में पृथ्वीराज राठौर कृत 'वेलि क्रिसन रुक्मिणी री' ग्रन्थ विशेष प्रख्यात रहा है। राजस्थान और बिहार होता हुआ यह काव्य-रूप पूर्वी भारत तक चला गया है। हाँ, राजस्थान के 'बेलियो' गीत से इसका कोई सम्बन्ध डॉ. आनन्द

प्रकाश दीक्षित नहीं मानते।[43]

'बेलि' नामक भक्ति-काव्य में देवता-स्वरूप महापुरुषों के प्रति गौरव के शब्द व्यक्त किए जाते हैं। इस रूप में 'बेलि' काव्य 'स्तोत्रों' की श्रेणी में माना जा सकता है। इसके आरम्भ में मंगलाचरण और अन्त में भरतवाक्यम् के समान स्वस्तिवाचन रहता है।

मूलतः 'बेलि' एक पावन धार्मिक काव्य है। पृथ्वीराज राठौर-कृत 'बेलि क्रिसन रुक्मिणी री' को राजस्थान में 'पंचम वेद' का ही दर्जा प्राप्त है। 'कबीर-ग्रन्थावली' में 'बेलि कौ अंग' में सृष्टि रूपी 'बेल' (लता) का रूपक बाँधा गया है, जोकि बेलि काव्य-रूप की छाप लिए हुए है। फिर भी यह 'बेलि' काव्य नहीं कहा जाएगा। 'कबीर-बीजक' की दोनों बेलियों में ऐसे किसी रूपक की योजना का अभाव ही है। कबीर के 'बेलि' काव्य-रूप का मुख्य स्वर उपदेश-प्रधान ही कहा जाएगा।

'कबीर-बीजक' की एक 'बेलि' में 30 और दूसरी में 16 पंक्तियाँ हैं। कहरे और बसन्त जैसे काव्य-रूपों की-सी सरल-सुबोध भाषा-शैली इन बेलियों की भी है। 'हो रमैया राम' की जिस टेक की बार-बार आवृत्ति होती रहती है, वह 10 मात्राओं वाली है और प्रत्येक पंक्ति के अन्त में उभरती है। एक पंक्ति में 14-10 मात्राएँ हैं और दूसरी में 13-10। छन्द-शास्त्र के परम्परागत नियमों से मुक्त छन्दों में ये बेलियाँ रची गई हैं। सुमधुर ध्वनि, ताल और लय में आबद्धता इनकी सर्वप्रमुख विशेषता कही जा सकती है। यथा—

हंसा सरवर सरीर में हो रमैया राम।
जागत चोर घर मूसै, हो रमैया राम॥
जो जागत सो भोगत, हो रमैया राम।
सोवत गैल बिंगोय, हो रमैया राम॥
आजु बसेरा नियरे, हो रमैया राम।
कालि बसेरा बडि दूरि, हो रमैया राम॥
जैहों बिराने देस, हो रमैया राम।
नैन भरहुगे धूरि, हो रमैया राम॥[44]

'कबीर-ग्रन्थावली' के पद 163 में गुरु गोरखनाथ द्वारा लगाई गई 'राभगुन बेलड़ी' के विषय में परिचय या संकेत दिया गया है। 'बेलि' नामक दोनों ही रचनाओं में 'उपमान' से मिलता-जुलता कोई मिश्रित छन्द प्रयुक्त किया गया है—

राम गुन बेलड़ी रे, अवधू गोरषनाथि जांणि।
नाति सरूप न छाया जाकै, बिरध करै बिन पांणी। टेक॥

बेलड़िया द्वै अणीं पहूंती, गगन पहूंती सैली।
सहज बेलि जल फूलण लागी, डाली कूपंल मेल्ही ॥
मन कुंजर जाइ बाड़ी विलंब्या, सतगुर बाही बेली।
पंच सखी मिलि पवन पयंप्या, बाड़ी पांणी मेल्ही ॥
काटत बेलि कूपले मेल्हीं, सींचताड़ी कुमिलांणी।
कहै कबीर ते बिरला जोगी, सहज निरंतर जांणी ॥[45]

अर्थात् कबीर कहते हैं हे अवधूत! राम-गुण रूपी लता को गोरखनाथ ने ही अच्छी प्रकार जाना था। न तो उस लता का कोई निश्चित रूप है, न छाया। आशय यह है कि वह ब्रह्म के समान ही अवर्णनीय है और केवल अनुभूति या अनुभव का ही विषय है। यह एक ऐसी विलक्षण लता है जो कि बिना सिंचाई किए ही बढ़ती चली जाती है। इसी राम-गुण रूपी लता की दो नोकें (प्रभु और भक्त) सीधे आकाश तक निर्बाध पहुँच जाती हैं। जब भक्ति की यह लता फलने-फूलने लगी, तब इस पर साधना रूपी शाखा पर आठों सिद्धियों रूपी कोंपलें फूटती चली गईं। इस लता वाली बाड़ी (वाटिका) में जाकर तो अहंकार रूपी गज भी अलमस्त होकर रम जाया करता है। वास्तव में यह राम-गुण रूपी बेल स्वयं सद्गुरु द्वारा ही पसारी गई है। इस बेल को मानव की पाँचों इन्द्रियों रूपी सखियाँ निजी प्राण-वायु से विकसित किया करती हैं। 'माया' रूपी 'लता' से काटने के उपरांत यही लता कोंपलों से भरपूर हो जाती है, परन्तु माया रूपी जल इसे यथाशीघ्र मुरझा दिया करता है।

अन्त में कबीर कहते हैं कि ईश्वरीय भक्ति-भावना से जुड़ी इस रामगुण रूपी लता को कोई-कोई सच्चा साधक योगी ही समझ सकता है कि वह किस प्रकार से उत्तरोत्तर विकास किया करती है।

बिरहुली–आचार्य परशुराम चतुर्वेदी के अनुसार 'बिरहुली' शब्द का अर्थ है–विरह वाली, विरहिणी। इस अर्थ से अधिकतर विद्वान् सहमत नहीं है। शिवव्रत लाल ने अन्य अर्थ 'दुःख में गाया जाने वाला एक राग'[46] किया है, जो संगत नहीं है। अन्य अर्थ 'सर्पिणी' भी है।

आचार्य हज़ारीप्रसाद द्विवेदी का यह मत सर्वाधिक तर्कसंगत है कि 'बिरहुली'–गारुड़ियों का विष उतारने का एक गीत है।[47] लोक में सांप आदि का विष उतारने के लिए 'बिरहुली' नामक मन्त्र प्रचलित रहा है, जिसके उच्चारण से सर्प-दंशित व्यक्ति मरने से बच जाता है। कबीर ने 'बीजक' में 'माया' रूपी 'नागिन' के विष-निवारण हेतु गारुड़ियों के इसी गीत-प्रकार को 'बिरहुली' काव्य-रूप का आधार बनाया है। बंगाल में आज तक ऐसे विषहरी 'बिरहुली' गान प्रचलित हैं। डॉ. रवीन्द्र 'भ्रमर' के मतानुसार–माल्दा में इस प्रकार के गीतों

के दो संग्रह भी उपलब्ध हैं, जिनके नाम हैं 'तन्त्रविभूति' और 'जगज्जीवन'। ये गीत जनता में 'सर्प-दंश' के उपचार के लिए मन्त्रोच्चार (मन्त्राचार) के रूप में प्रचलित किए गए हैं। 'चन्दा सौदागर और बेहुला' की निजन्धरी कथा (लीजेंड, legend) में भी कुछ इस प्रकार के गीत उपलब्ध होते हैं।[48] 'बिरहुली' 13 पंक्तियों की एक लघु काव्य-रचना है, जो 'आदि-ग्रन्थ' और 'कबीर-ग्रन्थावली' में तो नहीं है, किन्तु 'बीजक' में एक पद 'बिरहुली' नाम से संकलित है। इसकी प्रत्येक पंक्ति 'बिरहुली' शब्द से समाप्त होती है। इस पद में किसी बैतल साँप के डंसने और गारुड़ियों द्वारा विषहर मन्त्र द्वारा विष-निवारण का भी स्पष्ट उल्लेख हुआ है यथा—

फूल एक भल फुलल बिरहुली।
फूलि रहल संसार बिरहुली।
ये फूल लोरैं, सन्त बिरहुली।
बंदिक हाउर जाहिं बिरहुली।
ये फूल बंदहि भक्त बिरहुली।
विषहर मन्त्र न मानै बिरहुली।
गारुड़ बोले अपार बिरहुली॥[49]

कबीर ने अन्य काव्य-रूपों के समान 'बिरहुली' में भी आध्यात्मिक भाव समो दिए हैं। पूरी रचना सर्पविष निवारक मन्त्र-सी रहती है। लोक-गीतों की शैली की ही भांति यहाँ भी प्रत्येक चरण या पंक्ति में वैचारिक तर्क और संगति नहीं बैठाई जा सकती। हाँ, सारी बिरहुली में संगीतात्मकता भरी-पूरी है।

बिप्रमतीसी—इस काव्य-रूप का मूल नाम 'बिप्रमति तीसी' था। 'समाक्षर-लोप' नामक भाषाशास्त्रीय नियम से एक 'ति' का लोप होकर 'बिप्रमतीसी' नाम शेष रह गया। विप्र का अर्थ है—ब्राह्मण। यह रचना ब्राह्मण वर्ग के बाह्याचारों, कर्मकांडों से जुड़े पाखंडों पर कुठाराघात करती है।

डॉ. रवीन्द्र 'भ्रमर' की टिप्पणी के अनुसार—"इसमें चौपाइयों की कुल तीस अर्धालियाँ हैं, जिनके अन्त में एक साखी भी दे दी गई है और सम्भवतः इसीलिए इसका नाम संख्यापरक कर दिया गया है।"[50]

'आदिग्रन्थ' और 'कबीर-ग्रन्थावली' की अपेक्षा 'कबीर-बीजक' में यह काव्य-रूप मिलता है। पद्य की कुल पंक्तियाँ तीस हैं, जो कि ब्राह्मणों की (मूढ़) मति से ही सम्बन्ध रखने के कारण इस काव्य-रूप के नाम को सार्थक करती हैं। 'तीसी' शब्द अर्धालियों की तीस संख्या का ही सूचक है।

चौपाइयों के बाद दोहे के प्रयोग से यह रचनाएँ रमैनी के एक भाग-सी प्रतीत होती हैं। यहाँ एक विशिष्ट काव्य-रूप का प्रतिपाद्य विप्रों की मूढ़ मति की आलोचना

तीस पंक्तियों में करना कहा जा सकता है। छन्द चौपाई वाला है किन्तु मात्राओं के सम्बन्ध में छन्द के नियम का कठोरता से नहीं पालन हुआ है।

सं. 1667 वि. में रचित परशुराम देव की जो 'विप्रमतीसी' रचना मिली है, वह कबीर की रचना का ही उलथा भासित होती है।

बानी (वाणी)–'आदिग्रन्थ' में कबीर के पद 'बानी' (वाणी) शीर्षक से ही प्रस्तुत किए गए हैं। इससे यह सहज ही अनुमान लगाया जा सकता है कि लोक में पदों को 'वाणी' नाम से ही पुकारा जाता रहा होगा। सामान्यतः चाहे मुख से निकली शब्दावली 'वाणी' ही कही जाती है, तथापि सन्तों ने गुरुओं के आप्त वाक्यों को ही 'वाणी' नाम दिया है, अन्य साधारण जनों की भाषा धार्मिक अर्थ और क्षेत्र में 'वाणी' कदापि नहीं कही जा सकती। जिस प्रकार वेद, पुराण आदि अपौरुषेय माने गए हैं, उसी प्रकार का श्रद्धा-सम्मान गुरुओं को प्रदान करने के लिए उनके वचनों को 'वाणी' शब्द से अभिहित किया गया है।

जहाँ गुरुओं द्वारा कथित दोहे 'साखी' संज्ञा से पुकारे गए, वहाँ उनके पदों के लिए ही कदाचित् 'वाणी' शब्द का प्रयोग समीचीन समझा गया। इन्हें 'सबद' भी कहा गया है। कबीर जी के उपदेशपूर्ण वचन 'बानी' (वाणी) ही माने गए हैं। स्वयं कबीर की स्वोक्ति है–

अब मैं जांणिबो रे केवल राइ की कहाँणीं।
मझा जोति राम प्रकासै गुर गमि बांणी॥[51]

कबीर ने 'बानी हमारी पूरबी' कहा है और टीकाकारों ने इसका अर्थ आदिकालीन वाणी ही किया है। अपवाद रूपों में 'वाणी' शब्द को किसी सन्त के पदों तक सीमित न करके उसकी समूची रचनाओं के लिए भी प्रयुक्त करने की प्रथा रही है यथा गोरखबानी, नामदेव की बानी, निश्चलदास की बानी इत्यादि।

इस प्रकार 'वाणी' कोई भिन्न या स्वतन्त्र काव्य-रूप न होकर प्रस्तुत सन्दर्भ में वास्तव में सन्त कबीर के 'पद' ही हैं।

आरती–सन्तों में इष्ट या ईश्वर की पूजा आदि की विभिन्न आचार-पद्धतियाँ प्रचलित रही हैं यथा अठपहरा (अष्टयामु), आरती इत्यादि। सगुण भक्तों ने विभिन्न देवी-देवताओं के पूजन और आरती के लिए जो पद समय-समय पर रचे, उन्हें 'आरती' नाम दिया गया। इस वर्ग या काव्य-रूप के अन्तर्गत गोस्वामी तुलसीदास-कृत 'हनुमान-चालीसा' विशेष रूप से उल्लेखनीय है। यद्यपि इस कृति की प्रामाणिकता सन्दिग्ध है, तथापि मिश्रबन्धु इस रचना को गोस्वामी तुलसीदास की ही मानते हैं।[52]

आधुनिक काल में पं. श्रद्धाराम फिल्लौरी द्वारा रचित 'आरती' भी इसी प्रकार लोकप्रिय रही है। इसकी टेक पंक्ति है–'ओम जय जगदीश हरे।'

डॉ. राम कुमार वर्मा ने कबीर-कृत एक 'आरती' नामक पुस्तक का भी उल्लेख किया है। इसमें कुल 60 पद्य हैं और इसका विषय है गुरु की आरती उतारने की रीति।[53]

अठपहरा–भक्तिकाल में कृष्ण-भक्त कवियों ने भागवत पुराण में निर्दिष्ट नवधा भक्ति को मानकर भक्ति के ये नौ प्रकार स्वीकार किए थे–1. श्रवण 2. कीर्तन 3. स्मरण 4. पाद-सेवन 5. अर्चन 6. वन्दन 7. दास्य 8. सख्य और 9. आत्म-निवेदन। इसी प्रकार दिन के आठ यामों में श्रीकृष्ण की लीलाओं का प्रातः से रात्रि तक क्रमशः इस रूप में गायन किया है–

1. मंगल 2. शृंगार 3. गोचारण 4. राजभोग 5. उत्थापन 6. भोग 7. संध्या आरती 8. शयन। ये श्रीकृष्ण की लीलाओं से जुड़ी कृष्णभक्तों की आठ नैमित्तिक सेवा-विधियाँ हैं। भक्तिकालीन कवियों ने 'अष्टयाम' नाम जोड़ कर इसी विषय पर कई कृतियाँ रची हैं। इनसे 'अष्टयाम' काव्य-रूप ही स्वतन्त्र रूप से विकसित हो गया। इस काव्य-रूप पर भी सन्त कबीर ने अपना हाथ आजमाया है। डॉ. रवीन्द्र भ्रमर का वक्तव्य साक्ष्य-स्वरूप प्रस्तुत है–" 'अष्टयाम' या 'अठपहरा' नामक पुस्तकें सन्त-भक्तों की दिनचर्या से सम्बन्ध रखती हैं। आठों याम की दिनचर्या निवेदित है।"[54] भ्रमर जी ने वस्तुतः डॉ. रामकुमार वर्मा के ही शोध को यहाँ प्रस्तुत किया है। जो भी हो, यह स्वीकार करने योग्य है कि कृष्ण भक्तों द्वारा 'अष्टयाम' काव्य-रूप का जो प्रचलन किया गया, उसे निर्गुणमार्गी सन्त कबीर ने एक सामान्य भक्त के दैनन्दिन कृत्यों के क्रमानुसार अपनी विलक्षण शैली में 'अठपहरा' नामक कृति में प्रस्तुत किया है।

(ख) काव्यों रूपों में प्रयुक्त छन्द

संगीत-कला में लय और स्वर की दो विधाएँ गायन में प्रमुख रहती हैं। लय में जिन तालों पर विचार किया जाता है, वे छन्द से ही प्रत्यक्ष सम्बन्ध रखती हैं। स्वर की विधा का सम्बन्ध तो रागों से ही होता है, जिनमें स्वरों के सामूहिक संयोजन पर विचार किया जाता है।

छंद में लय और संगीत की ताल का परस्पर घनिष्ठ सम्बन्ध होता है। यहाँ मात्राएँ और वर्ण एक विशिष्ट क्रम से परस्पर गुम्फित रहा करते हैं। छन्द के नियम जहाँ उनमें कड़ियों या किसी ज़ंजीर की रचना करते हैं, वहाँ उनसे निर्मित शब्दों का गायन संगीत में स्वरों के आरोह-अवरोह के साथ किया जाता है। संगीत में गायन की अपनी सीमायें और बन्धन हुआ करते हैं, जिनके कारण

संगीतज्ञ छन्द के नियम तोड़ कर भी शब्दों को तोड़-मरोड़ कर गीत के प्रवाह के अनुकूल उन्हें ढालने में कोई संकोच नहीं करता।

यहाँ एक उदाहरण ध्यातव्य है। इक़बाल के क़ौमी तराने 'सारे जहाँ से अच्छा हिंदोस्ताँ हमारा' में अगली एक पंक्ति है–'हम बुलबुलें हैं इसके ये गुलस्ताँ हमारा'। यहाँ शुद्ध शब्द 'गुलिस्ताँ' राग-नियम के अनुसार ताल और लय बनाए रखने के लिए विकृत करके 'गुल-सिताँ' के रूप में बोला और गाया जाता है, अपितु उसे यों गाने की बाध्यता ही हो जाती है। इसी प्रकार गीतों और रागों में कभी-कभी निरर्थक-सी ध्वनियाँ भी गेयता लाने के लिए पंक्तियों में घुस-पैठ करती सुनी जा सकती हैं। कहने का आशय यह है कि संगीत की अपेक्षा या माँग के अनुसार छन्द की लय, शब्दों का उच्चारण और पंक्ति या चरणों को घटाया-बढ़ाया जाता है। इतना होने पर भी कबीर जैसे अशिक्षित व्यक्तियों के कंठ से फूट कर गेय पद स्वतः छन्द के नियमों का निर्वाह करते नज़र आते हैं और उनमें लय, प्रवाह, ताल आदि भी अबाध गति और रूप में विद्यमान रहते हैं।

सन्त और समाज-सुधारक कबीर 'छन्द' और 'संगीत' दोनों के शास्त्राधरित नियमों और सिद्धान्तों से लगभग अपरिचित ही थे। वे तो अपनी सन्त-मंडली के साथ साखियों, पदों और रमैणियों का मुक्त कंठ से गायन किया करते थे। यह और बात है कि उनकी इन रचनाओं में छन्द झरनों की ही तरह से स्वतः झरते निकलते चले गए हैं। लोक ने ही उनके कानों को कदाचित् श्रुतिप्रिय ध्वनियों के योग्य बना डाला था। यही कारण है कि संगीत की महफ़िलों में उनका स्थान सूर से किसी कदर कम नहीं ठहरता।

डॉ. रवीन्द्र 'भ्रमर' ने भक्ति-कालीन साहित्य को 'छन्दमुक्त साहित्य' और 'छन्द-युक्त साहित्य' में विभाजित करके दोनों का स्वरूपगत अन्तर इन शब्दों में स्पष्ट किया है–"छन्द-मुक्त साहित्य से हमारा तात्पर्य गेय पदों की शैली में लिखे गए साहित्य से है। सन्त कवियों की सबदियाँ या शब्द और भक्त कवियों के लीला-गान के पद इस कोटि के अन्तर्गत आते हैं। हिन्दी के भक्ति-साहित्य का एक बहुत बड़ा भाग गेय पदों की इस शैली में लिखा गया है। इसे 'छन्द-मुक्त' कहने का अर्थ यह नहीं कि गेय पदों में कोई छन्द नहीं होता। छन्दों का बन्धन अल्पाधिक मात्रा में यहाँ भी होता है, किन्तु इनकी रचना मूलतः लोक-गीतों और उनकी लय के आधार पर होती है। गेय पद लौकिक संगीत और लय-ताल के साँचे में ढल कर सहज रूप से गेय हो उठते हैं। लय-ताल-समन्वित होने के कारण इनमें छन्द का कोई भी रूप अपने आप साकार हो उठता है।"[55]

वास्तव में भक्ति-काल के काव्य विशेषतः सन्त काव्य में प्रयुक्त काव्य-रूप लोक में प्रचलित विविध गान-शैलियों पर ही आधारित हैं। उदाहरणतः वर्णमाला और छन्द-संख्या पर आधारित काव्य-प्रकार हों या लौकिक पर्वोत्सवों, ऋतुओं,

विश्वासों, संस्कारों आदि से सम्बद्ध गेय पद या गीत हों यथा बारहमासा, बिरहुली, मंगल-काव्य हों या फिर लोक प्रचलित गीत शैलियों के ढर्रे पर रचित कँहरवा, कहरा, होरी, सोहर आदि गीत हों, सभी रचनाओं में लोक-तत्त्व का उन्मेष विच्छुरित देखा जा सकता है। ये समस्त काव्य-रूप छन्द शास्त्र के परम्परागत नियमों पर पूरे नहीं उतरते। मात्राएँ प्रायः न्यूनाधिक रही हैं।

दोहा—सन्त कबीर अपनी रचनाओं का गायन करते समय सुविधानुसार शब्दों की घटत् बढ़त करते रहते थे। इससे छन्दों की मात्राओं में अन्तर हो जाया करता था। वे गति और लय का ही विशेष ध्यान रखते थे। यही कारण है कि दोहा छन्द के चौथे दल (पंक्ति) में मात्राएँ प्रलम्बित स्वर में गाने से बढ़ गई हैं। यही बात लोक-गीतों की प्रचलित शैलियाँ अपनाने के कारण भी घटित हुई हैं, क्योंकि उनके गीतों में केवल प्रवाह और लय का ही विशेष ध्यान रखा गया है।

स्वतन्त्रचेता कबीर ने काव्य के मुख्य वर्ण्य विषयों के ही समान कला या अभिव्यंजना के क्षेत्र में भी नियमबद्धता को एक किनारे कर दिया है। छन्द-मुक्ति के कई उदाहरण उनकी रचनाओं से प्रस्तुत किए जा सकते हैं। इसका दूसरा कारण यह है कि कबीर ने अधिकांशतः जिन छन्दों का प्रयोग किया है, वे उन्हें लोक की परम्परा से ही प्राप्त हुए हैं। जिस प्रकार 'श्लोक' शब्द में संस्कृत भाषा सूचित होती है, 'गाथा' से प्राकृत भाषा, ठीक वैसे ही 'दोहा' आरम्भ में प्राकृत भाषा का ही बोध कराता था। इन्हीं से आगे चलकर भक्तिकाल में नीति, उपदेश, धर्म और भक्ति से ओतप्रोत दोहों को प्रभावित और प्रेरित कहा जा सकता है। वीरगाथाकालीन शृंगार और वीररसपूर्ण दोहों ने आगे चल कर रीति-काल में इसी प्रकार के दोहों की लकीर खींची।

वास्तव में राजस्थान में दोहा-गान की एक अच्छी-ख़ासी मौखिक परंपरा मिलती है। 'ढोला मारू रा दूहा' राजस्थान का लोकप्रिय काव्य माना जाता है। इसी नाम के ग्रन्थ के सम्पादकों ने इसे एक 'जन प्रिय लोक गीत' घोषित किया था। जिस प्रकार 'दोहा' अपभ्रंश-काल में लोक-भाषा का छन्द था, ठीक उसी प्रकार राजस्थानी जीवन में दोहों की एक मौखिक परंपरा रही है, जो उसके लोक-मानस से जुड़े होने की गवाही देती है। ए.बी. कीथ का मत है कि—"मात्रिक छन्द लोक काव्य और लोक-गीतों की उपज हैं।"[56]

आचार्य हजारीप्रसाद द्विवेदी के अनुसार—"संस्कृत के वार्णिक छन्दों से टक्कर लेने वाले इस तुकपूर्ण नवीन मात्रिक छन्द की कारीगरी का प्रचलन सबसे पहले अपभ्रंश ने किया था। संस्कृत, प्राकृत में तुकान्त छन्दों की प्रथा नहीं थी। दोहा वह पहला छन्द है, जिसने इस नवीन शैली का आविष्कार किया।"[57]

लोक गीतों ने ही यह दोहा-शैली उपहारस्वरूप अपभ्रंश भाषा और साहित्य

को सौंपी होगी। भरतमुनि-कृत 'नाट्य-शास्त्र' में 'आभीर' उक्ति और प्राकृत पैंगलम ग्रन्थ में आभीर (अहीर) छन्द का लक्षण दोहे से मिलता-जुलता है। दोनों दो पंक्तियों वाले मात्रिक छन्द ही हैं। अतः दोहा एक लोक-छन्द ही माना जाएगा। सन्त कबीर की साखियाँ, दोहा, सोरठा जैसे छन्दों में हैं। 'आदि ग्रन्थ' के 'सलोक' वास्तव में 'बीजक' और 'कबीर-ग्रन्थावली' की साखियों के ही समानान्तर हैं। यद्यपि इनमें अवतार, उपमान, गीता, दोहकीय, मुक्तामणि और सोरठा जैसे छन्दों का भी बंधान बाँधा गया है, तथापि 'दोहा' छन्द का नियोजन सबसे अधिक हुआ है। यह एक अर्द्धसम छन्द है, जिसके विषम चरणों में 13 और सम चरणों में 11 मात्राएँ होती हैं। यद्यपि कबीर ने दोहे के अन्तिम चरण् को कदाचित् लम्बे स्वर में गाने के कारण उसमें मात्राएँ घटा-बढ़ा दी हैं, तथापि कबीर की साखियों और सलोकों में प्रयुक्त दोहा छन्द अधिकतर शास्त्रीय नियम पर भी पूरा ही उतरता नज़र आता है।

'कबीर ग्रन्थावली' की 819 साखियों में से 796 साखियों में दोहा छन्द ही प्रयुक्त हुआ है। केवल शेष 23 साखियों में अन्य छन्दों की योजना हुई है। 796 साखियों में 464 में दोहा छन्द के नियमों का पूर्ण पालन हुआ है।

इसी प्रकार 'बीजक' में कुल 353 साखियों में से 332 साखियों में दोहा छन्द है और उनमें भी 209 साखियाँ, दोहा छन्द के नियमों की कसौटी पर पूरी उतरती हैं, शेष 123 साखियों में दोहे का स्वरूप शुद्ध नहीं रहा है। 'कबीर ग्रन्थावली' की कुछ साखियों में सोरठा छन्द की योजना हुई है और कुछ में उपमान, मुक्तामणि, अवतार और दोहकीय जैसे छन्दों का प्रयोग किया गया है।

इसी प्रकार 'बीजक' में कुल 353 साखियों में से 332 साखियों में दोहा छन्द है और उनमें भी 209 साखियाँ, दोहा छन्द के नियमों की कसौटी पर पूरी उतरती हैं, शेष 123 साखियों में दोहे का स्वरूप शुद्ध नहीं रहा है। 'कबीर-ग्रन्थावली' की कुछ साखियों में सोरठा छन्द की योजना हुई है और कुछ में उपमान, मुक्तामणि, अवतार और दोहकीय जैसे छन्दों का प्रयोग किया गया है।

इसी प्रकार 'बीजक' की साखियों में कुछ ऐसी हैं, जिनमें मुक्तामणि, उल्लाला, गंग, भव और सार जैसे छन्द भी प्रयुक्त हुए हैं। कहीं दो-दो छन्द मिलाकर यथा चौपाई और चौपाई के योग से एक नया छन्द प्रस्तुत कर दिया गया है, जिसे हम एक मिश्रित छन्द कह सकते हैं। आदि ग्रन्थ के 243 सलोकों (जो साखियाँ ही हैं) में 239 में दोहा छन्द प्रयुक्त हुआ है। दस सलोकों को छोड़ कर 233 सलोकों में 'कबीर' शब्द जुड़ा मिलता है।

पद–भक्तिकाल में गेय पदों के रूप में छन्द-मुक्त साहित्य भी मिलता है। इनमें प्रमुखता छन्द की अपेक्षा संगीतात्मकता की होती है। इनमें अधिकतर ध्रुवक या टेक लगाई जाती है। पदों या भजनों में ये गीतोपयुक्त छन्द अधिक

प्रयुक्त हुए हैं–1. तोटक सवैया 2. ध्रुपद गीत 3. पूर्वी गीत 4. ललित गीत 5. भैरव गीत 6. ठुमरी-गीत। 'आदि ग्रन्थ' में पदों को ही 'वाणी' कहा गया है। कबीर-बीजक में यही 'सबद' हैं। सन्त कवियों द्वारा रचित पद (या सबद) लोक-गीतों के बहुत समीप कहे जा सकते है। एक प्रकार से हिन्दी साहित्य के मध्य काल का समूचा देशी भाषा साहित्य 'लोक-साहित्य' की ही संज्ञा से समलंकृत किया जा सकता है। गेय पद लोक-गीतों की ही रचना-शैली में रचित माने जाएँगे। यदि सन्तों के पदों से ब्रह्म, ज्ञान, माया, योग, साधना, गुरु आदि की सभी आध्यात्मिक और उपदेशपरक बातों को निकाल दिया जाए, तो ये पद बहुत कुछ लोक-गीतों जैसे ही बन जाते हैं। सन्त कबीर ने कँहरवा (कहरा), नचारी, सोहर, होरी जैसी लोक-गीत शैलियों में से कुछ यथावत् ही ग्रहण कर ली हैं।

हिन्दी साहित्य के आदिकाल से ही पद रचे जाते रहे हैं। बौद्धों और सिद्धों द्वारा रचित चर्यागीतों अथवा चर्या पदों से पहले वज्रगीतियों का लोक में विशेष प्रचलन था। इन वज्रगीतियों में 13+12=25 मात्राओं की ही प्रायः योजना होती थी, जबकि चर्यापदों में मात्राएँ या तो 8+7=15 रह गईं या फिर 8+8+12 (या 10) = 28 या 26 मात्राएँ मिलती हैं। पहले वज्रगीति में मात्र द्विपदियाँ (दो चरण) रहते थे, अब चर्या-पदों में त्रिपदियों (तीन चरणों) की भी योजना की जाने लगी। इसके अतिरिक्त इनमें अब दूसरी द्विपदियों में ध्रुपद स्पष्ट रूप से रखा जाने लगा। गेयता के गुण से ओतप्रोत होने के कारण ही ये चर्यापद अनेक रागों की परिधि में आ जाते हैं।

संगीतज्ञ प्रायः गेय पदों को 'प्रबन्ध' पारिभाषिक शब्द से अभिहित करते हैं। दक्षिण भारत में रामानुजाचार्य के गुरुवर श्री नाथमुनि द्वारा संकलित 'नाडियार प्रबन्धम' में 4000 भजनों का पहली बार अनूठा संग्रह किया गया। आगे चल कर लोकप्रिय होने पर इसे 'तमिल वेद' का नाम देकर भी सम्मानित किया गया। आलवार भक्तों के इन भजनों का प्रभाव आगे चल कर कबीरदास, सूरदास, तुलसीदास आदि भक्तों के पदों पर देखा जा सकता है। जयदेव, विद्यापति, चंडीदास आदि के पदों पर भी पूर्वोक्त प्रबन्ध की भजन-शैली का प्रभाव पड़ा है। कबीर के 'वाणी' और 'सबद' कहलाने वाले 'पद' भी भजनों के ही वर्ग में रखे जाने योग्य हैं। कबीर ने आत्म ज्ञान और भक्ति-साधना की अभिव्यक्ति का वाहन अपने पदों को बनाया है।

जिस प्रकार 'गुरबानी' में 'रहाउ' विश्राम का सूचक है, ठीक उसी प्रकार 'कबीर ग्रन्थावली' में ध्रुव के निमित्त 'टेक' रखी गई है, जो थोड़ी-सी पाठगत बाधा डालने की शैली विशेष है। 'कबीर-बीजक' में यह 'टेक' नहीं है।

कबीर की कुछ स्वोक्तियों से सूचित होता है कि उनके काल में पदों का गायन होता होगा। उनके ये कथन इसी तथ्य का प्रमाण हैं–

1. पद गाएँ मन हरषिया, साषी कह्यां अनंद।
मोतत नांव न जांणियाँ गलमैं पड़िया फंध ॥[58]
2. तुम जिनि जानौ गीत है, यहु निज ब्रह्म विचार।
केवल कहि समझाइया, आतम साधन सार के।[59]
3. साखी सबदहि गायत भूले,
आतम खबरि न जाना।[60]

'कबीर ग्रन्थावली' में गुरु के उपदेशों और वचनों के लिए ही 'सबद' शब्द प्रयुक्त किया गया है यथा–

1. अणी सुहेली सेल की, पड़तां लेइ उसास।
चोट सहारै सबद की, तास गुरु में दास ॥[61]
2. रे तैं जोग जुगति जान्याँ नहीं,
तैं गुर का सबद मान्याँ नहीं ॥[62]

यदि कबीर के पद गेय न होते, तो उनका वर्गीकरण रागों के अनुसार कदापि न किया जाता। कुछेक पदों में दोहा, सरसी, शुभ गीता, सार, रूपमाला जैसे छन्दों में एक या अधिक का एक साथ मिश्रण देखा जा सकता है।

आचार्य परशुराम चतुर्वेदी का यह कथन द्रष्टव्य है–"कबीर साहिब की ऐसी रचनाओं में जहाँ केवल एक ही छन्द आया हुआ है, वहाँ अधिकतर या तो सार (छन्द) है, या रूपमाला है, नाटक है अथवा विष्णुपद व उपमान है। ये रचनाएँ रागों के अनुसार भी भिन्न-भिन्न संग्रहों में एक ही प्रकार से विभाजित नहीं जान पड़तीं। इसका कारण उनके एक से अधिक ढंगों से गाये जाने योग्य होना भी कहा जा सकता है।"[63]

'कबीर ग्रन्थावली' में पदों को 16 रागों तथा 'आदि ग्रन्थ' में 17 रागों में बाँटा गया है। कबीर-बीजक में ऐसा कोई रागमूलक विभाजन नहीं है। इससे 'बीजक' को कबीर का प्राचीनतम ग्रन्थ माना जाता है। वास्तव में किसी एक पद को भिन्न-भिन्न रागों में गाया जा सकता है। कबीर ने स्वयं अपने पदों का रागानुसार विभाजन नहीं किया था। यह कार्य परवर्ती लोगों का ही प्रतीत होता है।

कबीर की रचनाओं के तीनों प्रमुख संकलनों में छन्द लगभग एक-से ही हैं और उनमें अधिकांशतः 15-16 मात्राओं वाले छन्दों का ही प्रयोग किया गया है। उनके द्वारा व्यवहृत 1. चौपाई 2. चौपई 3. चौबोला 4. सार 5. सखी 6. सरसी 7. विष्णुपद 8. पद्धरि के अतिरिक्त भी 9. दोहा 10. लीला 11. शोभन 12. उपमान 13. अवतार 14. कुंडल और 15. सुखदा 16. उल्लाला 17. शंकर 18. चण्डिका

19. वीर जैसे छन्द उल्लेखनीय रहे हैं।

यहाँ कुछेक छन्दों का संक्षिप्त विवेचन किया जा रहा है—

चौपाई—यह 16 मात्राओं का लोकप्रिय मात्रिक छन्द है। इसमें चार चरण या पाद होते हैं। सन्त कबीर ने प्रायः पदों को छोटा-बड़ा भी स्वेच्छा से कर दिया है यथा—

1. ह्रदे कपटु मुख गिआनी (12 मात्राएँ)
2. लड़की अठसठि तीरथ न्हाई। (13)
3. कांइआ माँजसि कउन गुनां। (14)
4. कउरापन तऊ न जाई। (14)

कबीर ने चौपाई छन्द अपना कर भी चार पदों और ध्रुवक रखने के नियम का सर्वत्र निर्वाह नहीं किया है। हाँ, केवल संगीतात्मकता का ही ध्यान रख कर लोकगीतों वाली रुचि का ही परिचय दिया है। चौपाई में पदांत मात्रा गुरु होती है।

चौपई—यह छन्द 16-15 मात्राओं के योग से बनता है। यहाँ अंतिम गुरु मात्रा को लघु कर दिया जाता है। 'कबीर ग्रन्थावली' के कुल 15 पदों में 'चौपई' छन्द का प्रयोग देखा जा सकता है। कबीर ने अध्यात्म, ज्ञान और रहस्य के उपदेशों का गायन चौपाई के समान चौपई छन्द में भी किया है, किन्तु वे चार चरणों के नियम का सर्वत्र पालन नहीं करते। इस प्रकार कहीं चौपाई गाते समय चौपई छन्द गाने लगते हैं और दोनों ही छन्दों को गड्डमड्ड कर बैठते हैं। यथा—

बुझ बुझ पंडित बिरवान होय, आधे पुरुषस आधे बसे जोय।

(चौपई)

बिरवा एक सकल संसारा, सरग सीस जरि गयल पतारा॥[64]

(चौपाई)

चौबोला—इस छन्द में 15-15 मात्राएँ होती हैं और अन्त में एक लघू, एक गुरु मात्रा (स्वर) रहती है। कबीर की 'ग्रन्थावली' के पद 84, 194, 329 और 362 में 'चौपई' और 'चौबाला' दोनों छन्दों का एक साथ प्रयोग किया गया है। अन्य पदों में चौपाई, अरिल्ल, पद्धरि जैसे किसी छन्द को घुला-मिला दिया गया है।

सार—यह 28 मात्राओं का छन्द है। इसका प्रयोग 'कबीर-ग्रन्थावली' के 118ए 'आदि ग्रन्थ' के 72 और 'बीजक' के 67 पदों में देखा जा सकता है। कहीं कबीर सार के साथ चौपई, दोहा, सरसी जैसे छन्द मिला देते हैं और कहीं रे, लो, और 'हे राम' शब्द पादान्त में जोड़ कर विशेष सांगीतिक लय और प्रवाह की सृष्टि कर देते हैं।

यह विशेषता सार छन्द के लोक-गीत शैली के और अधिक समीप ले जाती है। कुछ पंक्तियाँ निदर्शनार्थ प्रस्तुत हैं—

माया मोह मद में पीया, मगध कहें यहु मेरी 'रे'।
दिवस चारि भलें मन रंजै, यहु नाहीं किस केरी 'रे'।
सुर नर मुनि जन पीर अवलिया, मीराँ पैदी कीन्हा 'रे'।
कोटिक भये कहाँ लूँ बरनूँ, सबनि पयाँनां दीन्हा 'रे'॥[65]

'ग्रन्थावली' के 222 वें पद में इसी प्रकार पंक्तियों के अन्त में 'हे राम' शब्द बढ़ा दिये गए हैं–

नैनूं निकट श्रवनूं रसनूं, इंद्री कह्या न मानैं हो रांम॥...
जोरि जेवरी खेति पसारै, सब मिलि मोकौं मारै हो रांम ॥...
बुरौ दिवांन दादि नहिं लागै, इक बांधै इक मारै हो रांम ॥...
पंच किसानां भाजि गए हैं, जीव घर बांध्यौ पारी हो रांम ॥[66]

रमैणी–यह काव्य-रूप चौपाई और दोहे दो छन्दों के योग से रचा जाता है। चौपाई एक ऐसा गेय छन्द है, जिसमें मन्द, मध्यम, चंचल, तीव्र सभी प्रकार की गतियाँ मिल जाती हैं। चौपाई छन्द गाते-गाते थक कर मानो गायक दोहे छन्द पर उतर आया करता है। प्रायः दोहों के मध्य 8 अर्द्धालियों की योजना का नियम है, परन्तु यहाँ भी कबीर ने स्थल-स्थल पर नियम भंग करते हुए छूट ली है।

'आदिग्रन्थ' में रमैनी काव्य-रूप नहीं है, किन्तु 'बीजक' और 'कबीर-ग्रन्थावली' में यह मिल जाता है। 'बीजक' में 'सबद' और 'साखी' में पहले 84 रमैणियाँ हैं। दूसरी ओर, 'कबीर ग्रन्थावली' में 'साखी' और 'पद' के बाद राग सूहौ शीर्षक के अन्तर्गत कुछ पंक्तियाँ देकर फिर छह रमैणियाँ रखी गई हैं।

यहाँ 'पद' के अन्तर्गत कुछ चौपाइयों और एक दोहे से मिल कर बनी हुई एक इकाई आती है। इसे हम एक समूह भी कह सकते हैं और समूह की संख्या के अनुसार ही पदों की संख्या का निर्देश किया गया है यथा सतपदी, बड़ी अष्टपदी, दुपदी, अष्टपदी, बारहपदी और चौपदी रमैणी। 'बड़ी' विशेषण पंक्तियों की अधिकता का ही सूचक है।

आरम्भ में 'राग सूहौ' के अन्त में कोई भी 'साखी' नहीं दी गई है। ग्रन्थावली में रमैणियों की 403 अर्द्धालियाँ हैं, 82 पंक्तियों में साखियाँ है। कुल 485 पंक्तियाँ हैं।

'कबीर बीजक' में 4 रमैणियाँ हैं और ये सबसे पहले आती हैं। इनमें चौपाइयों की संख्या बदलती रही है। अन्त में सर्वत्र दोहा नहीं रखा गया है। यहाँ कुल 152 साखियाँ हैं और चौपाइयों की 460 पंक्तियाँ मिल कर कुल 612 पंक्तियाँ हो जाती हैं।

कबीर बीजक के कुछ कथनों से पता चलता है कि कबीर से काफ़ी पहले

से 'रमैणी' काव्य-रूप समाज में प्रचलित था। इसकी छन्द-योजना की पृष्ठभूमि बताते हुए आचार्य परशुराम चतुर्वेदी लिखते हैं–"अपभ्रंश की काव्य-रचना में एक पद्धति 'कड़वकबद्ध' की थी, जिसमें साधारणतः पहले 'पंझटिका' या 'अरिल्ल' छन्द की पंक्तियाँ लिखी जाती थीं और पीछे एक 'घता' भी दे दिया जाता था। यह 'घता' ध्रुवक का काम करता था, जो पदों के ध्रुव का 'रहाउ' से भिन्न वस्तु है। प्रत्येक कड़वक आठ 'यमकों' का हुआ करता था और प्रत्येक यमक में दो पद होते थे जो पदड़ियाबद्ध भी कहे जाते थे।"[67]

सखी–यह 14+14 मात्राओं का छन्द है और पादों के अन्त में ही मगण (SSS) अथवा यगण (।SS) वार्णिक छन्द की मात्राएँ नज़र आती हैं। पदों में इस सखी छन्द के अनेक दृष्टान्त मिल जाते हैं।

सरसी–इस छन्द में 16।11=27 मात्राएँ होती हैं और अन्त में एक गुरु, एक लघु (S।) की योजना रहती है। 'कबीर-ग्रन्थावली' में 11 पदों में यही छन्द प्रयुक्त हुआ है। कहीं-कहीं पंक्ति के अन्तिम शब्द का स्वर धीरे से समाप्त करने के लिए 'रे' जैसे कुछ अतिरिक्त शब्दों का योग कर दिया जाता है। यथा–

सबको कहै तुम्हारी नारी, माकों इहै अंदेह 'रे'।
एक मेक ह्वै सेज न सोवै, तब लगि कैसा नेह रे।

विष्णुपद–16+10=26 मात्राओं के इस छन्द में पंक्ति के अन्त में गुरु स्वर रहता है। 16 मात्राओं वाले ऐसे छन्दों के गायन में कबीर की विशेष रुचि रही है।

पद्धरि–यह 16 मात्राओं का छन्द है। आचार्य भानु के मतानुसार इसके अंत में 'जगण' भी होता है और साथ ही आरंभिक प्रवाह सममूलक रहता है। स्वतन्त्रचेता कवि ने स्वेच्छा से पंक्तियों की मात्रा 14, 15, 16, 18 घटाई-बढ़ाई है। आदि ग्रन्थ में पद्धरि छन्द भैरउ और बसन्तु, रागों में निबद्ध हैं। कहीं साथ में डिल्ला और चौपाई छन्द भी मिला दिया गया है।

'आदि ग्रन्थ' में संकलनकर्ता ने पुरानी शैली के अनुसार 'ध्रुव' के लिए 'रहाउ' का प्रयोग पंक्तियों के मध्य में किया है। 'कबीर ग्रन्थावली' में ध्रुव (टेक) वाला भाग पद के आरम्भ में ही रखा गया है। कहीं-कहीं यही टेक दो-तीन पंक्तियों के बाद भी आए हैं यथा पद संख्या 310 में।

समग्रतः कबीर के पद गेयता के गुणों से ही ओतप्रोत माने जायेंगे। इससे पता चलता है कि पझटिका या अरिल्ल छन्द से ही 'चौपाई' छन्द का सहज विकास हुआ है। ये छन्द वर्णनात्मक-कथात्मक प्रबन्ध-काव्यों के लिए उपयुक्त माने जाते रहे हैं।

स्वयंभू की अपभ्रंश रचना 'पउमचरिउ' (रामायण) में अरिल्ल छन्द के बाद 'धता' रखा जाता था जो दोहे या साखी के ही समानान्तर कहा जा सकता है।

यद्यपि गोरखनाथ-कृत 'प्राण संकली' में भी चौपाई छन्द था, तथापि वहाँ दोहे न थे। सिद्ध सरहपा-कृत 'दोहा-कोश' में भी चौपाई-दोहे के क्रम का निर्वाह नहीं हुआ था। मुल्ला दाऊद की 'नूरक चन्दा' (लोरक चंदा) या 'चंदायन' नामक सूफ़ी प्रेमगाथा (रचनाकाल सं. 1436) की एक हस्तलिखित प्रति में दोहों-चौपाइयों की क्रमबद्ध शैली लगभग वैसी ही है, जिसका सही निर्वाह कबीर ने अपनी रमैणियों में किया है। 'चौपाई' नामक मात्रिक छन्द में 16-16 मात्राओं वाले चार चरण होते हैं और दो चरण मिल कर एक 'अर्धाली' कहलाते हैं।

आचार्य परशुराम चतुर्वेदी लिखते हैं—"चारणों की अर्धाली में तुक का बैठना भी आवश्यक है, किन्तु फिर भी उनके अन्त में कभी गुरु-लघु (ऽ।) नहीं आना चाहिए, एक से अधिक लघु आ जायें, तब भी कोई हानि नहीं। 'अरिल्ल' छन्द में भी 16 मात्राएँ होती हैं, किन्तु उसके चरणों के अन्त में दो लघु आते हैं अथवा एक यगण (लघु गुरु गुरु, ।ऽऽ) आया करता है।"

रमैणियों में साधारणतः दोनों के बीच 8 अर्धालियाँ आनी चाहिए, किन्तु लगभग ऐसी रचनाओं में इसके अपवाद मिल जाया करते हैं। कबीर साहब की रमैनियों में भी यह व्यतिक्रम पाया जाता है। 'कबीर बीजक' की रमैणियों में दो साखियों के बीच अधिक-से-अधिक 13 तथा कम-से-कम दो अर्धालियाँ तक आई हैं, परन्तु 'कबीर ग्रन्थावली' की रमैणियों में यह संख्या अधिक-से-अधिक 82 तक पहुँच गई है। देखें 'दुपदी रमैणी' और कम-से-कम केवल 3 तक आती है।[68]

वास्तव में लोक प्रचलित कथा की गीति शैली से ही कबीर ने 'रमैणी' काव्य-रूप विकसित करके उसमें अपने आध्यात्मिक उपदेश समाविष्ट किए हैं।

चौंतीसा—'कबीर बीजक' में जो 'ग्यान चौंतीसा' काव्य-रूप है, उसमें मुख्यतः 'चौपाई' छन्द ही प्रयुक्त हुआ है। जिन तीन पंक्तियों में अंतिम गुरु मात्रा लघु कर दी गई है, वहाँ इसी कारण 'चौपई' छन्द माना जा सकता है। यथा—

1. गगा गुरु के वचनहिं मान, इसर सबद करै नहिं कान।[69]
2. झझा अरुझि सरुझि कत जान, हीडत ढूढत जाहि परान।[70]
3. ढढा ढूढत की कत जान, हीउत ढूढत जाहिं परान।[71]

अन्यत्र 'चौपाई' छन्द का प्रयोग होने पर भी अर्द्धालियों में मात्राओं की संख्या न्यूनाधिक हो गई है। कबीर ने गाते समय छन्द की निश्चित मात्राओं को आँखों से ओझल करके केवल गीत के स्वर और लय के निर्वाह का ही अधिक ध्यान रखा है।

उल्लेखनीय है कि इन काव्य-रूपों (चौंतीसा या बावनी) का लोक-आधार बहुत सशक्त है। विभिन्न वर्णों और जातियों में विभाजित समाज में शिक्षा पर

ब्राह्मण वर्ग का एकछत्र राज्य रहा। फलस्वरूप शेष समाज, उसमें भी विशेष रूप से निम्न (जाति) समाज विद्या से पूर्णतः वंचित रहा। इतना ही नहीं, उन्हें अपनी भाषा में प्रयुक्त होने वाले वर्णों/अक्षरों का भी पूर्ण ज्ञान नहीं था और न ही इस दिशा में उन्हें विद्या प्राप्त करने की छूट थी। ऐसे में उनके लिए सबसे बढ़िया और आसान तरीका यही था, उन्हें गेय पदों के द्वारा वर्णों व अक्षरों का ज्ञान दिया जाता। गेयता के कारण उनके स्मृति-पटल में इनका स्मरण भी सहज था। इसी भावना से जुड़ कर सन्तों ने इस महत्त्वपूर्ण कार्य को अपने हाथ में लिया। दूसरा, क्योंकि कबीर आदि सन्त स्वयं भी अशिक्षित ही थे, अतः उन्होंने भी परम्परा से प्राप्त शिक्षण की इस पद्धति को अपनाया। इस प्रकार इन काव्य रूपों (चौंतीसा या बावनी) का लोक-जीवन से गहरा सम्बन्ध रहा है। वर्ण-अक्षरों का क्रम, पद्य में होने के कारण ये चौंतीसा, बावनी या ककहरा आदि काव्य रूप वार्ता-शैलियों के रूप में, जन-जिह्वा पर स्थायी होकर थिरकते रहे हैं। इन काव्य रूपों का प्रतिपाद्य 'विप्रमतीसी' के समान ही शास्त्र-पक्ष को प्रधानता देने वाले ब्राह्मणों तथा आभिजात्य वर्ग के लोगों के उच्च-कुलोत्पन्न मिथ्याहंकार के दम्भ को तिरस्कृत करता रहा है।[72]

बावनी--इसी नाम से यह काव्य-रूप 'कबीर ग्रन्थावली' में है और 'बावन अषरी' नाम से 'आदिग्रन्थ' में। इसके छन्द दोहा और चौपाई है। 'कबीर ग्रन्थावली' में 'ग्रन्थ बावनी' में दोहे से आरम्भ हो कर अन्त में चौपाइयाँ आती हैं। कुल पद छह हैं। पहले और छठे पद के आरम्भ में दो-दो दोहे रखे गए हैं। चौपाइयों में 2ए 4ए 6ए 12ए 16ए 28 पंक्तियाँ मिल जाती हैं।

डॉ. नज़ीर मुहम्मद लिखते हैं—"चौथे पद में तथा छठे में 4 पंक्तियाँ चौपई छन्द की भी हैं। शेष सभी चौपाई का ही हैं। बीच में दोहा लाने में भी किसी क्रम का ध्यान नहीं रखा गया। अधिकतर दोहे वर्णमाला के अनुनासिक पंचम वर्ण (के स्थान) पर लाए गए हैं, परन्तु कहीं-कहीं उन्हें बीच में ही स्थान दे दिया है, जैसे च, छ वर्ण पर चौपाइयाँ लिखने के अनन्तर 'ज' वर्ण पर दोहा लिखा गया है। फिर 'झ' पर चौपाई लिख कर केवल दो पंक्तियों के उपरान्त ही दोहा ला दिया गया है।"[73]

'कबीर ग्रन्थावली' की इस वर्णमालापरक 'बावनी' में सभी दोहों की पंक्तियाँ 16 हैं। इसी में चौपाई और चौपई छन्द की 68 अर्द्धालियाँ जोड़ दें, तो पंक्तियों की कुल संख्या 84 तक पहुँच जाती है।

'आदि ग्रन्थ' में 'रागु गउड़ी' शीर्षक के अन्तर्गत 'बावन अषरी' रखी गई है, जो पूर्णतः गेय है। एक दोहे, एक चौपाई और फिर तीन दोहों की योजना के बाद ही 'बावनी अषरी' आरम्भ होती है और एक चौपाई से ही उसकी समाप्ति

हुई है। चौपाइयों के मध्य कहीं 'चौपई' छन्द (15-15 मात्रा में, अन्त में लघु-गुरु ।ऽ) भी चुपके से चला आता है।

पूर्वोक्त एक चौपाई के सात पादों में चौपाइयों और दोहों की संख्या आगे दी जा रही है—

पहला पाद—इसमें चौपाई की दो पंक्तियाँ हैं और चार दोहे हैं।
दूसरा पाद—चौपाई की दस पंक्तियाँ और केवल एक दोहा।
तीसरा पाद—चौपाई की आठ पंक्तियाँ और एक दोहा।
चौथा पाद—चौपाई की तीस पंक्तियाँ और एक दोहा।
पाँचवाँ पाद—चौपाई की दो पंक्तियाँ और एक दोहा।
छठा पाद—चौपाई की छह पंक्तियाँ और एक दोहा।
सातवाँ पाद—चौपाई की सोलह पंक्तियाँ।

'बावन अखरी' में दोहों की 18 पंक्तियों में चौपाई की 74 की पंक्तियाँ मिला कर कुल संख्या 92 हो गई है।

कबीर की 'बावनी' में स्वर नहीं लिए गए हैं। हाँ, वर्णमाला के अन्त में 'ह' वर्ण के बाद 'स' और 'ष' भी रखे गए हैं। कबीर ग्रन्थावली की ही तरह आदि ग्रन्थ की 'बावन अषरी' में भी वर्णों की संख्या 35 ही है, किन्तु रूढ़ि-पालन के लिए 'बावन' या 'बावनी' नाम अपना लिया गया है। 'ॐ' को छोड़ दें, तो नागरी लिपि में 16 स्वरु36 व्यंजन मिल कर बावन वर्ण ही होते हैं।

कहरा—कबीर बीजक में 'कहरा' नाम से 12 रचनाएँ मिलती हैं। इनमें से 8वीं और 12वीं रचना है, वह 'कबीर ग्रन्थावली' में पद 366 और 187 में कुछ पाठान्तर के साथ मिल जाती है। 'आदि ग्रन्थ' में राग बिलावल का सर्वप्रथम पद 'कहरा' ही माना जा सकता है। 'कँहरवा' लोक गीत से प्रभावित 'कहरा' में भी कबीर ने स्वेच्छा से अन्य छन्दों की भाँति यहाँ भी मात्राओं की संख्या घटाई-बढ़ाई है। हर पंक्ति के अन्त में गुरु मात्रा के बाद गे, हे, हो जैसे श्रब्दों की आवृत्ति करके विशेष लय और प्रवाह के साथ संगीत की अपूर्व सृष्टि देखते ही बनती है। कुंडलियाँ छन्द की तरह कहीं-कहीं पंक्तियों का पूरा या अधूरा वाक्य पंक्ति के आरम्भ में भी आ बिराजता है।

'बीजक' के 12 कहरों में पंक्तियों की संख्या असमान रही है। पंक्तियों की संख्या 7, 8, 10, 12, 15 और 31 रही है। पंक्तियों की कुल संख्या 130 तक पहुँच गई है। 16-14 की यति से 'लावनी' छन्द का ही यद्यपि 'कहरा' काव्य-रूप में प्रयोग हुआ है, तथापि मात्राओं की संख्या न्यूनाधिक भी होती रही है। यहाँ प्रत्येक पंक्ति के अन्त में गे, हो शब्दों को गुरु मात्रा वाले शब्द के बाद रखा जाता है। यथा—

एक गाँव में पांच तरुनि बसै, तामह जेठ जिठानी हो।
आपन आपन झगरा पसारिन, पिया सो प्रीति न सानी हो।

'कहरा' पर लोकगीत 'कँहरवा' की शैली की ही छाप नहीं है, वरन् कहारों में लोकप्रिय यह रचना मूलतः नृत्य-गान-प्रधान ही है।

कबीर ने अन्य रचनाओं में भी ज्ञानोपदेश देने के लिए निम्नवर्गीय जातियों में प्रचलित भजन-गीत शैली से प्रभाव ग्रहण किया है। यहाँ एक उदाहरण से छन्द की प्रवाहपूर्ण लय को समझा जा सकता है–

राम नाम बिनु, राम नाम बिनु, मिथ्या जनम गमाई हो।
सेमर सेइ सुआ जौ जहड़ें, ऊन परे पछिताई हो।[74]

थिंती–'आदि-ग्रन्थ' में थिंती से पहले 14+15 मात्राओं वाला एक 'सलोकु' रखा गया है, जो दोहा छन्द में नहीं है। फिर 'अमावस' के अनुसार थिंती की रचना आरम्भ होती है और पहले दो पंक्तियों में इस तिथि का उल्लेख करते हुए एक 'रहाउ' रख दिया गया है। 'पूनिउ' (पूर्णिमा) की तिथि तक इसी विधि से रचना चलती रहती है। 'थिंती' कुल 36 पंक्तियों में है।

'आदि ग्रन्थ' में 'थिंती' नामक यही काव्य-प्रकार राग गउड़ी के अन्तर्गत दिया गया है। यह काव्य-रूप 'बीजक' और 'कबीर ग्रन्थावली' में नहीं है। प्रत्येक मास में चन्द्र की गति के आधार पर कृष्ण और शुक्ल नाम से दो पक्ष होते हैं। इनमें प्रतिपदा से चतुर्दशी (>चौदस) तक तिथियों के एक-से नाम होते हैं। कृष्ण पक्ष की अंतिम तिथि अमावस्या (मावस) कहलाती है और शुक्ल पक्ष की अंतिम तिथि पूर्णिमा (पूर्णमासी, पून्यो)। इन्हीं तिथियों को क्रमशः गिनाते हुए सन्त कबीर ने थिंती में भक्ति, ज्ञान और विरक्ति की त्रिवेणी बहाई है। उनके मतानुसार जो सिद्ध और साधक अध्यात्म का रहस्य देख-समझ लेते हैं, वे स्वयमेव कर्त्ता और देवता बन जाया करते हैं–

पन्द्रह थिंती सात वार। कहि कबीर उर बार न पार।
साधिक सिध लखै जउ भेउ। आपे करता, आपे देउ।[75]

थिंती का एक अन्य उदाहरण प्रस्तुत है–

परबा प्रीतम करहु बीचार। घट महि खेले अधर अपार ॥
काल कल्पना कदे ना खाइ। आदि पुरख महि रहे समाइ ॥
दुतीआ दुहकरि जानै अंग। माइआ ब्रह्म रमै सम संग।
ना ओहु बढ़ै न घटता जाइ। अकुल निरंजन एकै भाइ ॥[76]

'चाँचर' काव्य-रूप के लिए कोई भी एक छन्द निश्चित न था, क्योंकि दोनों ही 'चांचर' रचनाओं में भिन्न-भिन्न छन्दों का प्रयोग हुआ है।

इस काव्य-रूप की पुरातनता और उस पर फागु लोक गीतिपरक रचनाओं का प्रभाव पहले दिखाया जा चुका है। यह भाषा-निबद्ध नृत्यगीतपरक रचना है। कबीर के काल में भी लोक-जीवन में इसी प्रकार की लौकिक रचना प्रचलित रही होगी, ऐसा अनुमान है।

हिंडोला—वास्तव में लोक-प्रचलित 'कजली' गीत की लय और ताल का ही एक साहित्यिक संस्करण यह 'हिंडोला' काव्य-रूप माना जाए तो इसमें कोई अत्युक्ति न होगी। 'बेलि' काव्य-रूप का आदि स्रोत 'श्रीमद्‌भागवत पुराण' कहा गया है।

राजस्थान में 'बेलि' काव्य-रूप किसी बहुप्रचलित लोक-गीत-शैली से जुड़ा और विकसित प्रतीत होता है। इसमें किसी विशेष छन्द-योजना की क़ैद नहीं रही है।

बिप्रमतीसी—इस काव्य-रूप का छन्द परम्परागत 'दोहा' छन्द ही है। 'चौपाई' छन्द का प्रयोग, मात्राओं की कमोबेशी के साथ किया गया देखा जा सकता है यथा—

बैठा ते घर साहु कहावै॥16॥
भीतर भेद मूसि मनहि लखावै॥18॥

समग्रतः यह छन्द 'चौपाई' ही कहा जा सकता है। केवल ब्राह्मणों की भर्त्सना पर आधारित कबीर जी की यह एक मात्र रचना ही है। यहाँ चौपाइयों के अन्त में साखियाँ रखने की शैली से यह काव्य-रूप 'रमैणी' का ही एक भाग-सा भासित होता है।

बिरहुली—यद्यपि आचार्य हजारीप्रसाद द्विवेदी ने इस काव्य-रूप की जड़ें लोक में प्रसिद्ध गारूड़ियों के विष उतारने वाले 'बिरहुली' मन्त्र में देखी हैं तथापि इस काव्य-रूप का अन्य नाम 'बिरहुल' भी है। 'कबीर-बीजक' में संकलित केवल एक रचना कुल तेरह पंक्तियों में है। प्रत्येक चरणान्त में बिरहुली शब्द की आवृत्ति होती रहती है। 'बिरहुली' से कबीर का आशय उस विरहिणी जीवात्मा से है, जो प्रभु-मिलन के वियोग से छटपटा रही है। उसी को आलम्बन बन कर कबीर जी माया, संसार, जीव आदि से सम्बन्धित आध्यात्मिक उपदेश देते चले जाते हैं।

निष्कर्ष

यदि यहाँ कबीर की विवादास्पद और सन्दिग्ध रचनाओं को एक ओर कर दिया जाए तो उनके प्रामाणिक माने जाने वाले तीनों संग्रह ग्रन्थों में संकलित काव्य-रूपों की सूची इस प्रकार प्रस्तुत की जा सकती है—

'कबीर ग्रन्थावली' में 1. साखी 2. पद 3. रमैणी 4. बावनी 5. बेलि 6. वार और 7. बसन्त—ये सात काव्य-रूप मिलते हैं।

'आदि ग्रन्थ' में कुल छह काव्य-प्रकार हैं—1. सलोक 2. सबद 3. बावन अखरी 4. थिंती 5. वार 6. वसन्तु।

'कबीर बीजक' ग्रन्थ में कुल 11 काव्य-रूप मिलते हैं, जो इस प्रकार हैं—1. साखी 2. सबद 3. रमैनी 4. चौंतीसा 5. विप्रमतीसी 6. कहरा 7. बसन्त 8. चांचर 9. बेलि 10. विरहुली 11. हिंडोला। जो 'साखियाँ' बीजक में हैं, वही 'आदि ग्रन्थ' में 'सलोक' शीर्षक से संकलित हैं। इसी प्रकार 'बीजक' में जो 'सबद' हैं, वही 'आदि ग्रन्थ' और 'कबीर ग्रन्थावली' में पद नाम से हैं। 'कबीर ग्रन्थावली' में जो 'बावनी' काव्य-रूप है वही 'आदि ग्रन्थ' में 'बावन-अखरी' नाम से दिया गया है। 'बीजक' में यह काव्य-रूप नहीं है।

'बीजक' में जो 'बसन्त' काव्य-रूप है, वही 'आदि ग्रन्थ' में 'राग बसन्त' के शीर्षक तले रखा गया है।

इसी प्रकार 'बेलि' काव्य-रूप 'बीजक' और 'कबीर-ग्रन्थावली' में तो है, परन्तु 'आदि ग्रन्थ' में नहीं।

बीजक के ये काव्य-रूप अन्य दोनों ग्रन्थों में नहीं होने के कारण अतिरिक्त ही कहे जाएँगे—1. चौंतीसा 2. चांचर 3. हिंडोला 4. विप्रमतीसी 5. कहरा 6. विरहुली।

डॉ. नज़ीर मुहम्मद ने गलती या भ्रम से इनमें 'रमैणी' को भी अतिरिक्त काव्य-रूप के तौर पर गिना दिया है[76], जबकि यह काव्य-रूप 'कबीर ग्रन्थावली' में है। वहाँ छह रमैणियाँ मिलती हैं—सतपदी, बड़ी अष्टपदी, दुपदी, अष्टपदी, बारहपदी और चौपदी रमैणी।

समग्रतः जो काव्य-रूप तीनों ग्रन्थों में असंदिग्ध रूप से मिलते हैं, उनकी संख्या 14 के लगभग कही जा सकती है और इन रूपों या प्रकारों की सूची यह है। 1. साखी 2. पद 3. रमैणी 4. चौंतीसा 5. बावनी 6. वार 7. थिंती 8. चांचर 9. बसन्त 10. हिंडोला 11. बेलि 12. विप्रमतीसी 13. कहरा और 14. बिरहुली।

इन समस्त काव्य-रूपों की लोक के धरातल पर स्वीकृति और प्रस्तुति ने इन्हें निश्चित ही शिष्ट साहित्य या शास्त्रीय साहित्य के सिद्धान्तों से न केवल मुक्ति दिलाई है, अपितु इन्हें अपनी इच्छानुरूप नया रूप और आकार दे दिया है। इसी प्रकार इनके लिए निश्चित विषयों के चयन में भी लोक ने पूर्णतः हस्तक्षेप किया है। इस प्रकार कबीर आदि सन्तों ने उक्त काव्य-रूपों को अपने उद्देश्य के लिए प्रयुक्त करते हुए इन्हें इतना सहज बना दिया कि ये सिद्धान्तों का अतिक्रमण करते हुए भी लोक द्वारा न केवल स्वीकृत हुए, अपितु उसकी ज़ुबान का शृंगार बन गए, यही कबीर जैसे सन्त की लोक को महान् देन है

और यही उनकी लोक चेतना का प्रमाण है।

आचार्य पिंगल ने 'छन्दः सूत्र' ग्रन्थ में छन्दों के दो प्रकारों का निर्देश किया था—1. वैदिक छन्द 2. लौकिक छन्द। तदनन्तर रचित 'अग्निपुराण' के 'आग्नेय छन्दः सार' में भी छन्दों के यही दो वर्ग बताए गए थे। वैदिक साहित्य में प्रयुक्त छन्दों को ही वैदिक छन्द कहा गया और वेदेत्तर साहित्य में प्रयुक्त छन्दों को 'लौकिक' विशेषण से विभूषित किया गया। लौकिक छन्दों का क्षेत्र वैदिक साहित्य से आगे बढ़ कर संस्कृत, प्राकृत, अपभ्रंश, हिन्दी आदि अन्य भाषाओं तक भी जा पहुँचता है। इन्हीं लोक-छन्दों में आगे चलकर वार्णिक और मात्रिक छन्दों का विकास हुआ और उनमें भी मात्रिक छन्द प्राकृत और तदनन्तर लोक-साहित्य या काव्य की निम्न श्रेणी में रखे जाते हैं। ये छन्द लोक-परंपरा के ही पूर्णतः वाहक कहे जा सकते हैं। मात्रिक छन्द के सम्बन्ध में अंग्रेजी विद्वान ए.बी. कीथ ने स्पष्ट रूप से यह विचार व्यक्त किया है—"अभिजात कोटि के काव्य-साहित्य में जहाँ कहीं इनका उपयोग किया गया है, इन्हें लोक-प्रचलित काव्यों से लिया गया है।"

डॉ. रवीन्द्र 'भ्रमर' कीथ साहब के विचार उद्धृत करते हुए लिखते हैं—कीथ महोदय ने संस्कृत साहित्य में प्रयुक्त वार्णिक वृत्त छन्दों को अभिजात-परंपरा की वस्तु कहा है, किन्तु मात्रिक 'जाति छन्दों' को लौकिक काव्य (पापुलर पोएट्री popular poetry) ही की उपज माना है।[77]

मात्रिक छन्दों को हम लोक-भाषा के छन्द या 'लोक-छन्द' का नाम भी दे सकते हैं। ये छन्द लोक-काव्य विशेषतः लोक-गीतों से जुड़े हैं। लोक में प्रचलित विविध गान-पद्धतियों की कोख से ही इन छन्दों का जन्म हुआ करता है। यही कारण है कि अन्य सन्त कवियों के समान कबीर ने भी वार्णिक छन्दों के स्थान पर मात्रिक छन्दों का ही प्रयोग अपनी साखियों, पदों और रमैणियों में खुल कर किया है और प्रायः छन्दों के कठोर नियमों को भी ताक़ पर रख दिया है। उनके छन्दों में एक विचित्र प्रकार का छन्द-मिश्रण, मात्राओं की न्यूनाधिकता आदि देखने को मिलती है। इस छन्द-मुक्ति के होते हुए भी कबीर की वाणी में सर्वत्र सांगीतिक प्रवाह और लय बने रहे हैं और उनका समूचा काव्य गेय मुक्तक काव्य की कोटि का कहा जा सकता है। इस काव्य की आधारभूमि वस्तुतः लोक गीतों की ही विहारस्थली रही है। यही कारण है कि कबीर-वाणी जन-जन का कंठ-हार बनी सदियों से लोकप्रिय रही है। बच्चे से लेकर बूढ़ों तक कबीर के दोहे सुनते-सुनाते चले आ रहे हैं। यदि नई कविता की तरह यह वाणी पूर्णतः मुक्त छन्द में होती, तो कदापि कालजीवी न हो पाती।

सन्दर्भ

1. नज़ीर मुहम्मद, पूर्वोक्त, 58
2. वही, 59
3. (संपा.) युगेश्वर, 'कबीर समग्र',
4. परशुराम चतुर्वेदी, कबीर साहित्य की परख, 198
5. कबीर ग्रन्थावली, 'साध साषीभूत कौ अंग-1', पृ. 50
6. परशुराम चतुर्वेदी, कबीर साहित्य की परख, पृ. 199
7. रवीन्द्र 'भ्रमर', 'हिन्दी भक्ति-साहित्य में लोक-तत्त्व', 129
8. (सं.) विचारदास शास्त्री, 'कबीर-बीजक' (इलाहाबाद : संस्क. सन् 1954), शब्द 4
9. कबीर ग्रन्थावली, पृ. 62
10. वही, पद 29, पृ. 97
11. हज़ारीप्रसाद द्विवेदी, 'हिन्दी साहित्य का आदिकाल', पृ. 96
12. (सं.) विचारदास शास्त्री, 'कबीर बीजक' रमैणी संख्या 2
13. कबीर बीजक, रमैणी 4, पृ. 2
14. वही, रमैणी 51
15. वही, पृ. 17
16. वही, साखी 288, पृ. 110
17. (सं.) विचारदास, 'कबीर बीजक', 'ज्ञान चौंतीसा', पृ. 69
18. हज़ारीप्रसाद द्विवेदी, 'हिन्दी साहित्य का आदिकाल', 107
19. रामकुमार वर्मा, 'हिन्दी साहित्य का आलोचनात्मक इतिहास' (संस्क. सन् 1954), 251
20. रवीन्द्र 'भ्रमर', 'हिन्दी भक्ति-साहित्य में लोक-तत्त्व', 135
21. 'कबीर ग्रन्थावली', पृ. 224
22. नज़ीर मुहम्मद, 'कबीर के काव्य-रूप', पृ. 103
23. कबीर बीजक, (हरक प्रकाशन), पृ. 75
24. वही, पृ. 75
25. तुलसी ग्रन्थावली, दूसरा खण्ड (काशी : नागरी प्रचारिणी सभा, संस्क. सं. 2004 वि.)
26. (सं.) विचारदास, 'कबीर बीजक', पृ. 263
27. कबीर बीजक, पृ. 257
28. 'गोरखबानी', पृ. 183
29. 'आदि ग्रन्थ', रागु गउड़ी 76, पृ. 344.
30. 'कबीर ग्रन्थावली', पृ. 303 तथा रामकुमार वर्मा-कृत 'सन्त कबीर', पृ. 85
31. 'कबीर ग्रन्थावली', राग बिलावल, पृ. 209
32. वही, पृ. 208
33. रामकुमार वर्मा, सन्त कबीर, पृ. 88
34. (टीकाकार) विचारदास शास्त्री, 'कबीर बीजक', बसन्त पद 2
35. नज़ीर मुहम्मद, 'कबीर के काव्य-रूप', 129

36. 'कबीर बीजक', बसन्त 1, पृ. 80
37. 'कबीर ग्रन्थावली', पृ. 217
38. परशुराम चतुर्वेदी, 'कबीर साहित्य की परख', 211
39. 'कबीर बीजक' (हरक प्रकाशन), पृ. 85
40. 'आदि ग्रन्थ', पद 57
41. (सं.) विचारदास शास्त्री, 'कबीर बीजक', हिंडोला
42. 'कबीर बीजक', (हरक संस्क.), पृ. 91
43. आनन्द प्रकाश दीक्षित (सं.), 'बेलि क्रिसन रुक्मणी री' (संस्क. सन् 1953), पृ. 46
44. (सं.) विचारदास शास्त्री, कबीर बीजक, बेलि-1, पृ. 293
45. कबीर ग्रन्थावली, पद 163
46. परशुराम चतुर्वेदी, 'कबीर साहित्य की परख', पृ. 206
47. हज़ारीप्रसाद द्विवेदी, 'हिन्दी साहित्य का आदिकाल', पृ. 104
48. रवीन्द्र 'भ्रमर', 'हिन्दी भक्ति-साहित्य में लोक-तत्त्व', पृ. 140
49. कबीर बीजक, (संस्क. सन् 1954), पृ. 297
50. रवीन्द्र 'भ्रमर', 'हिन्दी भक्ति साहित्य में लोक-तत्त्व', पृ. 136
51. 'कबीर ग्रन्थावली', पद 166, पृ. 143
52. मिश्रबन्धु, 'हिन्दी नवरत्न', पृ. 81, 101
53. रामकुमार वर्मा, 'हिन्दी साहित्य का आलोचनात्मक इतिहास', 251
54. रवीन्द्र भ्रमर, हिन्दी भक्ति साहित्य में लोक-तत्त्व, पृ. 138, तथा रामकुमार वर्मा, हिन्दी साहित्य का आलोचनात्मक इतिहास, पृ. 251
55. रवीन्द्र भ्रमर, हिन्दी भक्ति साहित्य में लोक-तत्त्व, पृ. 165
56. A.B. Keith, A History of Sanskrit Literature, London, 1920, p. 418.
57. हजारी प्रसाद द्विवेदी, 'हिन्दी साहित्य का आदिकाल', पृ. 93.
58. 'कबीर ग्रन्थावली', पृ. 38
59. वही, पद 5, पृ. 89
60. 'कबीर-बीजक', सबद 4, पृ. 29
61. 'कबीर ग्रन्थावली', पृ. 62
62. वही, पद 29, पृ. 97
63. परशुराम चतुर्वेदी, 'कबीर साहित्य की परख', पृ. 201
64. 'कबीर बीजक', सबद 50, पृ. 46
65. 'कबीर ग्रन्थावली', पद 366, पृ. 210
66. वही, वही, पद 222, पृ. 163
67. परशुराम चतुर्वेदी, 'कबीर साहित्य की परख', 203
68. वही, 204
69. 'कबीर बीजक' 7वीं पंक्ति, पृ. 69
70. वही, 19वीं पंक्ति, पृ. 69

71. वही, 9वीं पंक्ति, पृ. 70
72. रमेशचन्द्र मिश्र, 'सन्त-साहित्य और समाज', पृ. 502
73. नज़ीर मुहम्मद, 'कबीर के काव्य-रूप', पृ. 127
74. (सं.) विचारदास शास्त्री, 'कबीर बीजक', पृ. 263
75. 'आदि ग्रन्थ', राग गउड़ी, उद्धृत रामकुमार वर्मा, संत कबीर, पृ. 84
76. नज़ीर मुहम्मद, 'कबीर के काव्य-रूप', पृ. 41
77. रवीन्द्र 'भ्रमर', हिन्दी भक्ति-साहित्य में लोक-तत्त्व, उद्धृत, 164, ए.बी. कीथ, ए हिस्ट्री ऑफ संस्कृत लिट्रेचर, (लंदन : संस्क. सन् 1920), पृ. 418

4

कबीर की उलटबाँसियों और पहेलियों में लोक-रुचि एवं लोक-तत्त्व

सन्त कबीर समाज के निम्न वर्ग से संबंधित एक साधारण व्यक्ति थे। यही कारण है कि उनकी वाणी में वही सब विषय और शैलियाँ मिलती हैं, जिनमें जन साधारण की विशेष रुचि थी। इतना ही नहीं, योग-साधना, तंन्त्र-मन्त्र आदि के प्रभावस्वरूप उनके काल में जो चमत्कार-प्रदर्शन की प्रवृत्ति आम थी, उसी को उन्होंने काव्य की उलटबांसियों और पहेलियों के माध्यम से व्यक्त करके मानो एक चली आती हुई परंपरा का ही निर्वाह किया था। फिर भी इसका यह अर्थ कदापि नहीं है कि उन्हें जादू-टोने, चमत्कार, आडम्बर, कृत्रिमता, कौतूहलवर्द्धक बातों में पूर्ण आस्था थी। वस्तुतः वे अपनी वाणी में अभिधा से अधिक 'व्यंजना' का ही आश्रय लेते दृष्टिगत होते हैं।

यदि स्थूल दृष्टि से देखें, तो उलटबांसियों और पहेलियों में विधि-विरोध ही प्रतीत होता है और एक प्रकार से लोक-तत्त्व का समर्थन न होकर खंडन ही होता है। इसके विपरीत सूक्ष्म दृष्टि से देखने पर यही काव्य-रूप या अभिव्यंजना की विशिष्ट शैलियाँ लौकिक मान्यताओं की इसलिए ऋणी हैं, क्योंकि परंपरागत प्राकृतिक, भौतिक, सांसारिक मान्यताओं का विरोध करके ये श्रोताओं एवं पाठकों में उस जिज्ञासा या कौतूहल की भावनाएँ जाग्रत करने में सफल सिद्ध होती हैं, जो विश्व भर में मानव-मात्र की मूल प्रवृत्ति रही है।

कबीर-वाणी में जो शिशुजनोचित पहेलियाँ मिलती हैं, वे सुबोध भी हैं और दुर्बोध भी। संस्कृत साहित्य में भी 'प्रहेलिका' नामक जो काव्य-रूप मिलता है, उसका मूल भी उन उलटबांसियों अर्थात् उलटे-पुलटे कथनों में खोजा जा सकता है जो कि वैदिक साहित्य में भी देखी जा सकती हैं। हमारे विचार में उन्हीं उलटबांसियों से आगे चलकर उन 'पहेलियों' का विकास हुआ, जो कि बच्चों से लेकर प्रौढ़ों और बूढ़ों तक के मनों को छूती, प्रभावित करती रही हैं। अतः 'उलटबांसी' की शैली पर यहाँ विस्तार से विचार करना समीचीन प्रतीत होता है।

'उलटबांसी' शब्द की व्युत्पत्ति

'उलटबांसी' शब्द को लेकर विभिन्न विद्वानों ने कई अटकलें भिड़ाई हैं। 'उलटबांसी' शब्द में प्रायः 'वाँसी' शब्द को लेकर विद्वानों में मतभेद बना रहा है। इसके व्युत्पत्ति-अर्थ से पूर्व इस शब्द-प्रयोग के लिए ही सभी विद्वानों ने अलग-अलग शब्दों के समर्थन में अपने तर्क प्रस्तुत किए हैं। सामान्यतः 'वाँसी' शब्द के लिए बांसी, वाशी, वासी, वाची शब्द चर्चा का विषय बने। डॉ. रमेशचन्द्र मिश्र ने उक्त सभी शब्दों पर भाषावैज्ञानिक तथा व्याकरणिक दृष्टि से विस्तार में जाकर चर्चा करते हुए निष्कर्ष दिया कि "वाशी या वासी शब्द सामान्य ध्वनि या वाणी के लिए प्रयुक्त मिलता है। इस प्रकार उलटवाशी या उलटवासी उलटी वाणी के रूप में प्रचलित हुआ होगा, जिसका 'उलट' पद हिन्दी का तथा वाशी या वासी शब्द परम्परागत वैदिक मूल का है। ऐसी वाणी प्रचलन में विवेच्य शैली के लिए स्वीकृत हुई। उलटवाशी या उलटवाँसी में कथन उलटा सा रहता है।"[1] 'मानक हिन्दी कोश' में 'उलटवासी' शब्द के लिए 'उलटवाची' शब्द का भी प्रयोग हुआ है, जिसका अर्थ है—ऐसी उक्ति या कथन (विशेषतः पद्यात्मक) जिसमें असंगति, विचित्र, विभावना, विषम, विशेषोक्ति आदि अलंकारों से युक्त ऐसी विलक्षण बात कही जाती है, जो प्राकृतिक नियम या लोक-व्यवहार के विपरीत होने पर भी गूढ़ आशय या तत्त्व से युक्त होती है।[2]

'उलटवाँसी' शैली के लिए उपुर्यक्त शब्दों के अतिरिक्त 'सन्ध्या-भाषा' शब्द भी चर्चा में आया। आचार्य हज़ारी प्रसाद द्विवेदी लिखते हैं कि सहजयानियों में इस प्रकार की उलटी बानियों का नाम 'सन्ध्या-भाषा' प्रचलित था। इस सन्दर्भ में उन्होंने श्री हरप्रसाद शास्त्री का मत उद्धृत किया है, जिनके अनुसार, "सन्ध्या भाषा से मतलब ऐसी भाषा से है, जिसका कुछ अंश समझ में आए और कुछ अस्पष्ट लगे, पर ज्ञान के दीपक से जिसका भाव स्पष्ट हो जाए।" इस व्याख्या में 'सन्ध्या' शब्द का अर्थ 'सांझ' मान लिया गया है और यह भाषा अन्धकार और प्रकाश के बीच की सन्ध्या की भाँति ही कुछ स्पष्ट और अस्पष्ट बताई गई है। श्री हरप्रसाद शास्त्री जी के मत के साथ ही आचार्य जी ने पं. विधुशेखर भट्टाचार्य जी का मत भी उद्धृत किया है, जो 'सन्ध्या' शब्द के बदले 'सन्धा' शब्द पर बल देते हुए उसका अर्थ संस्कृत शब्द 'सन्धाय' (अभिप्रेत्य) से जोड़ते हैं। उनके अनुसार, 'सन्धा' शब्द 'सन्धाय' का ही अपभ्रष्ट रूप है।[3] जहाँ तक स्वयं कबीरदास का प्रश्न है, उन्होंने अपने इस प्रकार के पदों को 'उलटा वेद' कह कर सम्बोधित किया है—

है कोई जगत् गुर ग्यानी, उलटि बेद बूझै।[4]

विद्वानों ने 'उलटबाँसी' शब्द के साथ-साथ 'पहेली' तथा 'दृष्टकूट' शब्दों को भी चर्चा का विषय बनाया है। जबकि सत्य यह है कि जहाँ पहेलियों में व्यक्तियों की बौद्धिक परीक्षा लेते हुए उनमें परस्पर एक प्रकार की प्रतिद्वन्द्विता या प्रतियोगिता की भावना उत्पन्न की जाती है, वहाँ 'दृष्टकूट' में ऐसी किसी भावना का अभाव ही रहता है। 'दृष्टकूट' में उसका रचनाकार अपने ज्ञान और पांडित्य का भरपूर प्रदर्शन करते हुए कौतूहल, जिज्ञासा, चमत्कार आदि का आश्रय लेकर श्रोता का भरपूर मनोरंजन करता है। एक प्रकार से उसे भ्रमित करने का प्रयास किया जाता है। दूसरी ओर 'उलटबाँसी' का प्रयोजन श्रोता को किसी भ्रम में ग्रस्त न करके सीधे-तिरछे ढंग से अपने वर्ण्य विषय या प्रतिपाद्य की ओर उसका ध्यान खींचना होता है। जहाँ पहेली में श्लेष और विरोधाभास अलंकारों की ही प्रधानता रहती है, वहाँ उलटबाँसी में श्लेष, शब्दालंकार तो नहीं, हाँ विरोधाभास, असंगति जैसे कुछ विरोधमूलक अर्थालंकार अवश्य रहते हैं। कदाचित् इसी आधार पर डॉ. नगेन्द्र उलटबाँसी को 'प्रतीक की विरोधगर्भित शैली' कहकर पारिभाषित करते हैं।[5]

जिस प्रकार उलटबाँसी शब्द पर्याप्त चर्चा का विषय बना रहा है, उसी प्रकार इसकी परम्परा को भी चर्चा का आधार बनाया गया है। डॉ. रमेशचन्द्र मिश्र ने वेदों तथा उपनिषदों से अनेक उदाहरण प्रस्तुत करते हुए इसकी परम्परा का सम्बन्ध वैदिक युग से जोड़ा है। उसके पश्चात् परम्परा निर्वाह के नाम पर महाभारत तथा श्रीमद्भागवत पुराण से भी कुछ उदाहरण प्रस्तुत किए हैं और इस प्रकार उलटबाँसियों की यह परम्परा आगे बढ़ती हुई सिद्धों और नाथों के साहित्य तक पहुँचती है, जिनसे कबीर सीधे रूप में प्रभावित थे। इस दृष्टि से कबीर द्वारा प्रयुक्त उलटबाँसी-शैली की परम्परा वैदिक युग से जुड़ी है। डॉ. सरनाम सिंह शर्मा तो स्पष्ट शब्दों में स्वीकार करते हैं कि, "कबीर की उलटबांसियाँ सिद्धों की परम्परा की उलटबाँसियाँ नहीं हैं। अधिकांशतः उनमें औपनिषदिक परम्परा की उलटबाँसियाँ हैं, जिनमें आध्यात्मिक अनुभूति की अभिव्यंजना है और जिनमें कहीं-कहीं प्रेम और दर्शन का भी सुमिलन हुआ है।"[6] किन्तु हमारी दृष्टि में कबीर पर जिसका सर्वाधिक प्रभाव दृष्टिगोचर होता है, वह सिद्धों और नाथों की परम्परा का है। वैचारिक धरातल पर भले ही उन्होंने नाथों की साधना-पद्धति को स्वीकार न किया हो, परन्तु जहाँ तक अभिव्यंजना कौशल का प्रश्न है, कबीर पर उस परम्परा का प्रभाव स्पष्ट दिखलाई देता है। अभिव्यक्ति के क्षेत्र में उन्होंने लगभग वही रुख अपनाया है, जो इन सिद्धों और योगियों का था। वही कर्कशता, वही अक्खड़ता, वही शब्दावली और वही शैली कबीर को नाथ परम्परा से प्रभावित सिद्ध करने के अकाट्य प्रमाण हैं। डॉ. परशुराम चतुर्वेदी तो केवल शब्दावली में ही नहीं अपितु कबीर-साहित्य में नाथों

के पूरे पदों के होने का भी संकेत करते हैं।[7] अस्तु, आचार्य हजारीप्रसाद द्विवेदी ने पं. विधुशेखर भट्टाचार्य के मत का समर्थन करते हुए स्वीकार किया है कि "वेदों और उपनिषदों में से भी ऐसे उदाहरण खोज निकाले जा सकते हैं कि जिनमें सन्धा भाषा जैसी भाषा के प्रयोग मिल जाते हैं। परन्तु बौद्ध धर्म की अन्तिम यात्रा के समय यह शब्द और वह शैली अत्यधिक प्रचलित हो गई थी और साधारण जनता पर इसका प्रभाव भी बहुत अधिक था।"[8] वस्तुतः बौद्धों की महायान शाखा पर जिस समय तान्त्रिक प्रभाव पड़ना प्रारम्भ होता है, उसी के साथ वैदिक युग से चली आ रही उलटबाँसी शैली भी अपना स्वरूप बदलती है। 'वामाचार' के समर्थक तान्त्रिक प्रत्येक तथ्य को उलटे ढंग से व्याख्यायित करते थे। तान्त्रिकों की इस प्रवृत्ति को महायान के माध्यम से सिद्धों और नाथों ने भी ग्रहण किया। सिद्धों में वामाचार, वाम-साधना अथवा उलटा साधना का क्रम तन्त्रों से ही आया है। इन विपरीतकारणी साधनाओं और कथनों के द्वारा तंत्राचार्यों ने जनता को तो चमत्कृत किया ही, अपनी साधना-पद्धति की गुह्यता की भी रक्षा की। बौद्ध-सिद्धों की वाणी प्रतीक, संकेत प्रधान तन्त्र-पद्धति से प्रत्यक्षतः प्रभावित हुई है।[9] इस शैली में सिद्धाचार्यों ने अपनी बात कहने में इतनी सिद्धहस्तता प्राप्त कर ली थी कि उन्हें उलटबाँसियों के जन्मदाता माना जाता है।[10] इसी आधार पर डॉ. देवेन्द्र आर्य स्वीकार करते हैं कि "वेदों और उपनिषदों से पोषित इस परम्परा का सिद्ध-नाथ साहित्य में पर्याप्त विकास हुआ है, सन्तों ने यह परम्परा मुख्य रूप से सिद्धों और नाथों से ही ग्रहण की है।"[11]

इसी सन्दर्भ में आचार्य परशुराम चतुर्वेदी का यह वक्तव्य महत्त्वपूर्ण है—"इस प्रकार की वर्णन-शैली का प्रयोग केवल हिन्दी भाषा के ही सन्त-साहित्य तक सीमित नहीं है। बंगला भाषा के गोरखपंथी साहित्य में ऐसे पद्य 'गोरखधंधे' भी कहे जाते हैं। 'गोरक्ष-विजय' तथा 'गोपीचन्द्रेर गान' की अनेक पंक्तियाँ उलटबांसियों से मिलती-जुलती हैं। 'गोपीचंन्द्रेर गान' के एक स्थल पर तो बूढ़े शिव 'उलटा मन्त्र' के द्वारा नौका-पूजन करते हुए दीख पड़ते हैं। वहाँ पर यह नाम उलटबाँसी जैसी रचनाओं के ही लिए प्रयुक्त जान पड़ता है।" आगे भी परशुराम जी की टिप्पणी है—"बंग देश के प्रसिद्ध बाउल फ़कीरों की ऐसी रचनाएँ बहुधा 'उलटा बाउल' कहलाती हैं। ये वहाँ के देहातों में कबीर साहब की उलटबाँसियों की भी भाँति प्रचलित हैं तथा इन्हीं के समान वे भी वहाँ के ग्रामीण साहित्य का अंग बन गई हैं।"[12] इस प्रकार हम यह स्वीकार कर सकते हैं कि उलटबाँसियों की परम्परा का छोर भले ही वेदों से जुड़ा हो, परन्तु आगे चल कर निश्चित रूप से इस परम्परा का विलय लोक-परम्परा में हो गया और वहीं से कबीर उसे ग्रहण करते हैं।

कबीर की उलटबाँसियाँ

कबीर इस शैली का जितनी सहजता से प्रयोग करते हैं, उतनी ही गम्भीरता और सूक्ष्मता का भी प्रदर्शन करते हैं। वे जनता की चमत्कार-प्रदर्शन के प्रति विशेष रुचि और प्रवृत्ति का समन्वय करके उलटबांसियों और पहेलियों का एक विचित्र संसार खड़ा करने में सफल रहे हैं। यह संसार ऊपर से एक नज़र देखने पर अत्यन्त अबूझ और दुर्गम प्रतीत होता है, किन्तु पारिभाषिक शब्दावली की कुंजी हाथ में थामने पर इस रहस्यपूर्ण संसार का ताला झट से खुल सकता है। यही उलटबांसियों और पहेलियों-सी प्रतीत होने वाली कबीर की सभी रचनाओं को समझने-समझाने का एकमात्र और प्रमुख गुरु-मन्त्र या बीज-मन्त्र है। यदि हम कबीर के आध्यात्मिक और रहस्यवादी प्रतीकों को ठीक से समझ लें, तो जनता की चमत्कारप्रिय रुचियों की कसौटी पर खरी उतरने की उनकी मानसिकता को भी समझ सकेंगे। कबीर अपने द्वारा प्रयुक्त प्रतीकों और संकेतों को समझने के लिए केवल ज्ञानियों को ही अधिकारी समझते थे। वे कहते हैं–

1. सोई पंडित सो तत ग्याता, जो इहि पदहि विचारै।[13]
2. बूझौ अकथ कहाँणी।[14]
3. अकथ कहाँणी प्रेम की, कछू कही न जाई।[15]
4. कहै कबीर यह अकथ कथा है, कहतां कही न जाई।[16]
5. अब मैं जांणिबो रे केवल राइ की कहाँणी।[17]
6. यह गुर ग्याँन गही रे।[18]

स्वयं कबीर एक महान साधक थे, इसीलिए वे कुंडली-मार्ग से उलटी दिशा अर्थात् नीचे से ऊपर की ओर यात्रा करने वाले योगी और साधक की बार-बार बात करते हैं। सागर में प्रवाह के विपरीत रह कर ज्ञान पाने वाले को वे विशेष महत्त्व प्रदान करते हुए यह घोषणा करते हैं–

केती लहरि समंद की, कत उपजै कत जाइ।
बलिहारी ता दास की, उलटी मांहि समाई ॥[19]

वे समझते हैं कि उनकी इस वाणी का रहस्य जानने वाले के लिए तीनों लोक और उनका ज्ञान सहज और सरल हो जाता है–

कहै कबीर या पद कौ बूझैं ताकूं तीन्यूं त्रिभुवन सूझै।[20]

कबीर ने लोक की सरल, सीधी और सच्ची बातों को ही आधार बना कर उलटबांसियों का पहेलीनुमा संसार खड़ा किया है। पानी बरसने पर कम्बल भीगते हैं। भूमि में खूँटा गाड़ कर बाद में उसके साथ (चौपाया) पड़वा बाँधा जाता

है। ऊँट चलता है, तो उसके चलने के साथ-साथ दमामा (नगाड़ा) बजता है। पीपल के वृक्ष पर कौवा बैठता है। बिल्ली के शब्द सुनते ही चूहे भाग जाते हैं। बाट चलती है और उस पर बटोही भी चलते-चलते थक जाया करता है। डूकरि ही खाट पर लेटा करती है। चोर के घर में घुस आने पर प्रायः कुत्ते भौंकने लगते हैं। घड़ा सदैव ऊपर टँगा रहता है और नीचे खड़ी होकर पनिहारिन उस घड़े में पानी भरती है। रोटी को उसके पकाने वाली ही खा जाती है। अंगीठी जलती है, तो कामिनी ही उसे तापा करती है। कुएँ से निकलकर ही पानी पूरे नगर की ओर जाता है।

इन सब नित्यप्रति की बातों को उलटा कर साधक गोरखनाथ ने भी प्रस्तुत किया था। 'गोरखवाणी' का 47वाँ पद देखा जा सकता है। कबीर ने भी पूर्ववर्त्ती नाथों के अनुकरण पर अपने पदों और रमैणियों में ऐसी उलटही चर्चाएँ की हैं।

'आदि ग्रन्थ' में कबीर की केवल 5 उलटबांसियाँ हैं, जबकि 'कबीर ग्रन्थावली' में 25 पदों और 6 साखियों में उलटबांसी की शैली देखी जा सकती है। 'बीजक ग्रन्थ' में कुल 115 पदों में से 20 पदों में उलटबांसियों की योजना हुई है। यहाँ कुछ साखियों और रमैनियों पर भी उलटबांसी शैली की छाप दृष्टिगत होती है।

विवाह के शुभ अवसर पर जैसे बाजे बजाने वाले, नाचने वाले, पान लगाने वाले, शंख बजाने वाले और मंगल-गान करने वाले एक साथ देखे जाते हैं, ठीक वैसे ही 'आदि ग्रन्थ' में रागु आसा के पद संख्या 6 में देखा जा सकता है। यहाँ राजाराम द्वारा बड़े पकाने के साथ-साथ सिंह, घूस (घीस), मुसरी (चुहिया), कछुआ, शशक (ससै) आदि लाए गए हैं और 'जीवात्मा' रूपी कुलीन वर का रूपवती कन्या 'माया' के साथ विवाह सम्पन्न कराया गया है। यहाँ मानव-तन का ही स्वर्ण मंडप छविमान् है और इन्द्रियाँ ही बेकाबू गायकों और नर्तकों की भूमिका निभा रही हैं। राजाराम द्वारा 'बड़े' पकाने की क्रिया के द्वारा मानव मात्र द्वारा अपनी देह का समुचित उपयोग न करने की ओर संकेत किया गया है। एक अन्य पद में रोगी रूपी योगी शरीर के नौ द्वारों रूपी नौ ग्रहों को बंद कर डालता है। कबीर के मतानुसार जब तक मानव की मनोवृत्ति औंधे घड़े अर्थात् बहिर्मुखी रहती है, केवल तभी तक वह प्रेम-रस (जल) में डूब नहीं पाती। इसके विपरीत जब वही घड़ा सीधा हो जाता है, दूसरे शब्दों में मानव अन्तर्मुखी हो जाता है, तब वह प्रभु के प्रेम जल में पूरे का पूरा ही डूब जाता है। कबीर के ही शब्द हैं–

औंधा घड़ा न जल मैं डूबे, सूधा सूभर भरिया।

इसी प्रकार कबीर धरती के बरसने और आकाश के भीगने की भी बात करते हैं–

आध्यात्मिक अर्थ यह व्यंजित किया गया है कि काया रूपी धरती के बरसने अर्थात् प्रेम-रस में मग्न हो जाने पर सदैव मानव का अन्तःकरण रूपी आकाश भीग या रस-विभोर हो जाता है। ऐसा करने से एक साधक या भक्त के व्यक्तित्व में आमूलचूल परिवर्तन ही घटित हो जाता है।

आचार्य हज़ारीप्रसाद द्विवेदी के अनुसार कबीर-काया में एक ही बात या पदार्थ के लिए भिन्न-भिन्न उपमान, प्रतीक और संकेत लाए गए हैं। उदाहरणतः 'मन' के लिए मच्छ, माछ, मीन, जुलाहा, सियार, रोझ, हस्ती, मतंग, निरंजन आदि। अथवा 'जीवात्मा' के लिए पुत्र, पारथ, जुलाहा, दुलहा, सिंह, भूसा, भौंरा, योगी आदि।[21]

सन्त कबीर की एक उलटबांसी देखें, जोकि पहेली-सी ही है–

जे काटो तो डहडही, सींचौ तो कुमिलाइ।
इस गुणवंती बेलि का कछु गुण कह्या न जाइ।[22]

भला विश्व में ऐसी कौन-सी लता है, जोकि काटने से तो हरी-भरी रहती है, किन्तु सींचने से मुरझा जाती हो। वास्तव में प्रत्यक्ष जगत् में ऐसी कोई भी बेल नहीं होती है। हाँ, कबीर के साधना-लोक में उन्मनी अवस्था ही वह बेल है, जोकि भोग-वासना के जल से सींचने पर कुम्हला जाती है। सो, गुणातीत होने के कारण कबीर ने यहाँ भी एक अचंभा-सा खड़ा करने का प्रयास किया है।

लोक में सिंह गाय से कहीं अधिक बलवान होता है। इसी प्रकार माँ पहले होती है और बाद में पुत्र को जन्म देती है। इसी प्रकार शिष्य सदैव अपने गुरु के चरण स्पर्श करते हैं। कबीर ने इन तीनों ही बातों को उलटा कर आध्यात्मिक पहेली यों सामने रख दी है–

एक अचम्भा देखा रे भाई, ठाड़ा सिंह चरावै गाई।
पहले पूत पीछै भई माई, चेला के गुर लागै पाई॥[23]

यहाँ सिंह का अर्थ है 'जीवात्मा', जो स्वयं तो स्थिर है, किन्तु उसे माया रूपी गाय सदैव चराती रहती है। इसी प्रकार जीवात्मा रूपी पुत्र का जन्म पहले होता है और उसकी माता रूपी माया संसार में बाद में आती है अर्थात् मानव जन्म लेने के उपरान्त ही माया में ग्रस्त होता है, न कि जन्म लेने से पहले। रामनरेश त्रिपाठी ग्राम्य-जनों में प्रचलित इससे मिलती-जुलती यह पहेली बताते हैं।

पहिले भई बहिनें, फिर भये भइया।
भइया ऊपर बप्पा भये, फिर भई अइया॥[24]

डॉ. रवीन्द्र भ्रमर लिखते हैं–"यहाँ भी वही आश्चर्य है। बुद्धि को चकित

कर देने वाली ठीक वैसी ही बात (जानने वालों के लिए) यह महुए की फली है, उसका फूल है, फल है और उसकी कोपल है, किन्तु अनजान व्यक्ति के लिए इस पहेली का रहस्य कबीर की उलटबांसी से कम गोपनीय नहीं है।"[25] लोक में 'रवरहा' (ससै, खरगोश) एक अत्यन्त निर्बल और निरीह जन्तु है, किन्तु कबीर-काव्य में वह सिंह को ग्रस (निगल) लेता है—

ससै उलटै सिंह को ग्रासै, हे अचरज को बूझै ...।[26]

इसी प्रकार इसी पद में गंगा नदी विशालाकार सागर को सुखा डालती है और चन्द्र-सूर्य तक को निगल लेती है—

उलटि गंग समुद्रहिं सोखे, ससि और सूर गरासै।

इसी प्रकार लोक में कभी कोई बाण उलट कर अपने सन्धान करने वाले को नहीं लगता, जबकि इसी लोक-सत्य को मानो झुठलाते हुए कबीर यह रहस्यवादी कथन करते हैं—

उलटा बान पाछहि लागै, सूरा होय सो बूझै।

इसी प्रकार मूक रह कर एक साधक ही गाना गा सकता है, कोई साधारण जन कदापि नहीं—

गायन कहै कबहुँ नहिं गावै, अनबोला नित गावै।

'धरती' का उलट कर 'आकाश' को भेद देना भी ऐसा ही रहस्यवादी गूढ़ प्रतीक है, जिसका अर्थ पहले भी 'काया' और 'अन्तःकरण' किया जा चुका है—

धरती उलटि अकासहिं ग्रासै, यहु पुरिसां की बांणी।

आध्यात्मिक जीवन में यही लोक-असत्य 'सत्य' बन जाया करते हैं। एक बात यह भी ध्यातव्य है कि कबीर के रहस्य-लोक में जीवन से जुड़े लोक-तत्त्व सकारात्मक (Positive) के स्थान पर नकारात्मक (Negative) भूमिका ही सम्पन्न करते हैं। आखिर दिन का महत्त्व रेखांकित करने के लिए रात की भी तो ऐसी ही नकारात्मक और एक प्रकार से सकारात्मक भूमिका होती है। कबीर-काव्य भी अपनी आध्यात्मिक और साधनात्मक अभिव्यक्ति के लिए लोक-तत्त्वों को निषेध के धरातल पर खड़ा करता है। चूंकि जन साधारण के लिए ऐसी विस्मयकारिणी बातों और पहेलियों में अतिशय रुचि रहती आई है, इसीलिए कबीर को उस लोक-रुचि का अधिकतम दोहन करना पड़ा है और वे अपने इस प्रयोजन में

सिद्धकाम भी हुए हैं। फिर भी वे समस्त श्रेय अपने सद्गुरु को ही देते हैं—

सतगुर हमसूं रीझि करि एक कह्या प्रसंग।
बरस्या बादल प्रेम का, भीजि गया सब अंग॥
कबीर बादल प्रेम का, हम परि बरस्या आइ।
अंतरि भीगी आत्मा, हरी भई बनराई॥[27]

कबीर की रहस्यमूलक पारिभाषिक शब्दावली जान लेने पर उनके द्वारा प्रक्षेपित 'अकथ कहाँणी' के अबूझ अर्थों की परतें खुलती चली जाती हैं। ऐसा होने पर ही 'नटवर' प्रभु का साक्षात्कार करके उसकी इस विचित्र सृष्टि का दृश्यावलोकन करता है, अनहद बीन बजाता है और अनबोले ही प्रभु का गुणगान करने लगता है—अर्थात् वह अजपा जाप करता है।

कबीर के इस रहस्यवादी युग में बैल ब्याया जाता है और गाय वन्ध्या ही रहती है। इतना ही नहीं, बछड़े का भी निरन्तर दोहन होता है। मांस की रखवाली यहाँ चील द्वारा ही की जाती है। बिल्ली नौका बन जाती है, जिसका केवट (मांझी, खबैया) चूहा बन जाता है। यहाँ सोते हुए मेढक का पहरा सांप देता है। इतना ही नहीं, स्यार (गीदड़) जैसा भीरु पशु उठ कर सिंह जैसे वनराजा से जूझने लगता है। कबीर के अनुमान से कोई विरला जन ज्ञानी ही इन बेसिर-पैर की बातों को समझ-बूझ सकता है। वे देह-रूपी नगरी की रक्षा की समस्या सुलझाने के सन्दर्भ में कहते हैं—

कैसे नगरि करौं कुटवारी, चंचल पुरिष विचषण नारी॥ टेक॥
बैल बियाई गाइ भई बांझ, बछरा दूहे तीन्यूं सांझ॥
मकडी घरी माषी छछिहारी, मास पसारि चील्ह रखवारी॥
मूसा खेवट नाव बिलइया, मीडंक सोवै सांप पहरइया॥
निति उठि स्याल स्यंघ सूं झूझै, कहै कबीर सोइ बिरला बूझै॥[28]

कबीर अपनी वाणी में काया (देह) रूपी नगरी की 'काल' से रक्षा करने के लिए जीवन और जगत् से लोक-परिचित प्राकृतिक और भौतिक पदार्थ एवं कार्य-व्यापार उधार लेते रहते हैं। इससे लोक-तत्त्वों के प्रति उनका विमुखता के स्थान पर उन्मुखता का ही रेखांकन होता रहता है। गोस्वामी तुलसीदास ने श्रीराम के सम्बन्ध में स्पष्ट रूप से यह घोषणा की थी कि वे 'अन्तरजामिहु ते बड़ बाहिर जायी' हैं।

स्वयं कबीर भी सच्चे साधक को अन्तर्यामी और अन्तर्मुखी होकर ब्रह्म-रस का पान करने के लिए पहले बहिर्यामी और बहिर्मुखी होने का पाठ पढ़ाते हैं—ऐसा पाठ जिसके ग्रन्थ की जिल्द, बनावट आदि तो पार्थिव या भौतिक है, किन्तु जिसमें

दैवी या अलौकिक रहस्य और प्रभु-मिलन के उपाय सुझाए गए हैं। वे उलटे (बहिर्मुखी) घड़े को सीधा (अन्तर्मुखी) करके अन्त में जीवात्मा के उद्धार का कार्य सिद्ध करना चाहते हैं। प्रभु-प्रेम के जल को जीव की आत्मा या मन में आपूरित करना ही मुख्यतः उनका एकमात्र अभीष्ट कहा जा सकता है। उन्हें भली-भाँति ज्ञात है कि उनका 'मन' रूपी पुरुष बेहद चंचल है, जबकि 'मनसा' रूपी नारी अपेक्षाकृत विलक्षण अर्थात् चतुर या बुद्धिमती होती है—

चंचल पुरिष विलषन नारी।[29]

वे इन्द्रियों रूपी मुँह ज़ोर घोड़ों पर जीव मात्र पर नियन्त्रण करने के लिए सदैव प्रेरित करते रहते हैं। वे जीव को संशय रूपी सर्प से अपने को सचेत रख कर सुख रूपी निद्रा भोगने के लिए सावधान करते और चेतावनी देते रहते हैं। ऐसा करने पर ही जल में उस ब्रह्म की दिव्य-ज्योति प्रतिबिंबित होने लगती है। फिर जीवात्मा पैरों के न होने पर भी दसों दिशाओं में दौड़ने लगता है और उसे नेत्रों के बिना ही समूचा जग चक्षुगोचर होने लग जाता है, सुनने-समझने योग्य हो जाता है—

नौ ग्रह सारि रोगिया बैठे, जल महं बिंब प्रगासै।
बिनु चरनन को दहुं दिस धावे, बिनु लोचन जग सूझै॥[30]

यहाँ रोगी का अर्थ है वह 'योगी' जो देह के नौ द्वारों को भली प्रकार मूँद कर सदैव समाधिस्थ हो जाया करता है।

कबीर ने अपनी इन उलटबांसियों में पहेलियों और दृष्टकूटों की शैली का भी आश्रय ग्रहण किया है। उन्होंने अधिकांशतः रूपक, असंगति, विरोधाभास, विषम, विचित्र, विभावना जैसे अर्थालंकारों का दामन पकड़ कर अपनी उलटी बातें की हैं, जो अर्थ को हृदयंगम कर लेने पर 'सुलटी' हो जाया करती हैं। सन्त तुलसी साहब के भी शब्द हैं—

कहन कछु और विधि राखै। उलट की सुलट कर भाखै।[31]

जैनों के चर्या पदों में कहा गया है—

बलद बिआवल गविआ बांझे।
पिटा दुहिए ए तिना सांझे॥

कबीर भी कहते हैं—

बैल बियाइ गाइ भई बांझ, बछरा दूहे तीन्युं सांझ॥[32]

सो, उलटबांसी की शैली में आरम्भ से ही जो लोक-रुचि थी, कबीर जैसे लोक-पारखी ने उसी का भरपूर दोहन करते हुए अपने को लोक-मानस से जोड़ा है। यही कारण है कि उनकी साखियाँ, पद और रमैनियाँ इस सीमा तक कालजीवी रही हैं।

लोक में बिल्ली को निर्बल जानकर कई बार कुत्ते उन्हें घसीट ले जाते हैं, जबकि कबीर कहते हैं–

बैलहि डारि गूंनी घरि आई,
कुत्ता कूं लै गई बिलाई।[33]

जन सामान्य, विशेषतः स्त्रियों की विवाहोत्सव में विशेष रुचि रहती आई है। कबीर जैसे सन्त इसीलिए गौने की रस्म, विवाह-मंडप, लगन, मंगल-गान, हल्दी चढ़ाने की रस्म, भाँवरों (फेरों), गाँठ जोड़ने (ग्रन्थि-बन्धन) आदि की बातों का रूपक खड़ा कर देते हैं। कबीर के एक पद की ये पंक्तियाँ इसी लोक-रुचि की गवाही देती हैं–

मैं सामने पीव गौंहनि आई।
पंच जनां मिलि मंडप छायौ, तीन जनां मिलि लगन लिखाई॥
सखी सहेली मंगल गावैं, सुख दुख माथे हलद चढ़ाई।
नाना रंगै भांवरि फेरि, गांठि जोरि बाबै पति ताई॥[34]

लोक में जिह्वा न होने पर कोई भी किसी का गुणगान नहीं करता और न ही स्वाति नक्षत्र कालीन वर्षा की बूँद के सागर की सीप में गिरे बिना उसमें मोती उत्पन्न होता है। इसके विपरीत साधक कबीर रहस्यवादी प्रतीक शैली में ही उलटबांसी प्रस्तुत करते हैं–

इहि विधि राम सूं ल्यौ लाइ।
चरन पाषैं निरति करि जिभ्याँ बिनां गुण गाइ।
जहाँ स्वाति बूंद न सीप साइर, सहजि मोती होइ॥[35]

इसी प्रकार पुष्पों के बिना ही साधना रूपी वृक्ष के फलने-फूलने और हाथों के बिना ही आनन्द रूपी सूर्य के बजने की बात करते हैं। उनके यहाँ किसी पनिहारिन के बिना ही घट जल से भर जाता है–

पुहुप बिना एक तरिवर फलिया, बिन कर तूर बजाया।
नारी बिना नीर घट भरिया सहज रूप सो पाया॥[36]

यदि कोई व्यक्ति गगन में जा कर रहे, तो उसे समूचे जगत् के लोग देख सकते हैं, किन्तु मानव-देह के भीतर ब्रह्म-रन्ध्र रूपी गगन में स्थित साधक तो अदृश्य ही रहता है और उसे कोई भी जीव अपने चर्म चक्षुओं से नहीं निहार सकता है, क्योंकि वह वहाँ चैतन्य (ज्ञान) की ही चौकी पर जो समासीन होता है–

बसै गगन में दुनीं न देखे, चेतनि चौकी बैठा।[37]

कबीर का मत है कि एक बार जो साधक इस अदृश्य गगन में जा चढ़ता है, फिर वह अपने उस आसन का कदापि त्याग नहीं करता और प्रतिक्षण उस मधुर महारस का ही पान करता रहता है–

चढ़ि आकाश आसण वहीं छाडै, पीवै महारस मीठा।[38]

इस प्रकार सन्त कबीर के काव्य-जगत् में कहीं पुत्री पिता को जन्म देती नज़र आती है–'बिटिया जायो बाप'।[39] और कहीं मछली पर्वत पर जा चढ़ती है–'मंछा बसै पहाड़ी।' या फिर गुरु के अनुग्रह से सूई की तनिक-सी नोक से हाथी आता-जाता नज़र आता है यथा–

गुर प्रसाद सुई कै नांकै, हस्ती आवै जांही।[40]

जीव का इस जग से महाप्रयाण करना ठीक ऐसा ही है, जैसे कोई व्यापारी अपना सारा वाणिज्य अर्थात् व्यापारिक माल-असवाब झाड़-झूड़ कर अपनी राह चलता बनता है–

चल्यौ है बनिजवा बनज झारि।[41]

समग्रतः इन लोक-सत्यों के विपरीत रचित उलटबांसियों का गूढ़ार्थ समझने के लिए साम्प्रदायिक और क्षेत्र विशेष की पारिभाषिक शब्दावली, योग-साधना संबंधी असाधारण ज्ञान की ही अपेक्षा रहती है। हाँ, जहाँ इन उलटबांसियों का रूप और भाषा-शैली पर्याप्त सरल-सहज है, वहाँ वे पहेलियों की शैली के समीप पहुँचती लगती हैं।

पहेलियों में लोक-तत्त्व

संस्कृत साहित्य में 'प्रहेलिका' का अर्थ पहेली या बुझौवल है। 'पहेली' हिन्दी शब्द संस्कृत के तत्सम शब्द 'प्रहेलिका' का ही तद्भव रूप है। इसे भी हम लोक-साहित्य का, चाहे गौण ही सही, एक प्रकार मान सकते हैं। यह विधा प्रायः अनपढ़, प्रौढ़ों के साथ-साथ सुशिक्षित जनों को भी मनोरंजन और बौद्धिक व्यायाम प्रदान करती रही है। कदाचित् लोक-व्यवहार का शिशुओं और बालकों

को सामान्य ज्ञान कराने के उद्देश्य से ही बड़े लोग पहेली जैसी सरल और सरस विधा या शैली का आश्रय लेते रहे हैं। आज दूरदर्शन और गोष्ठियों में जो छोटे-बड़े प्रश्न-मंच लोगों का ज्ञान-वर्धन कराने का दावा कर रहे हैं, उनकी मूल में भी यही कौतूहलवर्द्धिनी पहेलियाँ मानी जाएँगी।

संस्कृत साहित्य की प्रहेलिका-परंपरा में ही अमीर खुसरो द्वारा रचित पहेलियाँ आती हैं, जिनके कुछ निदर्शन आगे प्रस्तुत हैं—

1. श्याम बरन और दाँत अनेक। लचकत जैसी नारी।
दोनों हाथ से खुसरो खींचे। और कहे तू आरी॥

यहाँ अन्तिम पंक्ति में 'आरी' शब्द में पहेली का उत्तर भी है। इसी प्रकार 'एक थाली मोतियों भरा सबके सिर पै औंधा धरा। मोती उससे एक न गिरे' पहेलीं का उत्तर 'आकाश' है। इसी प्रकार रोटी के जलने, पान के गल-सड़ जाने और घोड़े के अड़ने का एक ही कारण है कि—'फेरा न था।' अमीर ख़ुसरो ने 'कह मुकरियों' में पहले कोई बात कह कर प्रिय के साजन, प्रियतम, पति आदि की ओर संकेत करके पुनः उसके निषेध या अस्वीकार के बाद किसी अन्य व्यक्ति या वस्तु की स्थापना की है।

इस प्रकार मानव मात्र की कौतूहल (suspense) और जिज्ञासा-भावना का ही पहेलियों, मुकरियों (या कह मुकरियों) और दो सरबुनों जैसी लौकिक विधाओं में दोहन किया जाता है।

डॉ. रवीन्द्र 'भ्रमर' लिखते हैं—

"पहेली लोक-मानस की सुश्रृंखलित विचार-प्रणाली के विभिन्न माध्यमों में से एक है। प्राचीनता की दृष्टि से इसे लोक-साहित्य के अन्य प्रचलित प्रकारों के साथ पंक्तिबद्ध किया जा सकता है। कतिपय विद्वान् 'पहेली' को लोक-साहित्य का प्राचीनतम प्रकार मानने के पक्ष में हैं।"[42] उनके अनुसार "पहेलियाँ मूलतः विचार-रूपक हैं और किन्हीं दो वस्तुओं के बीच तुलना करने या समानता ढूंढ़ने की प्रवृत्ति मनुष्य के आदिम मानसिक विकास की द्योतक है।"[43]

डॉ. सत्येन्द्र की टिप्पणी है कि—"ये समाज, विशेष की मनोज्ञता को प्रकट करती हैं और उसकी रुचि पर प्रकाश डालती हैं। ये बुद्धि-मापक भी हैं और मनोरंजक भी हैं।"[44]

डॉ. भ्रमर के मतानुसार—"भारतीय साहित्य में पहेलियों का उपयोग अत्यन्त प्राचीन काल से ही होने लगा था। संस्कृत में इसे 'ब्रह्मोदय' कहा गया है। ऋग्वेद की कई रचनाएँ 'प्रहेलिका' या 'ब्रह्मोदय' से भिन्न नहीं हैं।"[45]

संस्कृत साहित्य में लघु वार्त्ताओं के अन्तर्गत मुहावरों और सुभाषितों (कहावतों, लोकोक्तियों) के बाद प्रहेलिकाओं को ही स्थान दिया गया है। ये

आरम्भ से ही लोक के मनोरंजन और शिक्षा से जुड़ी रही हैं। ये सदैव लोक-कंठ में जीवित रह कर आगे बढ़ती रहती हैं। इनसे लोक-साहित्य की एक मौखिक परंपरा हमारे सामने आती है। इस प्रकार पहेलियाँ साहित्य का उच्चकोटि का प्रकार न होने पर भी सीधे लोक-मानस से संपृक्त लघु रचनाएँ मानी जाएँगी।

कबीर वाणी में पहेलियों का लोक रूप

जब हम कबीर की उलटबांसियों का सूक्ष्म दृष्टि से पर्यालोचन करते हैं, तब उनमें हमें पहेली की-सी कौतूहल और जिज्ञासा-वृद्धि के साथ-साथ मानव-मात्र की चमत्कारप्रिय मनोवृत्ति का भी उद्बोधन और शमन देखने को मिलता है।

कबीर की अग्रलिखित पंक्तियों में पहेली के ही गुण या विशेषताएँ मिलती हैं—

- *आऊँगा न जाऊँगा मरूँगा न जीऊँगा*
  गुरु के सबद मैं रमि रमि रहूँगा ॥[46]
- *लूण बिलग्गा पाणियाँ, पांणी लूंण बिलग्ग।*[47]
- *एक अचंभा देखा रे भाई, ठाढ़ा सिंघ चरावै गाई ॥*
- *पहले पूत पीछै भई माइ। चेला के गुर लागै पाइं ॥*
- *पकड़ि बिलाई मुरगै खाई।*
- *कुत्ता कूं लै गई बिलाई।*
- *तलि करि साखा ऊपरि करि मूल। बहुत भांति जड़ लागै फूल।*
- *एक सुहागिन लगत पियारी। सगले जीव जन्त की नारी।*
- *गज नव गज दस गज इक्कीस, पुरी आए कतनाई*
  साठ सूत नव कंठ बहत्तर पाटु लगै अधिकाई ॥
- *कुअटा एक पंच पनिहारी, टूटी लाज भरै मतिहारी।*
  कहु कबीर हक बुद्धि बिचारी, ना ऊ कुअटा ना पनिहारी।

इनमें अन्तिम उदाहरण के सम्बन्ध में डॉ. सरनाम सिंह शर्मा ये विचार व्यक्त करते हैं—"कूटों और पहेलियों के अतिरिक्त कबीर के समय में 'मुकरियाँ' भी प्रचलित थीं। अमीर खुसरो की मुकरियाँ इसका प्रमाण हैं। कबीर ने कुछ बातें मुकरियों के ढंग की भी कही हैं। जिनको न तो हम उलटबांसी कह सकते हैं, न मुकरी।"

इसके अतिरिक्त पूर्वोक्त उदाहरण देकर डॉ. शर्मा समीक्षा करते हुए लिखते हैं—"यह मुकरी तो इसलिए नहीं है कि इसका उद्भव विनोद की भावना से नहीं हुआ। पहेली और मुकरी में प्रतीकोपयोग होते हुए भी वह 'उलटबांसी' के मर्म को धारण नहीं कर सकती। पहेली और मुकरी में एक बौद्धिक समस्या होती है, किन्तु यहाँ एक रहस्य है, जो 'कुअटा', 'पंच पनिहारी' 'लाज' (रस्सी) आदि

प्रतीकों के पीछे निहित है।"[48]

वास्तव में ये पंक्तियाँ 'उलटबांसी' की अपेक्षा 'पहेली' की कोटि में ही आएँगी।

कबीर ने विभावना, असम्भव, असंगति, अधिक, विषम जैसे अर्थालंकारों की सहायता से ऐसी पहेलियाँ रची हैं, जो उलटबांसियों की विशेषताएँ भी लिए हुए हैं। इनके कुछ उदाहरण आगे प्रस्तुत हैं—

1. विभावना अलंकार

बिन मुख खाइ चरन बिन चालै, बिन जिभ्या गुण गावै।

x x x

बिनहीं ताला ताल बजावै, बिन मंदल पंटताला।
बिना चौलने बिना कंचुकी, बिनहीं संग संग होई।
दास कबीर औसर भल देख्या, जानैंगा जन कोई॥

2. असंभव

बैल व्याय गाय भई बांझ, बछरा दूहे तीनों सांझ॥

3. असंगति

आगमि बेलि अकास फल। अणब्यावण का दूध॥

4. अधिक

जिहि सर घड़ा न डूबता, अब मैंगल मलि मलि न्हाय।
देवल बूड़ा कलस सूं, पंखि तिसाई जाय॥

5. विषम

आकासे मुखि औंधा कुआं, पाताले पनिहारि।

कबीर की रचनाओं में बूझह, बूझै, विचारै जैसे शब्दों की आवृत्ति होती रहती है। 'संधा' या 'संध्या' भाषा में रची इन उलटबांसियों के संबंध में आचार्य परशुराम चतुर्वेदी का यह वक्तव्य महत्त्वपूर्ण है—

"आभिप्रायिक वचनों के समान दीख पड़ने के कारण वे कभी-कभी विविध पहेलियों के रूप धारण कर लेती हैं। उसी प्रकार पारिभाषिक शब्दों के अधिक संख्या में आ जाने के कारण तथा उनके आधार पर द्वयर्थक बानियों-सी प्रतीत होने से भी वे बहुधा 'दृष्टिकूटों' तक के स्तर तक पहुँच जाती हैं। पहेलियों

तथा दृष्टिकूटों में भी किसी वस्तु वा विषय का ऐसा वर्णन अवश्य पाया जाता है, जो उलटबांसियों की भाँति प्रत्यक्ष रूप में किसी अन्य वस्तु व विषय के वर्णन-सा लगता है और उनमें लगभग वैसे ही अर्थ-वैविध्य की विशेषता भी पाई जाती है।"[49] एक अन्य उदाहरण देखिए—

सो पंछी मोंहि कोइ न बतावै, जो बोले छटमांही रे।
अबरन-बरन रूप नाहिं रेखा, बैठा प्रेमके छांही रे।
अगम अपार निरन्तर बासा, आबत-जात न दीसा रे।
कहै कबीर सुनो भाई साधो, यह कछु अगम कहानी रे।
या पंछीके कौन ठौर है, बुझौ पंडित ज्ञानी रे।

(कबीर पद सं. 30)

निष्कर्ष

कबीर की ऐसी रचनाओं को समझने के लिए उन्हें मनोयोग से पढ़ना पड़ता है। इससे पहेली बूझने वाले व्यक्ति के ज्ञान और कल्पना-शक्ति में भी विशेष वृद्धि होती है। इसके साथ ही उसका कुछ मनोरंजन भी हो जाता है। यह और बात है कि जो व्यक्ति पहेली बूझने की चेष्टा करते हैं, उनमें कभी-कभी परस्पर प्रतियोगिता या स्पर्द्धा क़ी भावना भी आ जाती है। जिस प्रकार उलटबांसियों की रचना की समीक्षा करते समय आलोचक मनोरंजक, बौद्धिक व्यायाम, ज्ञान-वर्द्धन जैसी बातों पर विशेष ध्यान नहीं देते, ठीक उसी प्रकार पहेलियों की भी ऐसी शल्य-चिकित्सा न तो अपेक्षित है और न ही लाभकारिणी। कबीर ने अपनी रचनाओं में मात्र तत्कालीन जनता की चमत्कारप्रिय और कौतूहल वर्द्धिनी प्रवृत्तियों और रुचियों के दृष्टिगत ऐसी उलटबांसियों और पहेलियों की रचना की है। इस प्रकार कबीर भारतीय समाज के अभिजात वर्गों के स्थान पर निम्न वर्गों की 'खास अपनी चीज़' उलटबांसी पहेली आदि की शैली से प्रभावित हुए हैं। उलटबांसियों के समान पहेलियों की शैली का ग्रहण भी कबीर को लोक-मानस से ही जोड़ता है। जहाँ उलटबांसियों में 'लोक-सत्य' अधिकतर नकारात्मक या निषेधपरक भूमिका निभाते हैं, वहाँ पहेलियों में इन्हीं सत्यों या तथ्यों की भूमिका सकारात्मक होती है, साथ ही कौतूहलवर्द्धिनी, बौद्धिक और मनोरंजनकारिणी भी कही जाएगी। प्रायः इन पहेलियों में लोक-तत्त्व, बिना किसी घुमाव-फिराव के लगभग सीधे उतर आता है। समग्रतः ये काव्यगत रूप और शैलियाँ लोक-रुचि के स्वीकार की ही गवाही देने वाली मानी जाएँगी।

सन्दर्भ

1. हिन्दी सन्तों का उलटवांसी साहित्य, पृ. 8-9
2. रामचन्द्र वर्मा (सम्पा.), 'मानक हिन्दी कोश', प्रथम खण्ड, पृ. 380
3. उद्धृत : मुकुन्द द्विवेदी (सम्पा.), 'हजारीप्रसाद द्विवेदी ग्रन्थावली', भाग-4, पृ. 263
4. श्यामसुन्दरदास (सम्पा.), 'कबीर ग्रन्थावली', पद 160, पृ. 105
5. उद्धृत : डॉ. रमेशचन्द्र मिश्र, 'हिन्दी सन्तों का उलटबाँसी साहित्य' ('हमारी योजना' शीर्षक के अन्तर्गत हिन्दी अनुसन्धान-परिषद पर प्रकाश डालते हुए)
6. विजयेन्द्र स्नातक (सम्पा.), 'कबीर' (कबीर की उलटबाँसियाँ), पृ. 183
7. कबीर साहित्य की परख, पृ. 212
8. हजारीप्रसाद द्विवेदी ग्रन्थावली, भाग-4, पृ. 263
9. डॉ. रमेशचन्द्र मिश्र, हिन्दी सन्तों का उलटबाँसी साहित्य, पृ. 76
10. उद्धृत : डॉ. विनोद कुमार तनेजा, 'सिद्ध और नाथ साहित्य में प्रतीक योजना', पृ. 161
11. हिन्दी सन्त काव्य में प्रतीक विधान, पृ. 267
12. परशुराम चतुर्वेदी, कबीर-साहित्य की परख, 181
13. वही, पद 9, पृ. 91
14. वही,
15. वही, पद 156, पृ. 139
16. वही, पद 14, पृ. 93
17. 'कबीर ग्रन्थावली', पद 166, पृ. 143
18. वही, पद 212, पृ. 160
19. कबीर ग्रन्थावली, साखी 11, पद 160, पृ. 50
20. वही, पद 11, पृ. 92
21. हजारीप्रसाद द्विवेदी, 'कबीर' (नई दिल्ली : राजकमल प्रकाशन, चतुर्थ संस्क., सन् 1953), 84
22. 'कबीर ग्रन्थावली', पृ. 86
23. वही, पृ. 91
24. रामनरेश त्रिपाठी, ग्राम-साहित्य, तीसरा भाग (दिल्ली : संस्क. सन् 1952), 296
25. रवीन्द्र भ्रमर, 'हिन्दी भक्ति-साहित्य में लोक-तत्त्व', 205
26. कबीर बीजक, सबद 2
27. 'कबीर ग्रन्थावली', साखी 33, 34, पृ. 4
28. वही, पद 80, पृ. 113
29. वही,
30. कबीर बीजक, सबद 2
31. संत तुलसी साहब, भाग 2, घट रामायण, पृ. 177
32. कबीर ग्रन्थावली, पृ. 113
33. वही, पृ. 91

34. वही, पृ. 164-65
35. वही, पृ. 183-65
36. वही, पृ. 90
37. वही, पृ. 109
38. वही,
39. वही, पृ. 92
40. वही, पृ. 91
41. वही, पृ. 215
42. कन्हैयालाल सहल, लेख संस्कृत वाङ्मय और कहावतें : एक विहंगम दृष्टि (काशी : नागरी प्रचारिणी पत्रिका, अंक 3-4 सं. 2011)
43. रवीन्द्र भ्रमर, 'हिन्दी भक्ति-साहित्य में लोक-तत्त्व', 193
44. सत्येन्द्र, 'ब्रज लोक-साहित्य का अध्ययन' (आगरा, संस्क. सन् 1949), पृ. 520
45. रवीन्द्र भ्रमर, पूर्वोक्त, 194
46. कबीर ग्रन्थावली, पद 331, पृ. 200
47. वही, साखी 16, पृ. 13
48. विजयेन्द्र स्नातक, 'कबीर', सरनाम सिंह शर्मा, लेख 'कबीर की उलटबांसियाँ' (नई दिल्ली, राधाकृष्ण प्रकाशन, सातवीं आवृत्ति, सन् 1995)
49. परशुराम चतुर्वेदी, 'कबीर-साहित्य की परख', पृ. 160

5

कबीर-वाणी में मुहावरे और कहावतें

'लघु वार्त्ता' के अन्तर्गत लोक-साहित्य के तीन मुख्य प्रकार गिनाए गए हैं—1. मुहावरा 2. कहावत 3. पहेली। इनमें तीसरे प्रकार को लोक-मनोरंजन और सामान्य शिक्षा की प्राप्ति का एक साधन-भर घोषित किया गया है, जबकि मुहावरों और कहावतों (लोकोक्तियों) को 'भाषा' के ही अंगभूत विवेचित किया जाता रहा है। साहित्य की ये तीनों विधाएँ या अंग लघु वार्त्ताएँ कही जाती हैं। चूंकि पहेलियों का विवेचन उलटबांसियों के साथ गौण रूप में पिछले अध्याय में किया जा चुका है, इसलिए यहाँ कबीर-वाणी में प्रयुक्त मुहावरों और कहावतों के रूप में लोक-तत्त्व का पर्यालोचन किया जा रहा है।

'मुहावरा' का अर्थ, परिभाषा और स्वरूप

मुहावरों को किसी भी भाषा की प्राण-शक्ति या प्राण-तत्त्व कहा जा सकता है। इनसे भाषा में एक विशेष प्रकार की जीवन्तता और प्रवाहमयता का समावेश हो जाया करता है।

मुहम्मद मुस्तफ़ा ख़ां 'मद्दाह' ने 'उर्दू-हिन्दी शब्द-कोश' में 'मुहावरा' अरबी पुंलिंग शब्द को 'मुहाले कतई' (जो बिल्कुल असम्भव हो) कह कर लिखा है—रोज़मर्रा, बोलचाल, किसी भाषा के वाक्यों का वह प्रयोग, जो उस भाषा के बोलने वाले करते हैं और जिसका अर्थ अभिधेय अर्थ से पृथक् होता है—जैसे 'लात खाना' या 'आँख आना', क्योंकि लात रोटी की तरह खाई नहीं जाती, और आँख सफ़र नहीं करती। इनका (क्रमशः) अर्थ है—लात की मार सहना और आँखों में पीड़ होना। यही मुहावरा है।[1]

इस प्रकार मुहावरों से जहाँ भाषा की अभिव्यंजना-शक्ति में विशेष वृद्धि होती है वहाँ भाषा की बोधगम्यता और सरसता भी बढ़ती है। मुहावरे मानो 'गागर में सागर भरने' का काम करते हैं। चेहरे का रंग उड़ना, भीगी बिल्ली बनना, घुटने टेक देना आदि मुहावरे ही हैं। मुहावरों के अन्त में कोई-न-कोई

क्रिया रखी रहती है। वाक्य में मुहावरे का प्रयोग करते समय प्रायः यह क्रिया यथावत् रहती है और उसमें किसी प्रकार का कोई परिवर्तन नहीं किया जाता यथा इन्हीं तीन मुहावरों में क्रिया बदल कर चेहरे का रंग लुप्त होना, भीगी बिल्ली होना और घुटने टिकाना या झुकाना आदि नहीं की जा सकती। इसी प्रकार संज्ञा, विशेषण आदि शब्द भी बदले नहीं जाते। उदाहरणतः अक्ल ठिकाने लगती है, 'बुद्धि' नहीं, अक्ल का दुश्मन मुहावरा ठीक है, बुद्धि का शत्रु नहीं, अक्ल के घोड़े दौड़ना मुहावरा सटीक है, बुद्धि के अश्व नहीं।

सन्त कबीर की भाषा में 80 के लगभग मुहावरों का प्रयोग हुआ है और इससे कुछ कम संख्या में लोकोक्तियाँ या कहावतें भी मिल जाती हैं।

कबीर-काव्य में मुहावरे

डॉ. रवीन्द्र भ्रमर ने मुहावरों के सम्बन्ध में जो यह मत व्यक्त किया है, वह निर्विवाद न होने पर भी कबीर द्वारा प्रयुक्त मुहावरों के सन्दर्भ में पर्याप्त उचित प्रतीत होता है कि "मुहावरे, वस्तुतः अल्प सभ्य और कम शिक्षित समझे जाने वाले समाज की वस्तु हैं। इनका जितना अधिक उपयोग ग्रामीण जनों की बातचीत में मिलता है, उतना शहरी लोगों के कृत्रिम वार्त्तालाप में नहीं। अभिजात वर्ग के लोगों में बातचीत के बीच इक्के-दुक्के मुहावरों का उपयोग कर लेना एक 'फ़ैशन' समझा जाता है, किन्तु ग्रामीण जन स्वाभाविक रूप से इनका उपयोग बहुधा करते रहते हैं। कुछ अत्यन्त प्रचलित मुहावरे ग्रामीण समाज से ऊपर उठ कर उपरले स्तर के समाज तक पहुँचते हैं और अभिजात साहित्य में व्यवहृत होने लगते हैं। इनके व्यवहार से साहित्य को दुहरा लाभ होता है। एक तो उसमें लोक-भाषा की मिठास आ जाती है, दूसरे लोकाभिव्यक्ति का सीधापन।"[2] इस प्रकारान्तर से यों भी कहा जा सकता है कि भाषा की सरलता, स्पष्टता और मधुरता का प्रमुख श्रेय उनमें प्रयुक्त मुहावरों को ही दिया जा सकता है। दूसरे, 'मुहावरे' भाषा को निम्नवर्गीय जनों की बोलचाल के समीप ले जाकर उसे लोक-मानस के साथ अधिक से अधिक जोड़ने का काम करते हैं। दूसरे शब्दों में मुहावरे 'भाषा' और 'लोक-मानस' के मध्य एक सुदृढ़ सेतु का ही कार्य सम्पन्न करते हैं। यह और बात है कि लोक-चित्त के लिए रुचिकर मुहावरे निम्नवर्ग से चलकर उच्च वर्ग के जनों की भाषा का भी शृंगार बन जाया करते हैं।

सन्त कबीर ने अपने आध्यात्मिक और रहस्यवादी भावों की जटिलता को कम करने और अभिव्यक्ति में गहराई और कसावट लाने के लिए अपनी साखियों, पदों और रमैणियों में अनेक स्थलों पर मुहावरों का सायास और सटीक प्रयोग किया है। जन-मन से ही प्रत्यक्ष सम्बन्ध रखने के कारण इनमें जनता जनार्दन की अनेक स्थापित मान्यताएँ दर्पण के प्रतिबिम्ब-सी झलकती हैं। चूंकि अन्य

श्रेष्ठ कवियों के समान वे भी अपनी वाणी में लोक-जीवन के निरूपण का ही लक्ष्य मुख्य रूप से ले कर चले थे, इसीलिए उन्होंने पुराने मुहावरों के साथ-साथ अद्यतन प्रचलित नये और जनप्रिय मुहावरों का भी प्रयोग किया है। 'नील रंगाऊ दन्त' जैसे कुछ मुहावरे तो किसी भी मुहावरा-कोश में नहीं मिलेंगे। ऐसे अनेक मुहावरों का उद्‌गम स्रोत खोजने के लिए न जाने कितनी देशी और प्रान्तीय भाषाओं की छानबीन करनी पड़ेगी और उनका ज्ञान प्राप्त करना अपेक्षित होगा। हो सकता है, इसके लिए शोधकर्ता और भाषा-प्रेमी बोलियों के नये कोश बनाने के लिए भी प्रवृत्त हों। वास्तव में कबीर द्वारा प्रयुक्त मुहावरे उनकी रहस्यमयी अनुभूति के साथ-साथ भावों के अंग बन कर इस प्रकार आए हैं कि वहाँ काव्य की अन्तर्वस्तु और शिल्प (कला) दोनों मिल कर 'जीवात्मा' और 'ब्रह्म' की ही तरह एकमेक हो गए जान पड़ते हैं। कबीर के कुछ निजी कथन तो नये मुहावरों का ही आविष्कार कहे जा सकते हैं। सच तो यह है कि अभिव्यंजना की मार्मिकता, ग्रामीण हृदय की सरल निश्छलता और व्यंग्य-कटाक्ष की तीक्ष्णता देखनी हो, तो 'कथ्य' के सम्प्रेषण में इन मुहावरों की समुपयुक्त भूमिका पर सूक्ष्म और गहरी दृष्टि से विचार करना चाहिए।

'कबीर ग्रन्थावली' में प्रयुक्त मुहावरों की एक सूची रवीन्द्र भ्रमर द्वारा प्रस्तुत की गई है—

- कबीर गुर गरया मिल्या, रलि गया आटे लूंण।
- दून्यो बूड़े धार में, चढ़ि पाधर की नाव।
- राम वियोगी ना जिवै, जिवै त बौए तोइ।
- विरह भुवंगम पैसि करि, किया कलेजै घाव।
- बारि जु बांध्या प्रेम कै, डारि रहया सिर षेह।[3]
- जे हंसि बोलौं और सौं, तो नील रंगाऊँ दंत।
- उजल हुवा न छूटिए, सुख नींदड़ी न सोई।
- गलका खाया बरजतां, अब क्यूं आवै हाथि।
- मोटे भाग कबीर के, तहाँ रहे घर छाइ।
- पंडित भए सरावगी, पाणि पीवैं छाणि।
- लीर लीर लोई थई, तऊ न छाड़ै रंग।
- साध संगति हरि भगति बिन, कछु न आवै हाथ।
- जो त्रिषावंत होइगा, सो पीवेगा झख मारि।
- हरि बिन अपना को नहीं, देखे ठोक बजाइ।[4]

मुहावरों की एक सूची डॉ. महेन्द्र ने भी दी है। आगे कबीर द्वारा प्रयुक्त अन्य मुहावरे गिनाते समय पुनरुक्ति-दोष से बचने के लिए पूर्वोक्त में से 5 मुहावरे पुनः नहीं गिनाए गए हैं। ये नये गिनाए गए मुहावरे इस प्रकार हैं—

- अंक भरे भरि भेटिये—सा. 4-20-2 सा. 9-26-1
- अंग न मोरहीं—सा. 2-2-2
- अंगि लागा—119-10
- अंम्रित मैं विख घोलै—93-5
- आगि लगाइ मंदिर मैं सोवहिं—167-5
- एकमेक होइ मिलि रहा—सा. 34-3-2
- कंवला जल मांही—34-1
- कछू न आवै हाथ—सा. 4-23-2 सा. 15-59-2
- करवट दै—19-2
- कांम परे ही जांनिए—सा. 14-14-2
- काल कंठ को गहैगा—सा. 3-22-2
- काल रहा सिर कूटि—सा. 17-6-2
- गल मैं परिया फंद—सा. 33-5-25
- गला कटावै कौंन—सा. 21-3-2
- गलि परि गई पासी—193-4
- चित चौरै—93-2
- चित न लाई—सा. 15-39-1, सा. 33-1-2
- चित मैं बसै—सा. 32-9-1
- छांडि अंम्रित काहे बिखु खाई—20-8
- जनम गँवाया वादि—सा. 29-15-2, सा. 30-14-2
- जस सौने संग सुहागा—16-6, 18-6
- जियरा यौं ही लेहुगे—सा. 2-32-2
- टेढ़ पगरी—सा. 44-2
- तन मन सौंपा पीव कौं—सा. 14-23-2
- तौ मुख तैं मोती झरें—सा. 15-74-2
- दह दिसि लागि आगि—सा. 21-11-2
- दाँत उपारूं पापिनीं—सा. 31-8-2
- दिन दस—सा. 15-3-1, सा. 15-46-2
- दिल खोजौं—सा. 6-5-2
- दिल बांधी—सा. 11-2-2
- दिल मिली—सा. 32-7-1
- दिवस चारि का पेखनां—सा. 15-4-2, 2 सा. 15-55-2, सा. 16-14-2
- दुख करि रोबै बलाइ—55-6
- दोइ लोचन मरहिं पियास रे—10-4

- नवनिधि होइगी चेरी–14-7
- नांगे हाथौं–सा. 15-21-2
- नैननि प्रीतम रमि रहा–सा. 11-13-2, सा. 9-12-2.
- पड़ा कलेजै छेक–सा. 15-47-1
- पला न पकड़ै कोइ–सा. 4-17-2, सा. 21-2-2
- फूला फूला डोलै– 93-4 सा. 18-10-2
- बातन ही असमांनु गिरावहिं–167-3
- बूड़ि मुएहु बिन पांनी–69-6, 92-2
- सांचै भांड़ै–58-4
- मन धै–सा. 15-65-1, सा. 9-31-1
- मन नहिं बांधै धीर–सा. 8-9-1, सा. 9-26-2
- मन मारि के–सा. 29-16-1
- मन राखौं–6-3
- मन लागा–सा. 9-8-1, सा. 9-40-1
- मुख फांकै छारा–197-3
- मूंड महिं मार्यौ–23-3, 62-6, 65-8
- मूंड मुड़ाइ फूलि का बैठे–170-3
- मूंड मुड़ाएँ–174-4
- मूल छांडि गहि डाला–175-8
- रोवै सीस कूटि–75-8
- लांबे गोड़ पसारि–सा. 3-2-2
- सिर कूटै–सा. 32-15-2
- सिर फोरै, सूझै नहीं–सा. 30-22-2
- सिर साहिब कौं सौंपतां–सा. 14-25-2, सा. 14-34-2
- सिरि चढ़ा–सा. 21-24-2
- सीस उतारै हाथ सौं–सा. 14-18-2, सा. 14-31-2
- सीस काटि पग तर धरै–सा. 14-15-2
- सीस देइ–सा. 14-32-2
- हाथ मलै तिनकौं पछिताई–164-8
- हिरदै हरि बसै–सा. 32-12-2

पूर्वोक्त 78 मुहावरों में अनेक मुहावरे तो हिन्दी के चिर परिचित मुहावरे ही हैं, शेष नये हैं। पुराने-नये मुहावरे ये हैं–

1. आटे में नमक की तरह मिलना 2. पत्थर की नाव पर चढ़ना 3. जीने पर बावुला हो जाना 4. कलेजे में घाव करना 5. सिर पर राख डालना

6. दाँतों को नीला रंगना 7. सुख की नींद न सोना 8. हाथ आना 9. मोटा भाग्य होना 10. पानी तक छान कर पीना 11. रंग न छोड़ना 12. कुछ भी हाथ न आना 13. झख मारना 14. ठोक बजा कर देखना 15. अंक भर भर भेंटना 16. अंग न मोड़ना 17. अंग लगना 18. अमृत में विष घोलना 19. आग लगा कर घर में सोना 20. एक होकर मिले रहना 21. जल में कंवल होना 22. कुछ हाथ न आना 23. करवट देना 24. काम पड़ने पर ही जानना 25. काल का कंठ पकड़ना 26. काल का भी सिर कूट कर रह जाना 27. गले में फंदा पड़ना 28. गला कटाना 29. गले में फांसी पड़ना 30. चित्त चुराना 31. चित्त में न लाना 32. चित्त में बसना 33. अमृत छोड़ कर विष खाना 34. व्यर्थ ही जन्म गंवाना 35. सोने के संग सुहागा होना (कहावत : सोने संग सुहागा) 36. जी लेना 37. पगड़ी टेढ़ी होना 38. तन मन सौंपना 39. मुख से मोती झड़ना 40. दसों दिशाओं में आग लग जाना 41. दाँत उखाड़ना 42. दस दिन (का जीवन) 43. दिल खोजना 44. दिल बाँधना 45. दिल मिलना 46. चार दिन का पेखना (तमाशा) 47. दुःख से बला का रोना 48. दोनों लोचनों का प्यास से मरना 49. नवनिधियों का चेरी होना 50. नंगे हाथों जाना 51. नयनों में रमना 52. कलेजे में छेक पड़ना 53 किसी का भी पल्ला न पकड़ना 54. फूले-फूले डोलना 55. बातों से ही आसमान गिराना 56. बिन पानी डूब मरना 57. भांडे जोना 58. मन धरना (ख़ातिर जमा रखना) 59. मन में धीर न बँधना 60. मन मारना 61. मन रखना 62. मन लगना 63 मुँह में छार (राख) फांकना 64. मूंड मारना 65. मूंड मुंडा कर फूल बैठना 66. मूंड मुंड़ाना 67. मूल छोड़ डाल पकड़ना 68. सिर कूट-कूट कर रोना 69. लम्बे गोड़ पसारना 70. सिर कूटना 71. सिर फोड़कर भी कुछ न सूझना 72. सिर सौंपना 73. सिर चढ़ना (या चढ़ाना) 74. सीस उतार कर हाथ में लेना 75. सीस काट कर पैर तले धरना 76. सीस देना 77. हाथ मल-मल कर पछताना और 78. हृदय में बसना।

कबीर-वाणी में कुछ मुहावरे इस रूप में भी मिलते हैं–

- लागत ही *भौं मिलि गया,* पड्या कलेजै छेक॥
- सतगुरु मारया बाण भरि, *धरि करि सूधी मूठि॥*
- *अंगि उधाड़ै* लागिया, गई दवा सूं फूट॥
- नां गुर मिल्या न सिष भया, *लालच खेल्या ठाव॥*
- भेरा देख्या जरजरा, (तब) *ऊतरि पड़े फरंकि॥*
- आपा मेट *जीवत मरै,* तौ पावै करतार॥
- तेरे *सिर पर जम खड़ा,* खरच करे कर खाई॥
- *काल कंठ तैं गहेगा,* रूंधै दसूं दुवार॥
- कबीर *चित चमंकिया,* चहुं दिसि लागी लाइ॥

- *हाँसी खेलौं* हरि मिलै, कौण सहै षरसान॥
- नैंन हमारे *जलि गए,* छिन छिन लोड़ै तुझ॥
- जा कारणि मैं ढूंढता, *सनमुख मिलिया* आइ॥
- जे हंसि बोलौ और सौं, तौं *नील रंगाऊँ दंत॥*
- जिन दिल बंधी एक सूं, ते *सुखु सोवै नचींत॥*
- कबीर *नौबति आपणीं, दिन दस लेहु बजाइ॥*
- कबीर कहा गरबियौ काल *गहै कर केस॥*
- *दिवस चारि* का पेषणां, बिनस जाइगा *काल्हि॥*
- हरत इहाँ ही हारिया, *परति पड़ी मुखि धूलि॥*
- कांची *कारी जिनि करै,* दिन दिन बधै बियाधि॥
- *खाली हाथूं ते गए,* जिनकै लाख करोडि॥
- कबीर अपने जीवतैं, ए दोइ *बातैं धोइ॥*
- *दीन गंवाया दुनीं* सौं, दुनी न चाली साथि॥
- *हिरदा भीतर आरसी,* मुख देषणां न जाइ॥
- *जबही चालै पीठि दे,* अंकुस दे दे फेरि॥
- मोटे भाग कबीर के, तहाँ रहे *घर छाइ॥* 14/10
- माया हम सौं यों कह्या, तू मति *दे रे पूठि॥* 16/29
- कबीर माया जिनि, *मिलै, सौ बरियाँ दे बाँह॥* 16/31
- औरों कौ प्रमोधतां, *मुख मै पड़िया रेत॥* 17/15
- *दिवस चारि* सरसा रहै, अति *समूला* जांहि॥ 20/3
- चतुराई हरि नां मिलै, *ए बातां की बात॥* 24/22
- *तौ मुख तैं मोती झड़ैं,* हीरे अंत न पार॥ 34/8
- दिल मंदिर मैं पैसि करि, *तांणि पछेवड़ा सोइ॥* 35/3
- *रंती घटै न तिल बधै,* जौ सिर कूटै कोइ॥ 35/8
- कबीर सब जग हंढिया, मंदिल *कंधि चढाइ॥* 37/10
- हरि बिन अपनां को नहीं, *देखे ठोकि बजाइ॥* 37/10
- एक *खड़े ही लहैं* और खड़ा बिललाइ॥
- *साईं मेरा सुलषनां, सूता देइ जगाइ॥ 38/4*
- बिन डांडी बिन पालडै, *तौले* सब संसार॥ 38/8
- कबीर वांरया नांव परि, *कीया राई लूण॥* 38/9
- *डाली डाली मैं फिरौं,* पातौं पातौं दुख॥ 38/11
- *लागी चोट सबद की, रह्या कबीरा ठौर॥* 40/8
- ऐसा कोई नां मिलै अपना *घर देइ जराइ॥* 43/4
- *पंचूं लरिका पटिक करि,* रहै रांम लयौं लाइ॥ 43/4

- जांसूं *हिरदै की कहूं,* सो फिरि *माड़ै कंक॥* 43/6
- *पुरिजा पुरिजा है* पड़े, तऊ न छाड़ै खेत॥ 45/9
- राजा परजा जिस रुचै, *सिर दे सो ले जाइ॥* 45/21
- जब गुण कौं गाहक नहीं, तब *कौड़ी बदलै जाइ॥* 49/1
- जब गुण कूं गाहक मिलैं, तब गुण *लाख बिकाई॥* 49/1
- *पकरी टेक* कबीर भगति की, काजी रहे *झष मारी॥* क.ग्रंथा पद-59
- अस *ढरि जाहु रांड के करहा,* प्रेम प्रीति ल्यौ लाये रे॥
  कंकर कूई पतालि पनियाँ, *सूनैं बूंद बिकाई रे।*
  बजर परौं इहि मथुरा नगरी, कान्ह पियारा जाइ रे॥ पद-76
- कञ्चन कलस उठाइ लै मन्दिर, रांम कहे बिन *धूरौ रे॥*
  इन ग्रिह मंन उहके सबहिन के, काहू कौ *परयौ न पूरौ रे॥*
  राजा रांणां राव छत्रपति, जरि भये *भसम कौ कूरौ रे॥*
  गोबिन्द के गुन बैठे गेहैं, खैहैं *टूकौ टेरौ रे॥*
  ऐसैं जांनि जांपौ जगजीवन जम सूं *तिनका तोरौ रे॥*
  कहै कबीर रांम भजबे कौं, एक *आध* कोई सूरौ रे॥ पद-85
- दगाबाज लूटैं अरू रोवैं, जारि गाडि *षुर षोजहिं षौवैं॥* पद-95
- आवत संग न जात संगाती, कहा भयौ *दरि बांध हाथी॥* पद-98
- धन कै गरबि राम नहीं जाना, *नागा है* जंम पैं गुदरांनां॥ पद-99
- *आड़ी तिरछी* फिरती है, क्या *च्यौं च्यौ म्यौं म्यौं* करती है॥
  मीर मुकदम सेर दिवांनी, *जंगल केर षजीनां॥* पद-106
- त्यूं तुम्ह कारनि केसबा, जन *ताला बेली* कबीर॥ पद-119
- पंडित दिसि *पछिवारा कीन्हाँ, मुख कीन्हौं जित नांमा॥* पद-122
- सुत दारा का *किया पसारा,* ऊँत की बेर भये बटपारा॥
  माया ऊपरि माया मांडीं, साथ न चलै *षोषरी हाँडीं॥*
  जपो रांम ज्यूं अंति उबारै, *ठाढी बांह कबीर पुकारै॥* पद-128
- टांचणहारै टांचिया, दै *छाती ऊपरि पाव।*
  पूजि पुजारा ले गया, *दे मूरति कै मुहि छार॥* पद-198
- जो *घरि आया* तौ सब ल्याया, सबही काज संवार्‍या॥ पद-216.
- या डायन के लरिका पांच रे, निस दिन मोहि *नचांवे नाच रे॥* पद-236
- *नौ मन सूत* उरझि नहीं सुरझे, जनमि जनमि उरझेरा॥ पद-238
- *हावड़ी धावड़ि* जनम गवावै॥
  जहाँ जहाँ दांम तहाँ मन धावै, *अंगुरी गिनतां* रैनि बिहावै॥ पद-238
- बहुरि *हीरा हाथि न आवै,* रांम बिनां रोयौ॥
  बाजीगर संसार कबीरा, *जांनि ढारौ पासा॥* पद-240

- आपा थापि अवर कौ निदैं, जन्मत हीं *जड़ काटी॥*
  हरि की भगति बिनां महु देही, *धब लोटैं* ही काटी॥ पद-243
- मैं बड़ मैं बड़ मैं *बड़ माटी।*
  मैं *बाबा का जोध* कहाऊँ, *आपणीं मारी गींद चलांऊँ॥*
  इनि अहंकार घणें *घर घाले*, नाचत कूदत जमपुरि चाले॥ पद-260
- अपनें अपनें *रंग के राजा*, मांनत नांहीं कोई॥ पद-318
- साहेब *हाथ बड़ाइया* जस भावै तस होय। क. वचनावली पद-12
- जाके सिर पर धनी तू लाखों *मोल कराय॥* पद-17
- एक सबद *बंधन कटै* एक शब्द गल फांस॥ पद-28
- परसत ही कंचन भया *छूटा बंधन मोह॥* पद-35
- नाम बिना बेकाम है *छप्पन कोटि* बिवास॥ पद-45
- पिया मिलन जब होइया *आंगन भया विदेस॥* पद-49
- *सीस उतारै भुई धरै* ता पर राखे पाव॥ पद-102
- *छिनहिं चढ़ै छिन ऊतरै* सो तो प्रेम न होय॥ पद-105
- जैसे *खाल लोहार की* सांस लेत बिनु प्रान॥ पद-107
- कह कबीर बिसरै नहीं *प्राण तजै* तेहि संग॥ पद-134
- एक नाम सींचा अभी *फल लागा बिस्वास॥* पद-150
- मांस गया पिंजर रहा *ताकन लागे काग॥* पद-163
- *हवस करै* पिय मिलन की औ सुख चाहै अंग॥ पद-164
- बिरहिन *ओदी लाकड़ी* सपचे धुंधुआय॥ पद-165
- *देखत देखत दिन गया* निस भी देखत जाय॥ पद-173
- सो दिन कैसा होयगा *गुरु गहेंगे बाहिं॥* पद-174
- बिरहिन उठि उठि *भुइं परै* दरसन कारन राम॥ पद-176
- जो मैं *पूत कपूत* हौं तऊ पिता को लाज॥ पद-188
- जो तुम छोड़ौं हाथ तो *कौन उतारै पार॥* पद-191
- इत तें सबही जात हैं *भार लदाय लदाय॥* पद-196
- धन मली पिउ ऊजला *लागि न सक्कों पाय॥* पद-197
- कस करि *बांधो गाठरी* उठ कर चाले बाट॥ पद-203
- हीरां वही सराहिए सहै *घनन की चोट॥* पद-215
- कह कबीर कब लग जिए *जूठी पत्तल चाट॥* पद-234
- ढारस लखु मरजीव को धंसिकै *पैठि पताल॥* पद-266

इन सब मुहावरों का विहंगावलोकन करने से सहज ही यह निष्कर्ष प्रतिपादित किया जा सकता है कि इनमें केवल तीस प्रतिशत मुहावरे, शिष्ट और अभिजात साहित्य की भाषा के अंगभूत देखे जाते हैं। शेष सत्तर प्रतिशत मुहावरे

या तो ग्रामीणों की बोलचाल में सुने जाते हैं या फिर अल्पशिक्षित नागरिकों की नित्यप्रति की भाषा में सहज रूप में प्रयुक्त होते रहते हैं। शिष्ट और मानक हिन्दी भाषा की कृतियों यथा उपन्यासों और कहानियों में बहुत खोजने पर भी ये बहुत कम मिलेंगे। हो सकता है भविष्य में चलकर धीरे-धीरे इनमें से अनेक मुहावरे अभिजात वर्गीय साहित्यकारों द्वारा अंगीकृत भी कर लिए जाएँ, कबीर के काल से लेकर अद्यावधि इनमें से कुछेक मुहावरे निखर-सँवर कर हिन्दी के मुहावरा-कोशों की भी शोभा बन चुके हैं। फिर भी समग्रतः अपने वर्तमान रूप में ये मुहावरे कबीर-काल के भारतीय निम्न और मध्यवर्गीय समाज में ही नित्यप्रति की भाषा का मानो एक ऐतिहासिक दस्तावेज़ साक्ष्य-रूप में प्रस्तुत करते हैं। इन मुहावरों से कबीर के समकालीन जन साधारण के चिन्तन-मनन, सोच-विचार और जीवन-पद्धति की प्रामाणिक झलकियाँ ही रेखांकित होती हैं। गोस्वामी तुलसीदास को यदि उनकी साहित्यिक कृतियों के आधार पर एक महान लोक-नायक घोषित किया जाता है, तो सन्त कबीर को भी उनकी मुहावरेदार बोलचाल की भाषा के आधार पर एक महान लोक-नायक कहा जा सकता है। यदि आदि ग्रन्थ में संकलित कबीर के सलोकों और सबदों में पंजाबी भाषा का पुट प्रभावी है, तो 'कबीर-ग्रन्थावली' की साखियों, पदों और रमैनियों की भाषा पर राजस्थानी भाषा हावी है। इसी प्रकार 'बीजक' ग्रन्थ पर पूरबी बोली की छौंक विशेष रूप से देखी जा सकती है। इस प्रकार तिरंगी भाषा ने भी कबीर की समन्वय-चेष्टा का स्पष्ट साक्ष्य हमारे सामने ला खड़ा किया है।

कहावत का अर्थ, परिभाषा और स्वरूप

संस्कृत में 'लोक' संज्ञा पुं. शब्द (धातु लोक्+घम प्रत्यय) में 'उक्ति' संज्ञा स्त्री. शब्द (धातु वच्+क्तिन् प्रत्यय) शब्द के योग से 'लोकोक्ति' संधिज शब्द निष्पन्न होता है, जिसके ये अर्थ हैं—"कहावत, मसल। एक अलंकार, जिसमें लोकोक्ति के प्रयोग से रोचकता बढ़ाई जाती है।"[5] संस्कृत में ही 'लोकोक्ति' को आभाणक, लोकवाद, जनप्रवाह, जनोक्ति आदि भी कह सकते हैं। 'मसल' या 'मिस्ल' अरबी स्त्री. शब्द भी 'कहावत' का ही पर्याय है। टी. शिप्ले के मतानुसार—"कहावत किसी विशेष समूह में प्रचलित कोई ऐसा वाक्य है जो लोकानुभव पर आधारित जीवन की एक सारभूत समीक्षा है।"[6]

पं. रामदहिन मिश्र 'कहावत' शब्द के मूल में 'कथावत' शब्द मानते हैं। वे कहते हैं कि जिस प्रकार कथाएँ लोक में प्रचलित और प्रसिद्ध होती हैं, उसी प्रकार कहावतें भी।

इसी प्रकार श्री केशवप्रसाद मिश्र 'कह' हिन्दी धातु में 'आवत' अरबी प्रत्यय के योग से 'कहावत' शब्द को व्युत्पन्न मानते हैं।

डॉ. सिद्धेश्वर वर्मा हिन्दी 'कहना' क्रिया से 'आव' और 'अत' दो प्रत्यय जुड़ने से 'कहावत' शब्द की व्युत्पत्ति मानते हैं।

डॉ. टर्नर ने अपने प्रसिद्ध नेपाली हिन्दी शब्द-कोश में मूलतः 'कथा-वार्त्ता' शब्द से ही 'कहावत' शब्द को विकसित दिखाया है। महापंडित राहुल सांकृत्यायन, डॉ. बाबूराम सक्सेना और मुनि जिन विजय जैसे धुरन्धर विद्वान् उनकी इस धारणा से सहमत हैं। डॉ. कन्हैयालाल सहल का मत भी इससे मिलता-जुलता माना जाएगा। वे लिखते हैं–"'कथावार्त्ता' का प्राकृत रूप 'कहावत्ता' तो ध्वनि और अर्थ दोनों की दृष्टि से 'कहावत' शब्द से अत्यधिक मिलता-जुलता है।"[7]

डॉ. श्याम परमार ने बोरकार्ट के द्वारा 'कहावत' की दी गई परिभाषा इन शब्दों में प्रस्तुत की है–

"जनता की अपनी भाषा में किसी सर्वमान्य सत्य को थोड़े से शब्दों में प्रकट करने वाला लोक-प्रचलित कथन ही 'कहावत' है।"[8]

रवीन्द्र भ्रमर–"कहावत लोक में प्रचलित वह वाक्य, कथन या लघु वार्त्ता ही ठहरती है, जिसे लोक-मानस के अन्तराल से प्रस्फुटित ज्ञान की कोई किरन माना जा सकता है।"[9]

समग्रतः हम भी अर्थ और ध्वनि के साम्य के आधार पर 'कथावार्त्ता' शब्द से ही 'कहावत' शब्द की व्युत्पत्ति मानने के पक्षधर हैं। कहावतों में लोगों के सदियों के जीवन-विषयक अनुभवों का निचोड़ ठीक ऐसे भरा रहता है जैसे गागर में सागर। इन कहावतों को शाश्वत और सनातन जीवन वाला कहा जा सकता है। यथा नाच न जाने आँगन टेढ़ा, अधजल गगरी छलकत जाय, आम के आम, गुठलियों के भी दाम, उल्टा चोर कोतवाल को डाँटे, ऊँट के मुँह में जीरा, एक हाथ से ताली नहीं बजती, कोयले की दलाली में मुंह काला, जाको राखे साइयाँ, मार सकै नहीं कोय, जिसकी लाठी, उसकी भैंस, दूर के ढोल सुहावने, मन के हारे हार है, मन के जीते जीत, इधर कुआँ उधर खाई, अपनी गली में कुत्ता भी शेर होता है, एक म्यान में दो तलवारें नहीं समातीं जो बोयेगा, सो काटेगा, सौ सुनार की, एक लुहार की, जैसी करनी, वैसी भरनी, साँप नेवले का बैर इत्यादि सैकड़ों कहावतों में निहित सत्य और नित्यप्रति के लोकानुभव चाह कर भी कभी झुठलाए नहीं जा सकते।

'कहावत' को ही गुजराती भाषा में उदवाण (संस्कृत उपाख्याण) और राजस्थानी भाषा में 'ओखाण' कहते हैं। जगत्‌नन्द की एक पुस्तक का नाम है–'उपखाने सहित भागवत दशम स्कन्ध कथा।' कहीं-कहीं 'कहनावत' शब्द (कहना+अखत) शब्द भी 'कहावत' के पर्यायवाचक शब्द के रूप में प्रचलित है यथा–

सांची भई कहनावति वा कवि ठाकुर कान सुनी हती जोऊ।
माया मिली नहिं राम मिले, दुविधा में गए सजनी सुनु दोऊ॥

जहाँ मुहावरे समाज के निम्न वर्गों से उपजते हैं, वहाँ कहावतों का सम्बन्ध प्रायः समाज के अभिजात और शिष्ट वर्गों के साथ रहता है। हाँ, यदि कुछ कहावतें लोक में मौखिक परंपरा से चली आ रही हों, तो उच्चवर्गीय जन न केवल उन्हें अपनी नित्यप्रति की बोलचाल में समा लेते हैं, अपितु अपने द्वारा रचित उच्चकोटि के साहित्य में भाषा के धरातल पर अंगीकार करके अपने कथ्य को धारदार, पैना और प्रभविष्णु बनाने में गर्व का अनुभव करते हैं। उदाहरणतः 'सैयाँ भये कोतवाल, अब डर काहे का', 'घर का भेदी लंका ढावै', 'आ बैल मुझे मार', 'शाह से कहै जागता रह और चोर से कहै चोरी कर', 'मुल्ला की दौड़ मस्जिद तक', 'सांप छछूंदर की गति', 'काला अक्षर भैंस बराबर', 'खिसियानी बिल्ली खंभा नोचे', 'बगल में छुरी मुंह में राम-राम' इत्यादि अल्पशिक्षितों या अधिकतर ग्रामीणों और सामान्य जनों में अत्यधिक प्रचलित लोकोक्तियाँ या कहावतें मानी जाएँगी इनमें अन्तर्निहित अभिव्यक्ति-शक्ति से आकर्षित, आन्दोलित और प्रभावित होकर उच्चकोटि के साहित्यकार भी अपनी-श्रेण्य (classical) रचनाओं में इनका खुलकर प्रयोग करते आ रहे हैं।

भक्तिकाल के सन्त, सूफ़ी और भक्त कवि तत्कालीन समाज में प्रचलित कहावतों का प्रयोग अपने काव्य में धड़ल्ले से करते रहे हैं। उदाहरणतः यह कहावत लोक-मुख से बोली और कानों से बहुधा सुनी जाती रही है–

ओहि सोना पर फाट परै, जाके पहिरे कान टूटै।

महाकवि जायसी ने कदाचित् इसी कहावत से प्रभावित होकर ये पंक्तियाँ लिखी हैं–

माथे नहिं बैसारिय जो सुठि सुआ सलोन।
कान टूटै जेहि पहिरै का लेइ करब सो सोन॥[10]

अर्थात् यदि तोता कितना ही सुन्दर-सलोना क्यों न हो, उसे कभी अपने माथे पर नहीं बिठाया जाता (या बैठाना नहीं चाहिए)। उस सोने को लेकर भला हम क्या करेंगे, जिसके पहनने से कान ही टूटने लगें।

वास्तव में मुहावरों की ही तरह कहावतें भी भाषा की आर्थिक क्षमता और गुणवत्ता में चार चाँद लगा दिया करती है। इनके प्रयोग से भी 'कथ्य' या वर्ण्य विषय में अतिशय प्रभावोत्पादकता आ जाया करती है।

लोक में मुहावरे से मिलती-जुलती कहावतें भी लघु वार्त्ता के एक प्रकार विशेष के रूप में प्रचलित रहती हैं। जहाँ मुहावरा वाक्य में प्रयुक्त होकर उसी का एक अंग बन जाया करता है, वहाँ कहावत प्रायः अपना अलग अस्तित्व बनाए रखती है और उसका अधिकतर प्रयोग वाक्य के अन्त में ही हुआ करता है

यथा—अरी सखि! पहले मेहनत की होती, तो सफल हो जाती, अब परीक्षा में फेल हो जाने पर इस तरह क्यों पश्चात्ताप किए जा रही हो। कहा भी है—'अब पछताये होत क्या, जब चिड़ियाँ चुग गई खेत। यहाँ अन्तिम वाक्य में एक स्वतःपूर्ण और स्वतन्त्र कहावत प्रयुक्त हुई है।'

कबीर-काव्य में कहावतें

यद्यपि सन्त कबीर ने किसी गुरुकुल या पाठशाला में विधिवत् शिक्षा ग्रहण नहीं की थी, तथापि वे 'काला अक्षर भैंस बराबर' माने जाने वाले अन्य अनपढ़ों और निपट गँवारों से एकदम भिन्न ज्ञानी व्यक्तित्व लिए हुए थे। वे काल-अकाल से हटकर मानों एक ऐसे शब्द-प्रहरी और शब्द-साधक थे, जिन्हें यदि हम केवल 'समाज-सुधारक', 'चौकीदार', 'पहरेदार' आदि कहकर कदाचित् उनकी समाज-सेवा और साहित्य-सेवा के प्रति पूर्ण न्याय नहीं कर सकते। इसका एक कारण यह है कि वे न केवल प्रसुप्त भारतीय समाज की रक्षा ही करते हैं, प्रत्युत उसे चिर जाग्रत रहने के लिए भी जब तब कोंचते नज़र आते हैं। वे युग-युग से सोई और साम्प्रदायिकता, परस्पर घृणा-द्वेष, क्रोध, दर्प से ग्रस्त मानव जाति को अपने उत्तरदायित्वों और कर्त्तव्य का पालन करना सिखाते हैं और उन्हें कुपथ से सुपथ के अनथक पथिक बनाने का महान् कार्य सम्पन्न करते हैं।

सन्त विवेकदास आचार्य अपने लेख 'कौन कहता है कबीर अनपढ़ थे' में इस निष्कर्ष का प्रतिपादन करते हैं—"एक बात जो कबीर साहब के जीवन और व्यक्तित्व में अवश्य थी और वह थी बौद्धिक प्रतिभा, उत्कट जिज्ञासा और विचारों की वह प्रौढ़ता, जो पोथी-ज्ञान से प्राप्त नहीं हो सकता है। ऐसे पोथी-ज्ञान को कबीर साहब ने आध्यात्मिक ज्ञान का स्रोत नहीं बनाया। उन्होंने जो भी ज्ञान प्राप्त किया था, वह अनुभव-सिद्ध, आन्तरिक और आंखिनदेखी का ज्ञान था।"[11] वास्तव में कबीर को अनपढ़ नहीं कहा जा सकता। अनन्त हरि की अनन्त कथा का गान भौतिक 'मसि-कागद' से तो हो भी नहीं सकता है। उन्होंने लोक-जीवन में बहुप्रचलित जिन कहावतों से अपनी धक्कामार भाषा को सिंगारा और पैनाया है, उनकी एक झाँकी उनके काव्य में प्रयुक्त अनेक कहावतों की अग्रप्रस्तुत सूची से सहज ही मिल जाती है। यह सूची इस प्रकार है—

- *बोवै पेड़ बबूल का, अम्ब कहाँ तै खाइ।*[12]
- *अंधे अंधा ठेलिया, दून्यूं कूप पडंत।*
- *रतन निराला पाइया, जगत् ढंडोल्या बादि।*
- *पांणी माहैं घर करैं, तै भी मरैं पियास।*
- *विष की क्यारी, बोइ करि, लुणत कहा पछिताइ।*
- *नींद न मांगै सांथरा, भूष न मांगै स्वाद।*

- *खूंदन कौ धरती सहै, बाढ़ सहै बनराइ।*
- *कमोदनी जलहरि बसै, चंदा बसै अकासि।*
  जो जाहि का भावता, सो ताही के पासि।
- *मरनै कहा डराइये, हाथि स्यंधौरा लीन्ह॥*
- *जो ऊग्या सो आंथवै, फूल्या सो कुभिलाइ।*
  जो चिणियाँ सो ढहि पड़ै, जो आया, सो जाइ॥
- *जब गुण कूं गाहक मिलै, तब गुण लाख बिकाइ।*
  जब गुण कूं गाहक नहीं, तब कौड़ी बदलै जाइ॥
- *निंदक नेड़ा राखिये आंगणि कुटी बछाय।*[13]
- *एक कहावत मुलां काजी, राम बिना सब फोकटबाजी।*

पूर्वोक्त लोकोक्तियों के अतिरिक्त डॉ. महेन्द्र ने भी कहावतों की जो सूची दी है, वह आगे प्रस्तुत की जा रही है।

- अंधे को अंधा मिला, राह बतावै कौन—सा. 3-24-2
- इत के भये न उत के, चाले मूल गंवाई—सा. 15-56-2
- ऊजड़ जाइ बसाहिंगे, छोड़ि बसन्ता गांउ—सा. 15-66-2
- एकै साधे सब सधे, सब साधे सब जाइ—सा. 15-14-1
- ओसों प्यास न भाजई—सा. 3-19-2
- कहै कबीर कैसे बनैं, एक चित दुइ ठौर—सा. 12-6-2
- कहै कबीर सब भोगिया, देह धरे का डंड—सा. 16-6-2
- कांची सरसों पेलि कै, नां खलि भई न तेल—सा. 24-9-2
- काया हाँडी काठ की, नां ऊ चढ़ै बहोरि—सां. 15-18-2
- कोयला होइ न ऊजरा, सौ मन साबुन लाइ—सा. 22-3-2
- कौड़ी कौड़ी जोड़ता, जोरे लाख करोरि—सा. 15-8-2
- खीर नीर का करै निबेरा—सा. 28-6
- गांठि न बांधउं, बेंचि न खाउं—सा. 22-2
- चलते चलते जुग गया, पख कोस पर गांऊँ—सा. 10-6-2
- जन जन को मन राखतां, वेस्वा रहि गई बांझ—सा. 11-4-2
- जांनि बूझि कंचन तजै, क्यौं तू पकरै कांच—सा. 21-30-2
- जिहिं जिहिं डारी पग धरौं, सोइ नइ नइ जाइ—सां. 8-3-2
- जिहिं पंथां तोहि चलनां, सोइ पंथ संबारि—सा. 15-53-2
- जैसे दूध तिवास का, ऊकटि हूवा आक—सा. 29-22-2
- जो चुनिया सो ढहि पड़ै, जांमै सो मरिजाइ—सा. 16-19-2
- जो जैसी संगति करै, सो तैसा फल खाइ—सा. 24-3-2
- जो रहै करवा, सौ निकसै टोटी—सा. 197-5

- टेसू फूले दिवस ढोइ, खंखर भए पलास—सा. 15-45-2
- डारी डारी मैं फिरौं, पातैं पातैं दुख—सा. 6-6-2
- तुझे बिरांनी क्या परी, तूं अपनी आप निबेरि—सा. 15-13-2
- दाढ़ी मूंछ मुड़ाइ कै, चला दुनी कै साथि—सा. 25-14-2
- दिवस चारि की करहु साहिबी—सा. 73-4
- दोनों बूडे घार मैं, चढ़ि पाथर की नाव—सा. 1-17-2
- नौ नेजा पानी चढ़ै, तऊ न भीजै कोर—सा. 22-12-2
- पतिबरता नांगी रहै, तौ उसही पुरिख कौ लाच—सा. 11-8-2
- पांनी मैं घी नीक्सै, तौ लूखा खाइ न कोइ—सा. 29-5-2
- पांव कुहाड़ी मारिआ, गाफिल अपनै हाथि—सा. 15-29-2
- पांव न टिकै पिपीलिका, लोगनि लादे बेल—सा. 10-2-2
- पूंछ जु पकड़ै भेड़ की, उतरा चाहै पार—सा. 21-28-2
- पाका कलस कुम्हार का, बहुरि न चढ़ई चाकि—सा. 12-1-2
- पोथी पढ़ि पढ़ि जग मुवा—सा. 33-3-1
- बेस्वा केरा पूत ज्यौं, कहै कौन सौं बाप—सा. 3-20-2
- मन दस नाज टका दस गांठि, ऐंड़ों टेढ़ौ जात—सा. 73-2
- मलय भुयंगम बेढ़िऔ, तऊ सीतलता न तजंत—सा. 4-2-2
- राइ घटै न तिल बढ़ै, जो सिर कूटै कोई—सा. 32-15-2
- राई तैं परबत करै, परबत राइ मांहिं—सा. 8-11-2
- रूई लपेटी आगि—सा. 15-71-1
- लोह माटी मिलि गया, तब पारस कौनैं कांम—सा. 2-10-2
- लौंन बिलंगा पांनिया, पांनी लौंन बिलंगि—सा. 9-40-2
- समुझाए समुझै नहीं, तो देहु धका दुइ और—सा. 15-89-2
- सींचौ पेड़ पिवै सब डारी—सा. 38-5
- सूघा जल पीवै नहीं, खोदि पियन की हौंस—सा. 33-6-2
- सूनै घर का पाहुनां, ज्यौं आवै त्यों जाव—सा. 2-46-2
- स्वारथ कौ सब कोइ सगा—सा. 4-42-1
- होनां है सो होइहै—सा. 2-3

डॉ. महेन्द्र ने कुल 56 लोकोक्तियों की सूची दी है, जिनमें से 5 लोकोक्तियाँ डॉ. रवीन्द्र भ्रमर ने पहले ही गिना दी हैं। सो, यहाँ कुल 51 लोक्तियाँ प्रस्तुत की गई हैं।

कहावतें

- अमृत ले ले नींब स्यंचाई, कहै कबीर बाकी बांनि न जाई क.ग्रं. पद (221)

- आपणै पाव आप जौ मारै (239)
- डंड मूंड मैं लागै (252)
- मूवाँ पीछे देहुगे, जो दर (3/7)
- हाथ सिधीरा लीन (45/12)
- हाथ झाई जैसे चले जुवारी।
- मुट्ठी बांध आया है हाथ पसारे जाएँगे (98)
- तरवर पंखि बसेरा (103)
- अंधे को अंधा मिला राह बतावै कौन (क. वचनावली 321)
- अति का भला न बोलना अति का भला न चूप।
  अति का भला न बरसना, अति की भली न धूप (कबीर वचनावली,269)
- सत्तनाम कड़वा लागै मीठा लागै दाम (230)
- कूकर ज्यों भूंकत फिरै सुनी सुनाई बात (234)
- सपंहि दूध पिलाइए सोई विष है जाय (222)
- लोहा माटी मिल गया तब पारस के ही काम (278)
- काजल केरी कोठरी ऐसा यह संसार (388)
- अब पछतावा क्या करै चिड़िया चुग गई खेत (कबीर वचनावली, पद 401)
- पल में परलै होयगी बहुरि करैगा कख (402)
- कबिरा नौबत आपनी दस दिन लेहू बजाय (404)
- ऊजड़ खड़े ठीकरी गढ़ि गढ़ि गए कुम्हार (406)
- कबिरा गर्व न कीजिए अस जोबन की आस (407)
- काल्ह परा भु लेटना ऊपर जमसी घास (408)
- दिन दस के त्योहार में झूठे रंग न भूल (409)
- यह तन जात है सकै तो ठौर लगाव (411)
- मोर तोर की जेवरी बटि बाँधा संसार (412)
- दुर्लभ मानुष जनम है देह न बारंबार (413)
- इक सिंहासन चढ़ि चले इक बंधि जात जंजीर (414)
- जियरा ऐसा पाहुना मिलै न दूजी बार (415)
- खाली हाथों वे गए जिनके लाख करोर (416)
- मांझ महल से ले चला ऐसा काल कराल (417)
- मैं मैं बड़ी बलाय है सको तो निकसो भाग (419)
- अपने पहरे जागिए ना पड़ रहिए सोय (421)
- पाँव कुल्हाड़ी मारिया मूरख अपने हाथ (422)
- भय बिनु भाव न ऊपजै भय बिनु होय न प्रीति (425)

- ऐसी गत संसार की ज्यों गाउर की ठार (427)
- इक दिन ऐसा होयगा कोउ काहु का नाहिं (428)
- दुइ पट भीतर आइके साबित गया न कोय (430)
- हाथन परबत तौलते तिनहूं खाया काल (432)
- फूली फूली चुनि लिए काल्हि हमारी बार (434)
- दब की दाही लाकड़ी ठाढ़ी करै पुकार (437)
- जरनेहारा भी मुआं मुआं जरावन-हार (438)
- तेरा संगी कोई नहीं सभी स्वारथी लोहय (440)
- जो तोको कांटा बुवै ताहि बोव तू फूल (447)
- दुर्बल को न सताइए जाकी मोटी हाय (448)
- आप ठगा सुख होत है और ठगे दुख होय (449)
- या दुनिया में आइके छांड़ि देइ तू ऐंठ (450)
- ऐसी बानी बोलिए मन का आपा खोय
  औरन को सीतल करै आपहूं सीतल होय। (451)
- आपा को डारि दे दया करै सब कोय (452)
- जैसा अनजल खाइए तैसा ही मन होय।
  जैसा पानी पीजिए तैसी बानी सोय (457)
- मांगन मरन समान है मति कोई मांगी भीख।
  मांगत ते मरना भला यह सतगुरु की सीख (458)
- मधुर वचन है औषधी कटुक बचन है तीर (464)
- बोलत ही पहिचानिए साहुचोर को घाट (465)
- पढ़ि पढ़ि के पत्थर भए लिखि लिखि भए जो ईंट
- कबिरा अंतर प्रेम की लागी नेक न छींट (466)
- करता था तो क्यों रहा अब करि क्यों पछिताय।
  बोवै पेड़ बबूल का आम कहाँ तें खाय (468)
- न्हाए धोए क्या भया जो मन मैल न जाय।
  मीन सदा जल में रहै धोए बास न जाय (473)
- ऊँचे गाँव पहाड़ पर औ मोटे की बाँह।
  ऐसो ठाकुर सेइए उबरिय जाकी छाँह (477)
- गेहू तो बैसहि भया तू मति होय अयान।
  तू गुणवंत वे निरगुणी मति एकैं मैं सान॥ (482)
- पूरा साहब सेइए सब बिधि पूरा होइ।
  ओछे नेह लगाइए भूलौ आवै खोइ (483)
- हीरा खोया हाथ से जनम गँवाया बाद (487)

- दोनों कबहुँ ना मिलैं रवि रजनीं इक ठाम (488)
- जेती मन की कल्पना काम कहावैं सोय (490)
- साध वचन जल रूप है बरसै अमृत धार (494)
- मान बड़ाई जगत् में कूकर की पहिचानि। (514)
- बड़ा हुआ तो क्या हुआ जैसे पेड़ खजूर।
  पंछी को छाया नहीं फल लागै अति दूर (515)
- मान बड़ाई कारने आछत मूल न खोय (516)
- माया त्यागे क्या भया मान तजा नहिं जाय।
  जेहि मानै मुनिवर ठगे मान सबन को खाय (519)
- कबिरा तहाँ न जाइए जहाँ कपट का हेत।
  जानो कली अनार को तन राता मन स्वेत (520)
- इक दुरजन इक आरसी आगे पीछे और (521)
- अंतर राखे जो मिलै तासां मिलै बलाय (522)
- निदंक नियरे राखिए आँगन कुटी छवाय।
  बिन पानी साबुन बिना निर्मल करै सुभाय। (536)
- बिजुली परै समुद्र में कहा रुकैगी जारि (571)
- जो जल बाढ़ै नाव में घर में बाढ़ै दाम।
  दोऊ हाथ उलीचिए यहि सज्जन को काम॥ (575)
- हाड़ बड़ा हरि भजन कर द्रव्य बड़ा कछु देय।
  अकल बड़ी उपकार कर जीवन का फल येह॥ (576)
- चांह गईं चिन्ता मिटी मनुवाँ बेपरवाह।
  जिनको कछू न चाहिए सोई साहंसाह॥ (579)
- मांगन गए सो मरि रहे मरे सो मांगन जांहि।
  तिनसे पहले वे मरे होत कहत जो नांहि॥ (580)
- गोधन गजधन बाजिधन और रतन धन खानि।
  जब आवै सन्तोष धन सब धन धूरि समान (581)
- मरि जाऊँ मांगू नहीं अपने तन के काज।
  परमारथ के कारने मोहिं न आवै लाज (582)
- माली सींचै सौ घड़ा ऋतु आए फल होय (583)
- दीन लखे मुख सबन को दीनहिं लखै न कोय।
  भली विचारी दीनता नरहुं देवता होय (588)
- कबिरा नवै सो आपको पर को नवै न कोय।
  घालि तराजू तौलिए नवै सो भारी होय (590)
- ऊँचे पानी ना टिकै नीचे ही ठहराय।

नीचा होय सो भरि पिवै ऊँचा प्यासा जाय (591)

- सब तें लघुताई भली लघुता तें सब होय।
  जस दुतिया को चंद्रमा सीस नवै सब कोय (593)
- कहै कबीर गूंगे गुड़ खाया, बूझै तौ का कहिये। क.ग्रं. पद–133
- आपण अंध और कूं कांनां, तिनकौ देखि कबीर डरांनां॥ पद–144
- आष करै आपै दुख भरिहै॥ पद–143
- मींणे कहा जाहि जो भावै, दास कबीर राम गुंन गावै॥ पद–147
- डाल गह्यां थैं मूल न सूझैं, मूल गह्यां फल पावा॥ पद–132
- पहु हीरा निरमोलिका, कौडी पर बीका॥ पद–178
- बाबा पेड़ छाडि सब डालीं लागे, मूंढे जंत्र अभागे॥ पद–197
- ओसो प्यास न भाजई, जब लग घसै न आभ॥ क.ग्र. साखी 2/21
- जाहि सुखं घर आपणैं हम जाणौं अरु दुख॥ साखी–11/6
- काया हाँडी काठ की, गा ऊँ चढ़े बहोड़ि॥ साखी–11/31
- बोवै पेड़ बबूल का अंब कहाँ तैं खाइ॥ साखी–13/27
- पांहण टांक न तोलिए, हाडि न कीजै बेह॥ साखी–26/5
- जो जैसी संगति करै, सो तैंसे फल खाइ॥ साखी–26/7
- इक लष पूत सवा लष नाती, ता रावन घरि दिया न बाती॥ क.ग्रं. पद–98
- कहै कबीर आधा घट डोलैं, भरया होइ तौं मूषां न बोलै॥ पद–67

निष्कर्ष

सन्त कबीर की काव्य-भाषा को 'सधुक्कड़ी' कहा गया है। डॉ. रमेशचन्द्र मिश्र इस शब्द का विकास यों बताते हैं–साधुषट > साधु खट् > साधु खड़ > सधुक्खड़ > सधुक्कड़ > सधुक्कड़ी।

इससे षटभाषा-सिद्धान्त की ओर भी संकेत होता है। षटभाषा ही आगे चलकर 'खट' से 'खड़' और फिर 'खड़ी' होकर 'खड़ी बोली' नाम वाली हो गई होगी, ऐसा विद्वानों का मत है।

आचार्य हज़ारी प्रसाद द्विवेदी की यह महत्त्वपूर्ण घोषणा है–"भाषा पर कबीर का जबरदस्त अधिकार था। वे 'वाणी के डिक्टेटर' थे। जिस बात को उन्होंने जिस रूप में प्रकट करना चाहा है, उसे उसी रूप में भाषा से कहलवा दिया है, बन गया तो सीधे-सीधे, नहीं तो दरेरा दे कर। भाषा कुछ कबीर के सामने लाचार-सी नज़र आती है।"[14]

वास्तव में कबीर काव्य अवधी, खड़ी बोली, पंजाबी, ब्रज, भोजपुरी, मारवाड़ी, राजस्थानी, पूर्वी बोली इत्यादि भाषाओं का 'एक रंग बिरंगा अजायबघर'

ही है। घुमक्क्ड़ कबीर की भाषा में विविध प्रान्तों की भाषाओं के साथ-साथ वहाँ के मुहावरों और कहावतों का खिंचे चले आना भी नितान्त स्वाभाविक ही है। वास्तव में पूरी तरह से 'आंखिन देखी' के आधार पर जीवन-कर्म करने वाले कबीर के मुख से कहावतें और मुहावरे पर्वतों के निर्झर-सी स्वतः झरती चली जाती हैं अनायास ही। यहाँ दो उदाहरण ध्यातव्य हैं–

1. *लिखा लिखी की है नहीं, देखा-देखी बात।*
दुल्हा-दुलहिन मिल गई, फीकी पड़ी बरात॥
2. *पद गाएँ मन हरषिया, साषी कह्या अनन्द।*
सो तत नांव न जाणियाँ, गल मैं पड़िया फंद॥[15]

वास्तव में कबीर ने पंडितों के मुखों से ज्ञान-मुक्ताएँ ग्रहण करके मानो चारों युगों का विपुल माहात्म्य बटोर लिया था–

चारऊ युग का महात्म, मुखहि जनाई बात।

ये पराकोटि के आत्मज्ञानी और परम तत्त्वज्ञ थे। उन्होंने सभी लौकिक विद्याओं को बाद देकर परम तत्त्व प्राप्त कर लिया था। वैदिक ऋषियों के ही समान त्रिकालदर्शी कबीर ने अपनी वाणी में छन्दों का बंधान करते समय 'छन्द' और 'कथ्य' दोनों को 'जीवात्मा' और 'ब्रह्म' की नाई एकमेक करके भाषा की शय्या पर सुला दिया है। जिस प्रकार उनकी धक्कामार भाषा में अलंकार, छन्द और काव्य-रूप योद्धा की रण-कला की तरह स्वतः उतरते चले आते हैं, ठीक उसी प्रकार मुहावरे और कहावतें भी अवतरित होती रहती हैं। यही कारण है कि उनके काव्य में अन्तर्वस्तु और भाषिक अभिव्यक्ति सर्वत्र घी-शक्कर-सी ही घुली-मिली रहती है। एक दृष्टान्त प्रस्तुत है–

माला पहिरे टोपी पहिरे, छाप तिलक अनुमाना।
साखी सबद गावत भूले, आतम खबर न जाना॥[16]
तीन जगाती करत रारि, चल्यौ है बनिजवा बनिज झारि।[17]

जहाँ कबीर की आध्यात्मिक रस-भरी गगरी भी छलकती है, वहाँ भी मुहावरों और कहावतों की बूंदें टपकती चली जाती हैं और पाठक या श्रोता पूरी तरह रस-विभोर होता चला जाता है। यथा–

बिरह भुवंगम पैसि करि, किया कलेजे घाव।
साधु अंग न मोड़ ही, ज्यूं भावै, त्यूं खाव॥[18]
कै विरहणि कूं मीच दै, कै आपा दिखलाइ।
आठ पहर का पाझड़ा, मोपैं सह्या न जाइ॥[19]

यही कबीर जब अपने युग में व्याप्त निर्धनता और तज्जन्य विवशता की 'अकथ कहाँणी' सुनाने लगते हैं, तब भी उनकी वाणी 'चित्त घटना', 'पीठ फिराना' जैसे लोकप्रचलित मुहावरों का सहज ही प्रयोग करती चली जाती है यथा—

निर्धन आदर कोई न देई, लाख जतन करे ओहि चित न घरेई।
जो निरधन सरधन कै जाई। आगे बैठा पीठ फिराई॥

यहाँ 'निर्धन' विशेष शब्द के तोल पर नव शब्द 'सरनधन' का आविष्कार देखते ही बनता है, कदाचित् कबीर-कृत यह शब्द-प्रयोग अनूठा होने के साथ-साथ पहला और आख़िरी भी हो सकता है।

इसी प्रकार जब वे मानव-धर्म और सर्वधर्म-समभाव की विजय वैजयन्ती फहराने लगते हैं, तब भी उनका साम्प्रदायिक सद्भाव 'मन माना' जैसा मुहावरा उच्चार उठता है—

माटी एक भेष करि नाना, तामहिं ब्रह्म पछाना।
कहै कबीर भिस्त छोड़ि कर, दोजक स्यौं मन माना।[20]

ऐसा लगता है कि नित्यप्रति प्रचलित मुहावरों-कहावतों के प्रयोग के बिना उनकी जिह्वा आगे चलती ही नहीं है। प्रतीकों और रूपकों की ही तरह वे ऐसी मुहावरेदार भाषा के भी मुखापेक्षी होकर रह गए प्रतीत होते हैं। एक 'ज़बर्दस्त व्यंग्य लेखक' के लिए यही मुहावरेदानी प्रबल शस्त्रास्त्र-सी काम आई है। यही कारण है कि प्रभु-भक्ति के विरोधी विषय-विलासियों पर कुठाराघात करते हुए वे ऐसी धारदार मुहावरेदार भाषा का ही प्रयोग करके अपने को 'सर्वश्रेष्ठ शब्द-शिल्पी' कहलवाने का अधिकारी मनवा ले जाते हैं—

हरि जस सुनहिं न हरि गुन गावहिं।
बातन ही असमान गिरावहिं, ऐसे लोगन सों क्या कहिए।
जो प्रभु कीए भगति तें बाहिज। तिन ते सदा डराने रहिए।
आप न देहि चुरु भर पानी। तिहि निंदहि जेहि गंगा आनी॥[21]

जिस जुलाहे को 'प्रेम सर' लगा हो, वह हरि रस पीकर ऐसे ही खुमार में मदमस्त होकर गाता फिर सकता है। वे एक ऐसे आत्मज्ञानी थे, जो निज ब्रह्मज्ञान विचार कर ही समस्त कार्य करने में पूरा भरोसा रखते थे। गुरु और सद्गुरु से अपने मिलन को वे 'कबीर गुर गरवा मिलाए रलि गया आटै लूण।' कहकर व्याख्यायित करते हैं।

इसी प्रकार जीवन और जगत् की नश्वरता का बखान करते हुए वे हरि नाम और भक्ति से पराङ्मुख जनों के अन्त में मुख में राख (धूल, मिट्टी) पड़ने

के मुहावरे से चेताते हैं–

राम नाम तत समझत नांही, अंति पड़े सुरज छारा॥

वे सभी मुल्ला-काजियों के लिए एक ही बात प्रभु-नाम-स्मरण का सदुपदेश देते हैं–

एक कहावत मुल्ला काजी (राम बिना सब फोकट बाजी)।[22]

उनके मतानुसार विषय-भोगियों को वासना की केंचुली छोड़ देनी चाहिए, क्योंकि अन्यथा उन्हें सिर फोड़ कर भी नहीं सूझेगा कि भावी दुर्भाग्य किस सीमा तक उन्हें भोगना पड़ेगा–

विषै कर्म की कंकुली, पहरि हुवा नर नाग
सिर फोडै सूझै नहीं, को आगिला अभाग।[23]

कहीं-कहीं कबीर ने प्राचीन कहावतों की छाया लेकर नई कहावतों की अर्थच्छायाएँ (Nuances) भी प्रस्तुत की हैं। यथा एक म्यान में दो तलवारें नहीं समा सकतीं, यह एक पुरानी लोकोक्ति है। कबीर इसी को ध्यान में रख कर 'एक संकरी गली में दो व्यक्ति नहीं समा सकते' जैसी सर्वथा एक नई कहावत का सिक्का ही चला देते हैं। यथा–

जब मैं था तौ गुरु नहीं, अब गुरु है हम नांहीं।
प्रेम गली अति सांकरी, तामैं दो ना समाहीं॥

हर्शल बेकर ने अपनी पुस्तक 'Existentialism 2 Religious Belief' में सार्त्र का यह मत उद्धृत किया है कि 'प्रेम' और व्यक्तित्व (Personality) दोनों को कोई व्यक्ति कदापि एक साथ नहीं ग्रहण कर सकता। यदि 'प्रेम' प्राप्त करने के लिए व्यक्ति को निजी अहंमूलक व्यक्तित्व की बलि देनी पड़ती है, तो अपना व्यक्तित्व बनाए रखने के इच्छुक अहंवादी व्यक्तियों को भी 'प्रेम' जैसी अमूल्य और दैवी भावना से हाथ धोना पड़ता है। सन्त कबीर ने पूर्वोक्त दोहे में 'मैं' के विरोध में प्रेम और गुरु दोनों को ही एक साथ खड़ा करके एक त्रिआयामी (Three-Dimensional) त्रिकोण के माध्यम से एक विशेष जीवन-दर्शन को मानों हस्तामलकवत् प्रस्तुत किया है, गागर में सागर-सा भरा है। यह उनके जैसे क्रान्तिकारी स्वतन्त्रचेता कवि के लिए ही बाएँ हाथ का खेल हो सकता था। वे जीव मात्र को भौतिक सुख-सुविधाएँ जुटाने के स्थान पर इहलोक की अपेक्षा परलोक बनाने के लिए प्रभु का नाम-धन संचित करने के लिए कहते हैं, क्योंकि मरने के बाद प्रत्येक जीव इसी प्रभु-भक्ति रूपी सम्पत्ति को परलोक ले जा सकता

है। वे साफ़, खरे दो टूक शब्दों में कहते भी हैं–

कबीर सो धन संचिए, जो आगे कूं होइ।
सीस चढ़ाये पोटली ले जात न देख्या कोइ॥[24]

कबीर पूँजीवादी संचय-नीति के विरोध में आवश्यकतानुसार जोड़ने-खर्चने और खाने-पीने की भारतीय दर्शन की योगवादी 'अपरिग्रह' नीति का ही भरपूर समर्थन करते हुए 'गठड़ी बाँधना', 'पेट समाता लेना (खाना)' जैसे लोक-प्रचलित मुहावरों की मदद लेते हैं–

सन्त न बांधै गाठड़ी, पेट समाता लेइ।
साईं सूं सनमुख रहै, जहाँ मांगै तहाँ देइं॥[25]

यहाँ एक ही साखी (दोहे) में प्रभु-शरण ग्रहण करने और भिक्षुकों आदि को दान आदि देते रहने का सदुपदेश भी दे दिया गया है।

'*अधजल गगरी छलकत जाय*' पुरानी कहावत की छाप कबीर की इन पंक्तियों पर देखी जा सकती है–

कहै कबीर आधा घट डोले। भरया होइ, तौ मुषां न बोलै।[26]

सम्रगतः हम इस निष्कर्ष पर पहुँचते हैं कि नीति-वचनों का सदुपदेश करना हो, या 'जहाँ चमत्कार वहाँ नमस्कार' की नीति के अनुसार साधारण जनता पर यौगिक ज्ञान और धर्म-साधना का रौब जमाकर उसे आन्दोलित, मथित और प्रभावित करना हो, या लोक-व्यवहार की भरपूर जानकारी देनी हो, या दरिद्रों के प्रति करुणा और संवेदना की गंगा बहानी हो, पुस्तकीय ज्ञानधारी पंडितों की तथाकथित विद्वत्ता की खिल्ली उड़ानी हो या हिन्दू-मुस्लिम दोनों के ही मिथ्यात्व की पगड़ी उतारनी हो, धर्माडम्बरों की बखियाँ उधेड़नी हो, जाति-पाँति का विरोध करना हो या प्रेम, शब्द, ब्रह्म, सती, पतिव्रता नारी, मन, वचन, कर्म की शुद्धता आदि का गुणगान करना हो, हम देखते हैं कि अक्खड़, फक्कड़ और घुमक्कड़ कबीर मुहावरों और कहावतों की गंगा-यमुना को पूरे विश्वास के साथ प्रवाहित करते नज़र आते हैं। धर्म-कर्म को तो वे अपनी सहज-सरल भावाभिव्यक्ति का साधन मात्र बना कर सबके सामने मीठी खीर-सा परोसते नहीं थकते। अब यह पाठकों, श्रोताओं और भक्तों का नीर-क्षीर-विवेक रह जाता है, जो दूध का दूध और पानी का पानी कर सकता है। वे स्वयं उस परम तत्त्व का साक्षात्कार कर लेने का यों आत्म-स्वीकार (confession) करते हैं–'लागत ही भौं मिल गया, पड़्या कलेजै छेक।'[27] ऐसे स्थलों में उनके 'सन्त' और 'विचारक' पर उनका 'कवि' चढ़कर अपनी सवारी गांठता नज़र आता है। सच

है, 'जादू वही जो सबके सिर चढ़ कर बोले।' ऐसे थे कबीर! कर का मनका छोड़ कर मन का मनका फेरने वाले! वे घर में दीपक रहते हुए कुएँ में पड़ने वाले मूढ़ मतियों में न थे। पहले बुरी कमाई करके बाद में विषय-भोगों की पोट बाँधने वालों में वे न थे। सच तो यह है कि जहाँ हिन्दू दर्शन जीवन के क्रिया-कलाप छोड़कर वानप्रस्थ और संन्यास जैसे दो दर्शनों के धर्म का पालन करते हुए हमें वनों की ख़ाक छानना सिखाता है, वहाँ सन्त कबीर जैसे गुरुओं की वाणी हमें जीवन के नित्य कार्य-व्यवहार करते हुए ही प्रभु-भक्ति करने का सदुपदेश दिया करती है।

मानव मात्र को गुरु अर्जुनदेव का भी यही उपदेश है–

उद्दम करेंदेयाँ जिउ तूं, कमांवदेयाँ सुख भुंच।
ध्याँदेयाँ तू प्रभ मिले 'नानक' उतरी चिंत।

कहते हैं जानकी के पिता जनक ने भी गृहस्थाश्रम में ही संन्यासाश्रम के संयम और तप-ध्यान को समेट लिया था और उनके अभूतपूर्व व्यक्तित्व में अनुराग और विराग की दोनों अतियाँ आकर 'एकमेक' हो गई थीं। ठीक इसी प्रकार सन्त कबीर ने भी 'गुरुबानी' के जीवन-सापेक्ष और गार्हस्थ्य धर्म के मुखापेक्ष धर्म का स्पष्ट रूप से आख्यान किया है। ऐसी घोषणा करते समय भी कबीर साहब मुहावरेदार और कहावतगर्भित भाषा का दामन थामते नज़र आते हैं–

कबीर जो धंधै तौ धूलि, बिन धंधै धूलै नहीं।
ते नर बिनठे मूलि, जिनि धंधै मैं ध्याया नहीं।[28]

वास्तव में कबीर के यहाँ भाषिक धरातल पर प्रतीकों, रूपकों, मुहावरों और कहावतों का जो 'एक चकाचौंध-भरा चौराहा' छविमान होकर बहुचर्चित रहा है, वैसा भक्तिकाल के श्रेष्ठ कवियों के यहाँ भी इस तरह पूरी आबोताब के साथ शोभायमान नहीं है। सच तो यह है कि वे एक ऐसे कलाकार थे जो कठपुतलियों की भाँति अपने इच्छित पात्रों (भाव, भाषा, प्रतीक, बिम्ब, मुहावरे, कहावतें आदि) को अपनी अंगुलियों पर नचाना जानते थे।

सन्दर्भ

1. (सं.) मुहम्मद मुस्तफ़ा ख़ाँ 'मद्दाह', उर्दू-हिन्दी शब्दकोश, शब्द 'मुहावरा' (लखनऊ प्रकाशन शाखा, सूचना विभाग, प्रथम संस्क. सन् 1959)
2. रवीन्द्र भ्रमर, 'हिन्दी भक्ति-साहित्य में लोक-तत्त्व', 191
3. (सं.) श्यामसुन्दर दास, 'कबीर ग्रन्थावली', पृ. 2, 2, 9, 9, 16
4. वही, पृ. 18, 26, 29, 31, 37, 48, 49, 61, 61

5. (सं.) द्वारका प्रसाद शर्मा चतुर्वेदी एवं तारिणीश झा, 'संस्कृत शब्दार्थ कौस्तुभ' (इलाहाबाद, रामनारायण लाल, संस्क. सन् 1957), शब्द 'लोकोक्ति', 968
6. टी. शिप्ले, 'डिक्शनरी ऑफ़ वर्ल्ड लिट्रेरी टर्म्ज' (लन्दन, संस्क. सन् 1955), पृ. 327
7. कन्हैया लाल सहल, लेख 'कहावत की व्युत्पत्ति', पत्रिका 'दृष्टिकोण' (पटना, अंक जुलाई सन् 1955)
8. उद्धृत मत, श्याम परमार, 'भारतीय लोक-साहित्य' (बम्बई, संस्क. सन् 1954), 185
9. रवीन्द्र भ्रमर, 'हिन्दी भक्ति-साहित्य में लोक-तत्त्व', 192
10. मलिक मुहम्मद जायसी, 'पद्मावत', 'जायसी ग्रन्थावली' (काशी, नागरी प्रचारिणी सभा, पंचम संस्क.), पृ. 6
11. विवेकदास आचार्य, लेख पत्रिका 'भाषा' (नई दिल्ली, केन्द्रीय हिन्दी निदेशालय, कबीर विशेषांक वर्ष 37, अंक 5), 150
12. कबीर ग्रन्थावली, पृ. 30
13. कबीर ग्रन्थावली, पृ. 2, 15, 19, 28, 30, 41, 63, 67, 69, 73, 78, 82
14. हजारीप्रसाद द्विवेदी, 'कबीर' (नई दिल्ली, राजकमल प्रकाशन, सातवीं आवृत्ति, सन् 1995), 217
15. कबीर ग्रन्थावली, पृ. 62
16. कबीर बीजक, सबद 4, पृ. 29
17. कबीर-ग्रन्थावली, पृ. 215
18. वही, साखी 19, पृ. 9
19. वही, साखी 35, पृ. 10
20. वही, पद 217
21. वही, परिशिष्ट, पद 219, पद 144
22. वही, पद 132, पृ. 101
23. वही, साखी, पृ. 41
24. वही, पृ. 26
25. वही, पद 10, पृ. 45
26. वही, पद 67, पृ. 85
27. वही, गुरु...1/6-7
28. वही, पृ. 23

6
उपसंहार

कबीर साहित्य का सूक्ष्म विवेचन करने के पश्चात् हमारे समक्ष कुछ महत्त्वपूर्ण तथ्य आलोकित हुए। यद्यपि कबीर मूलतः भक्त हैं और उनकी सारी वाणी भक्ति-साहित्य के अन्तर्गत ही स्वीकृत की जाती है, परन्तु कबीर की भक्ति-भावना की अभिव्यक्ति अन्य भक्त कवियों से नितान्त भिन्न है। सामान्यतः कोई भी भक्त जब परमात्मा की खोज में निकलता है अथवा भक्ति की शरण ग्रहण करके साध्य की ओर प्रयाण करता है, तो उसकी दृष्टि सीधे और स्पष्ट रूप से अपने ईश्वर से जुड़ी रहती है। वह अपनी भक्ति-भावना की पराकाष्ठा में मात्र अपने ईश्वर के ही चिन्तन में खोया रहता है। दूसरे शब्दों में, उस अवस्था में भक्त का समस्त संसार से सम्बन्ध-विच्छेद हो जाता है। परन्तु कबीर की भक्ति-भावना में हम ऐसा नहीं पाते। वह भक्ति की पराकाष्ठा में भी, आत्मविस्मृति की अवस्था में भी, समाज से अपने सरोकारों की उपेक्षा नहीं कर पाया है। वह आकंठ भक्ति-समुद्र में डूबे हुए भी अपने समाज पर बराबर दृष्टि रखे हुए है। एक भक्त की गतिविधियों को जाँचना, परखना तो उसका कर्त्तव्य है ही, साथ ही वह समाज की परम्पराओं, रूढ़ियों और मान्यताओं पर भी अपनी गिद्ध दृष्टि रखे रहता है। क्या सही है? क्या गलत है? जो गलत है वह कहाँ और क्यों गलत है? उसका निवारण कैसे सम्भव है—सभी कबीर की चिन्ताएँ हैं। जब हम कबीर के इस विचित्र रूप को देखते हैं तो हमें उसके साहित्य के लोक पक्ष की गहराइयों का स्वयमेव बोध होने लगता है क्योंकि कबीर सब कुछ कर सकता है—भक्ति में श्रद्धानत हो सकता है, परमात्मा के चिन्तन में लीन हो सकता है, उन्मनि और अजपाजप की स्थिति में भी पहुँच सकता है, परन्तु कबीर लोक से अपना नाता नहीं तोड़ सकता। वस्तुतः कबीर लोक का ही कवि है। वह शताब्दियों से दलित व शोषित उस लोक की आवाज़ बन कर हमारे समक्ष आता है, जिसे कभी भक्ति का अधिकार नहीं मिला था, जिसे हमेशा सामाजिक दृष्टि से कुचलने का षड्यन्त्र रचाया जाता रहा, जिसे सदा उसके ईश्वर से वंचित रखा गया। कबीर पहली बार उनका प्रतिनिधि बनकर

शताब्दियों से उनके भीतर सुलगती प्रतिक्रिया की आवाज़ बनकर धधकता है। निस्सन्देह दक्षिण में आलवारों ने भी लोक का ही प्रतिनिधित्व किया था, उनके अतिरिक्त अन्य भी अनेक सन्तों ने कबीर से पहले व उसके समय में भी लोक की भाषा बोली थी, परन्तु उनमें कबीर का सा लावा नहीं था, उनके भावों में कबीर की सी व्याकुलता व गति नहीं थी, उनकी अभिव्यक्ति में कबीर का सा तर्क और युक्तियुक्त पूर्वक विश्वास दिलवाने की क्षमता नहीं थी।

निस्सन्देह निर्गुण ईश्वर की कल्पना उपनिषदों के दर्शन में भी कहीं समाई हुई थी, परन्तु कबीर ने पहली बार उसे शास्त्रकारों के मन्दिरों और भक्ति के एकाधिकार की प्रतिक्रिया में रखकर सोद्देश्यता से निर्गुण बनाया ताकि वह ईश्वर सगुण बन कर मात्र उन मन्दिरों के भीतर ही न समाया रह जाए, जहाँ जाने का अधिकार निम्नवर्ग को नहीं था। कबीर ने उसे निर्गुण माना क्योंकि उसके निर्गुण रूप पर किसी शास्त्रकार का एकाधिकार नहीं हो सकता था, कबीर ने उसे नाथों की शैली में मनुष्य के भीतर उतारा, जहाँ पहुँचने के लिए किसी ब्राह्मण से आज्ञा लेने की आवश्यकता नहीं थी। इस प्रकार कबीर ने भक्ति तथा परमात्मा को लोक की दृष्टि से, लोक की शैली में और लोक की ही आस्था के अनुरूप नया स्वरूप दिया, जिसके लोक-पक्ष के आलोक में कदाचित् पहली बार परमात्मा सही अर्थों में सर्वव्यापक, दीनदयाल, निरंजन एवं सर्वशक्तिमान जैसे सम्बोधनों में चरितार्थ हो सका।

❑❑❑